리씽킹 이코노믹스

리씽킹 이코노믹스
: 다원주의 경제학 입문—최전선의 경제학들

2019년 4월 20일 초판 1쇄

지은이 엥겔베르트 스톡하머 외
옮긴이 한성안

편 집 김희중
디자인 design THE≋WAVE
제 작 영신사

펴낸이 장의덕
펴낸곳 도서출판 개마고원
등 록 1989년 9월 4일 제2-877호
주 소 경기도 고양시 일산동구 호수로 662 삼성라그빌 1018호
전 화 031-907-1012, 1018
팩 스 031-907-1044
이메일 webmaster@kaema.co.kr

ISBN 978-89-5769-456-5 93320

※ 이 연구는 2018 영산대 교내연구비의 지원을 받아 수행되었습니다

리씽킹 이코노믹스

다원주의 경제학 입문-최전선의 경제학들

엥겔베르트 스톡하머 외 지음

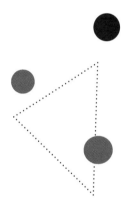

개마고원

First published 2018
by Routledge
2 Park Square, Milton Park, Abingdon, Oxon, OX14 4RN
and by Routledge
711 Third Avenue, New York, NY 10017

Routledge is an imprint of the Taylor & Francis Group, an informa business
© 2018 selection and editorial matter, Rethinking Economics; individual chapters, the contributors

Rethinking Economics: An Introduction to Pluralist Economics (ISBN: 9781138222687), which is authored/edited by Liliann Fischer, Joe Hasell, J. Christopher Proctor, David Uwakwe, Zach Ward Perkins and Catriona Watson

머리말

경제학은 사회과학이다. 그것은 수학의 한 분야도 아니고 자연에 대한 연구도 아니다. 대신 그것은 인간에 의한 인간의 분석이다. 이 사실은 경제학을 매우 중요하게 만드는 동시에 매우 어렵게도 만든다.

경제학은 중요한데, 왜냐하면 경제가 어떻게 작동하고 작동해야 하는지에 대한 우리의 이해방식에 따라 우리가 실제로 어떻게 행동하고 행동해야 하는지가 달라지기 때문이다.

경제학은 어려운데, 왜냐하면 경제학이 뚜렷하게 경계선으로 구분된 행동영역을 연구하지 않기 때문이다. 우리가 경제적 행동으로 간주하는 것은 인간 행동의 전체 중 한 부분일 뿐이다.

심리학자·사회학자·인류학자·지리학자·역사가들 또한 경제학자들이 탐구하는 현상을 분석한다. 경제적 행동과 목적을 다른 형태의 인간 행동과 목표에서 분리해내는 것이 가능하다는 가정은 영웅적일 만큼 무모한 단순화일뿐더러, 그런 종류의 모든 단순화가 그렇듯 이 역시 근본적으로 거짓이다.

그렇다고 이것이 단순화에 반대하는 주장은 아니다. 이해를 진전시키기 위해서는 대개 단순화가 필요하다. 예를 들어, 개인주의적 효용극대화 행동과 계산 가능한 미래에 관한 신고전주의경제학의 가정은 유익한 단순화이다. 그것들은 우리가 흔히 '경제적'이라고 부르는 행동을 더 잘 이해시켜준다.

그러나 효용극대화의 가정은 동어반복적이거나 허구에 불과하다. 인간은 매우 사회적인 동물이다. 우리가 자기중심적 이기주의자라는 가정은 거짓이다. 사실, 우리는 그러한 사람들을 사이코패스로 간주한다. 이와 비슷하게, 계산 가능한 미래에 대한 가정은 생산적일 수 있지만, 그것 역시 거짓이다. 미래는 불확실하다. 우리는 무슨 일이 일어날지 모른다.

신고전주의경제학의 도구들은 불안정한 기반 위에 세워져 있다. 그것은 인간 행동의 규범들과 동떨어져 있다. 인간이 실제로 어떻게 행동하는지에 부합하지도 않는다. 버블이나 금융위기와 같은 중요한 경제현상을 완전히 이해하게 해주지도 않는다.

그러므로 우리는 이 책에 나오는 '이단적heterodox' 경제학의 아이디어와 전통에 정면으로 마주할 필요가 있다. 인류에게 필요한 경제학은 활력 넘치는 '잡종'이어야 하지 노이로제에 시달리는 '순혈'이 되어서는 안 된다. 인간이 무엇을 원하며, 어떻게 행동하는지에 관한 더 나은 이해 위에 그런 경제학이 세워질 것이다. 그 연구는 다음과 같은 가정을 버릴 것이다. 곧 인간에 대한 연구는 잃어버린 물리학의 한 부분이며, 인간은 무미건조한 계산기계이며, 분리된 경제적 행동의 영역이 따로 존재하고 경제적 결과는 권력과 아무런 관련이 없다는 가정들이 말이다.

명백한 사실을 인식하자. 경제학자들이 무시하는 정치적·사회적 제도 역시 경제적 목적을 가지고 있다. 경제적 세계가 그 제도들의 일부인 것처럼 그 제도들은 경제적 세계의 일부다.

나는 '무엇이든 괜찮다' 식의 접근법을 권하려는 것이 아니다. 경제학자들에게는 무슨 일이 일어나고 있는지 합리적으로 이해할 수 있게 해주는 정도의 복잡성이면 충분하지, 그 이상은 아니다. 인간의 사회적 행동처럼 복잡한 것을 연구하기 위해서는 단순화가 필요하다. 그렇지 않으면 그것은 단순한 사실 서술description로 전락하고 말 것이다.

동시에 단순화는 너무 쉽게 거짓을 전달할 수 있다. 그 함정을 피하기 위해 경제학자들은 '이단'이 어떻게 생각하는지 알 필요가 있다. 그들은 생각의 폭을 넓히고 겸허함을 보여줄 필요가 있다. 햄릿의 말을 빌리자면, "경제학자들이여, 하늘과 땅 사이에는 당신들의 학문에서 꿈꾸는 것보다 더 많은 것들이 있다네".

이 여정이 어떻게 끝날지 모르지만, 그것이 올바른 방향이라는 것을 나는 확신한다. 신고전주의경제학은 세속적 종교와 매우 흡사하게 되었다. 그에 대한 해결책은 또 다른 종교로 대체하는 것이 아닐 터이며, 다른 사상의 전통에 관심을 가지고 살펴보는 것이 될 터이다. 읽고 배우자. 그것은 괴로운 일일지도 모르겠지만, 분명 매우 유익할 것이다.

마틴 울프(『파이낸셜타임즈』 수석 경제학 해설자)

차례

머리말 _마틴 울프 / 5

들어가며 더 넓은 경제학의 세계로 / 11

- **포스트케인스경제학** ·············· 22
  _엥겔베르트 스톡하머

- **마르크스주의경제학** ·············· 48
  _벤 파인, 알프레두 사드−필류

- **오스트리아경제학** ·············· 78
  _사비에르 메라, 귀도 휼스만

- **제도경제학** ·············· 104
  _제프리 호지슨

- **페미니즘경제학** ·············· 126
  _수전 히멜웨이트

- **행동경제학** ·············· 155
  _스티븐 영

- **복잡계경제학** ·············· 182
  _앨런 커먼

- **협동조합경제학** ·············· 210
  _몰리 스콧 카토

- **생태경제학** ·············· 234
  _클라이브 스패시, 비비아나 아사라

나가며 리씽킹 이코노믹스! 그 내용은 무엇이며 어떻게 참여할 수 있는가? / 256

감사의 말 / 260
역자 후기 / 263
참고문헌 / 267
찾아보기 / 284

더 넓은 경제학의 세계로

경제학 다시 생각하기

'호황과 불황이 반복되는 경기변동의 종결'을 약속하고, '경기침체를 방지하는 중심과제가 해결되었다'고 선언한 시대에 태어난 우리들에게 2008년과 2009년의 경제적 사건은 상당한 충격으로 다가왔다. 글로벌 금융시스템이 바로 붕괴되었던 것이다. 달마다 수십만 개의 일자리가 사라졌다. 1930년대의 대공황 이후 가장 큰 경제위기가 닥친 것이다.

그러나 경제학계에서는? 그만두는 게 좋겠다. 경제가 붕괴될 때마다 우리는 교과서를 펼치고 생산가능 경계선production possibility frontier을 따라 공급곡선과 수요곡선을 우아하게 이동시킬 것이다. 모델은 완벽하게 작동했지만 우리가 집에서나 뉴스에서 본 경제와는 거의 관련이 없었다. 경제학은 무엇이 잘못되었으며 어떤 게 최선의 해결책인지 나름의 설명을 제시하는 경쟁 분파들의 모습으로 소개되는 대신, 차분하고 안정된 과목으로 제시되었다. 그것은 유사 물리학법칙에 따라 모든 것을 완벽하게 작동시켜주었다. 그러나 이 전문가들이 그 모두를 이해했다면 도대체 왜 하늘이 무너지는 것을 막지 못했을까?

경제학도로서 심대한 좌절감이 드는 시간이었다. 우리는 이 세계적인 혼돈을 이해하고 우리 시대의 가장 큰 도전에 대한 해결책을 찾기를 희망하면서 대학에 들어갔지만 문제집들만 계속 풀어댈 뿐이었다. 세계 전역의 대학생들은 이러한 좌절감을 경제학 과목에 활력을 불어넣고 다시 생생하게 만들려는 시도로 발전시켰다. 우리는 스스로 토론·독서 그룹 및 회의를 조직하면서 더 나은 커리큘럼을 위해 학과에 로비 활동을 벌였다. 이러한 지역적 캠페인을 벌이는 과정에서 새로운 아이디어에 개방적이고 현실세계에 적용 가능한 경제교육을 위해 활동하는 학생들의 국제적 네트워크인 리씽킹 이코노믹스Rethinking Economics가 성장했다.

그러는 동안 우리는 강의와 교수의 가르침에서 발견할 수 없는 대안적 경제학 연구방법으로 우리 스스로를 교육해나가고 있다. 우리는 스스로 우리가 보기를 원하는 변화를 일으키고 있다고 믿으며, 우리가 학교를 다니면서 경제학 입문 수업에서 보기를 바랐던 그런 종류의 책을 만들고 싶었다. 바로 다원주의 경제학을 위한 입문서를 말이다.

다원주의 경제학이란 무엇인가?

경제학 입문 수업을 듣는다면 아마도 당신은 하나의 두꺼운 교과서로 전체 수업을 배우게 될 것이다. 당신은 비교우위, 총수요 및 총

공급과 같은 것들을 공부하며, 그래프를 재현하는 법을 배우고, 몇 개의 객관식 시험을 치른다. 끝날 때쯤이면 당신은 아마 경제학자들이 모든 것을 잘 규명해냈다고 생각하며 강의실을 나설 것이다.

만일 더 많은 수업을 받으면 어느 순간 당신은 경제학에서 모종의 큰 전투가 일어나고 있다는 말을 들을 것이다. 이를테면, 폴 크루그먼과 같은 사람들은 시장이 큰 실수를 저지르기 때문에 정부가 개입해서 도와주어야 한다고 생각한다. 밀턴 프리드먼과 같은 다른 사람들은 정부에 회의적이어서 시장은 일반적으로 혼자 내버려둘 때 최선이라고 생각한다.

그리고 끝까지 참고 견뎌 정말로 대학에서 경제학 학위를 받는다면, (운이 좋다면) 어떤 시점에서 당신은 심지어 애덤 스미스의 보이지 않는 손, 무역에 대한 데이비드 리카도의 생각, 경제불황의 공포에 대처하는 방법에 대한 존 메이너드 케인스와 프리드리히 하이에크의 논쟁에 관한 역사를 배울 수도 있다.

이 모든 것이 상당한 의견 충돌로 보일 수도 있겠지만 실제로는 경제학이 제공해야 하는 빙산의 일각에 불과하다. 경제학은 어마어마하게 다채로운 패러다임, 방법론, 초점을 지닌 드넓고 다양한 분야이며, 다원주의 경제학은 이 모든 것을 포함하는 교육이다. 마르크스경제학자들은 권력관계와 거대한 역사적 추세를 분석할 수단을 갖추고 있으며, 포스트케인스경제학자들은 불확실성·경기침체·위기를 다룰 방법을 지니고 있다. 페미니즘경제학자들은 젠더를 방정식 안으로 가져와 노동에 관한 우리의 개념에 도전하는 반면, 제도경제학자들은 역사적인 시간과 공간 안에 경제학을 위치시키면서 다른 학파가 대략적으로 남겨놓은 부분을 상세히 채워나가고 있다. 오스트리아경제학자들은 우리에게 정부권력에 내재한 문제를 고려하도록 강조하는 반면, 행동경제학자들은 의사결정 방식을 더 잘 이해하기 위해 깊디깊은 인간심리를 탐구한다. 복잡성경제학자는 현대 경제의 혼란 속에서 패턴을 찾기 위해 최첨단 수학도구를 사용하며 협동조합경제학자는 생산과 소비를 조직하는 대담하고 혁신적인 새로운 방법을 연구한다. 마지막으로, 생태경제학은 인간의 '경제적' 활동이 더 넓은 생태환경에서 이해되어야 한다고 주장하면서 모든 경제학파의 사고에 도전한다. 여기서의 지속가능성은 한때의 유행어가 아니라 중심 관심사로 된다.

지금까지 입문용 교과서에 담겨 있던 것은 경제학의 한 지류일 뿐이다. 때때로 주류 또는 신고전주의경제학이라고 불리는 이 학파는 시장과 교환의 세계만 중점적으로 분석한다. 이 책 전체에 걸쳐 많은 저자들이 '주류mainstream'와 '신고전주의neoclassical' 경제학 양자를 언급할 것이므로 이 용어에 대해 논의할 필요가 있다.

신고전주의경제학은 풍부한 경제학적 전통 위에 서 있다. 그것은 애덤 스미스와 데이비드 리카도를 비롯한 '고전주의classical' 경제학자의 전통에서 출발해 1800년대 후반에 발전했다.(그 때문에 '신neo'고전주의라고 불린다). 박스에서 설명한 것처럼 신고전주의경제학은 개인주의, 최적화, 균형이라는 세 가지 핵심적인 축에 의존한다. 거의 모든 경제학 입문서가 신고전주의적 관점에서 쓰였으며, 보통 신고전주의경제학은 간단히 '주류' 경제학이라 불린다.

신고전주의경제학의 3가지 축

개인주의individualism: 신고전주의 이론은 개별 행위자의 행동에 초점을 맞추고 있다. '행위자agent'는 일종의 경제적 의사결정자로 정의된다. 여기에는 소비자와 같이 구매대상을 결정해야 하는 행위자가 포함되지만, 기업의 생산 결정이나 심지어 정부의 정치적 결정을 개인의 결정으로 모델링하는 것도 포함된다. 그러므로 신고전주의경제학은 '원자론적' 세계관을 지니고 있으며, 개인의 의사결정이라는 관점으로 경제 전반을 이해하려고 한다.

최적화optimization: 이 행위자들은 그들 행동의 명시적 목표를 최적화하려고 노력한다. '최적화한다'의 정의는 "상황이나 자원을 가장 잘, 혹은 가장 효과적으로 사용하는 것"을 의미한다. 소비자는 보유한 화폐를 사용해 가장 원하는 제품을 구입하기를 원할 것이다. 회사는 사용 가능한 재료와 기술적 우수성을 고려하여 최고의 이익을 얻고자 할 수 있다. 행위자의 목표는 광범위할 수 있고, 잘못된 의사결정으로 고통 받을 수도 있지만, 신고전주의경제학에서 행위자들은 거의 항상 목표를 최적화할 수 있다.

균형equilibrium: 개별 행위자의 결정은 균형 잡혀야balance 하는데 이 상황은 '균형equilibrium'으로 불린다. 행위자들은 무엇을 생산하고, 구매하며, 판매하고, 투자할 것인가에 대한 결정을 내리고, 이러한 결정이 올바르면 어떤 행위자도 자신의 행동을 바꿀 동기를 가지지 않을 것이다. 행위자들은 자신의 개인적 판단에 기초하여 자신에게 가장 적합한 결과를 얻을 때까지 행동을 조정해나가므로 그 어떤 누구도 자신의 행동을 변경할 이유가 없다. 그로부터 나오는 결과는 안정적 균형일 것이다.

'Earle, Moran, Ward-Perkins (2016) p. 38 (Varoufakis and Arnsperger 2006)'에 근거함. *The Econocray* http://www.manchesteruniversitypress.co.uk/9781526110138/에서 인용.

그러나 '주류'는 실제로 상당히 느슨한 용어인데, 단지 특정 시기에 가장 인기가 있거나 가장 지배적인 경제적 아이디어의 집합을 가리키고 있을 뿐이다. 분명히 무엇이 인기 있거나 수용되는지는 시간이 지남에 따라 바뀐다. 예를 들어 케인스경제학은 수년을 걸쳐 유행이 왔다갔다해왔다(포스트케인스경제학을 다루는 장에서 더 자세히 설명된다). 학계, 정책 분야, 금융계는 종종 매우 다른 경제적 아이디어를 채택하기 때문에 어떤 기관을 보고 있느냐에 따라 '주류'는 달라진다. 이 책에서 많이 사용되는 또 다른 단어는 '이단'인데, 그것은 단순히 주류에 들지 않는 경제사상을 지칭한다.

신고전주의경제학은 경제학에서 가장 중요한 분파에 해당하지만 실로 더 많은 다양한 분파들이 있다. 이들은 상이한 질문을 던지면서 경제의 상이한 부분들에 초점을 맞춘다. 이 책을 만든 우리의 목적은 신고전주의경제학을 공격하는 것이 아니며, 심지어 이단경제학을 촉진하는 것도 아니다. 우리의 목표는 다원주의 경제학을 촉진하는 것이다. 다원주의pluralism는 경제적 아이디어들로 가득 찬 폭넓은 태피스트리를 받아들이는 것을 의미한다. 다원주의 교육은 지배적인 이론을 가르치지만 그에 비판적이고 반대되는 의견도 소개한다. 다원주의 교육은 학생들에게 서로 대조적인 주장에 대해 비판적으로 생각할 수 있는 도구를 제공하며, 경제에 관해 새롭고 중요한 질문을 던지고 그 질문들이 경제에서 의미하는 바가 무엇인지 묻도록 학생들을 격려한다. 그리고 우리는 이러한 종류의 비판적이고 다원주의적인 교육이 '주류'로 여겨지는 세상에 살기를 원한다.

다원주의 경제학에 대한 우리의 소개

이 책은 경제학에 관심이 있는 모든 사람들에게 위에서 설명한 다원주의의 세계로 들어가는 첫 걸음을 안내하기 위해 기획되었다. 이 책은 다양한 경제학 분야의 학자와 전문가들이 집필한 것으로, 리씽킹 이코노믹스에 소속된 이들로 꾸려진 작은 팀이 편찬 및 편집했다. 집필자 외 다른 제2의 학자가 각 장을 검토했다. 리씽킹 이코노믹스의 많은 경제학도들도 각 장에 대해 피드백을 주었다.

이 책에서 소개한 대부분의 학파들은 그 자체로 상당한 차이와 의견충돌이 내부적으로 있다는 점에 유의해야 한다. 우리의 모든 집필자들은 자신의 분야에 대한 독자적인 이해를 가지고 프로젝트에 참여했으며, 각 장의 내용은 이를 반영한다.

우리는 이 책에 포함될 법한 풍부한 경제사상 중 일부분만 보여주고 있음도 충분히 잘 알고 있다. 신고전주의경제학을 설명하는 입문 자료는 어디서든 풍부하기 때문에 목록에서 제외하기로 결정했다. 경제학 분야 중 우리가 소개하고 싶었던 것들을 모두 담을 수 없었지만, 우리는 향후 기회가 있다면 다음 판에서 이 책을 확장하고자 한다.

마지막으로 우리는 경제학자와 '경제학'의 다양한 학파들이 경제학 지식에 대해 어떤 독점권도 갖고 있지 않다는 점을 강조하고 싶다. 정치학·사회학·인류학·역사학과 같은 다른 사회과학뿐 아니라 자연과학·철학·심리학·문학·예술과 같은 다른 분야도 경제에 대한 우리의 이해에 의미 있는 기여를 하므로, 더 완전한 다원주의 교육을 위해서는 이들도 포함되어야 한다. 이 책의 각 장은 서로 독립적이므로 순서에 상관없이 읽어도 된다.

이 책을 통해 우리는 여러분이 이의를 제기하며, 의심하고, 불만을 품으면서 경제학의 열린 토론에 참여하도록 초대한다. 어떤 이론도 전혀 도전받지 않을 정도로 받아들여져서는 안 된다. 건강한 다원주의는 항상 다양한 학파들이 참여하도록 초대된 열린 토론의 특징을 갖는다.

이런 의미에서 이 책은 불편한 책이다. 우리는 모든 것을 설명해주는 보편적 진리를 제시해서 당신이 확신을 가지고 마음 편하게 있도록 해주지 않는다. 반대로, 우리는 근본적인 불확실성으로 특징 지워지는 영역에서 한 자락 진리만이라도 보여줄 수 있기를 기대하면서 당신을 여기에 초대한다.

21세기의 경제학 다시 생각하기

2008년의 금융위기는 지나갔지만 그 영향은 여전히 지속된다. 실업, 정체된 임금 및 경제에 대한 일반적인 비관주의가 전세계의 담론을 계속 지배하고 있다. 한편 기후변화, 식량불안과 높은 수준의 불평등과 같은 오랜 문제는 곪아터져가고 있다.

사람들은 경제학에 세계 역사를 바꾸는 힘이 있다고 오랫동안 인정해왔다. 실제로, 1930년 존 메이너드 케인스는 "세계를 지배하는 것은 이밖에 별로 없다"고 주장했다. 경제학은 그만큼 중요하다. 그리고 너무 오랫동안 경제학은 그것이 다루는 아이디어의 면에서나 종사하는 사람들의 면에서나 모두 지나치게 편협해 있었다.

우리는 이 책으로 다음 세대의 학생들과 사상가들이 경제학이라는 학문 전체를 포용할 수 있기를 희망한다. 곧 질문을 던지고, 질문에 대답하면서 경제학을 과감히 다시 생각하도록 용기를 북돋아줄 수 있기를 말이다.

이 책의 편집자들

릴리안 피셔 Liliann Fisher

애버딘대학에서 '글로벌 분쟁 및 평화 과정' 분야의 석사학위를 받았으며, 현재 영국 켄트대학의 정치심리학 석사과정에서 공부하고 있다.

조 하셀 Joe Hasell

옥스퍼드대학에서 철학·정치학·경제학PPE 과정을 졸업했다. 이탈리아의 나폴리 페데리코 2세 대학에서 경제학 및 금융 석사 과정을 마친 후 영국 리드대학에서 생태경제학 박사과정을 시작했다.

크리스토퍼 프록터 J. Christopher Proctor

런던 킹스턴대학과 파리13대학에서 '세계화 시대의 경제정책' 석사과정을 마쳤다. 현재 국제 학생단체인 오이코스 인터내셔널에서 다원주의 경제학 연구원으로 있다.

데이비드 우와크웨 David Uwake

런던의 킹스턴대학에서 정치경제학을 공부했다. 졸업 후 프리랜스 저널리스트로 일해오고 있다.

제크 워드-퍼킨스 Zack Ward-Perkins

맨체스터대학 PPE 과정의 졸업생이며 포스트크래시 경제학협회의 공동설립자다. 『이코노크러시The Econocracy』의 공저자 중 한 사람이다.

카트리오나 왓슨 Catriona Watson

리씽킹 이코노믹스의 캠페인단장이면서 포스트크래시 경제학협회의 공동설립자이다. 현재 영국 리드대학에서 경제학 석사과정을 밟고 있다.

포스트케인스경제학

집필자
엥겔베르트 스톡하머
_ 영국 킹스턴대학교 경제학 교수

소개

1936년 출판된 존 메이너드 케인스의『고용, 화폐 및 이자의 일반이론』(이하『일반이론』)은 경제사상사의 한 전환점이었다. 대공황에 대응해서 저술된 이 책은 금융위기와 비자발적 실업을 이해하기 위한 이론적 체계를 제공했다. 정치적으로 케인스의 이론은 정부의 개입과 금융규제에 정당성을 부여했다. 자본주의 시장경제가 근본적으로 불안정하고 실업률이 높은 시기를 발생시키는 경향이 있다면, 정부가 이 위기상황에서 재정적자를 운영하여 경제를 안정시켜야 하고 금융을 규제해 버블의 발생을 방지해야 한다는 것이다. 이는 전후 시기에 사회적 포용 경제정책의 기준이 되었다. 1980년대를 거치며 케인스경제학이 던져졌고, 전세계의 정책입안자들이 '고삐 풀린 자본주의'로 선회한 결과 2008년 세계금융위기가 도래했다. 그 이후 케인스경제학에 대한 관심이 새롭게 부각되었다.

경제학 이론의 관점에서, 케인스혁명에 대해 여러 반응이 일어났는데 그 각각은 서로 매우 달랐다. 첫번째로, 현대의 주류 경제학('신고전주의경제학')은 케인스를 거부하면서 발전해 나왔는데, 이는 정부의 개입에 일반적으로 적대적인 '공급 측면'의 정통 경제학이 부활한 것이다. 두번째로, 일부 경제학자들은 신고전주의와 케인스경제학을 결합시켜 흔히 '신고전주의-케인스 종합이론Neoclassical-Keynesian Synthesis'(이하 종합이론)이라 불리는 이론체계를 세우고자 시도했다. 세번째로, 케인스의 접근방식의 특수성을 강조한 포스트케인스경제학Post-Keynesian Economies이 발전했다. 포스트케인스경제학은 케인스를 이어받아 정통 경제학과의 단절을 그 출발점으로 삼았지만, 케인스의 분석을 넘어서는 여러 중요한 주제를 담고 있었다. 포스트케인스경제학자의 관점에서 볼 때 케인스혁명은 충분히 완성되지 못한 상태였다. (아래에서 이에 대해 살펴보겠지만) 특히, 포스트케인스경제학은 계급관계에 대한 분석을 포함시켜서, 소득분배의 역할과 내생적 화폐 이론 및 금융불안정성 이론을 발전시켰다. 이런 맥락에서 미할 칼레츠키Michal Kalecki, 조안 로빈슨Joan Robinson, 니콜라스 칼도어Nicholas Kaldor와 하이먼 민스키Hyman Minsky가 케인스에 버금갈 정도로 중요하게 여겨졌다.

포스트케인스경제학의 자본주의에 대한 견해는 신고전학파의 견해와 상당히 대조적이다. 이를테면, 이 관점에서 볼 때 자본주의 시장경제의 자동안정화 메커니즘은 취약하다. 그래서 비자발적 실업involuntary unemployment이 나타나고 빈번한 위기를 낳는다. 이론적으로, 거시경제 분석에서 포스트케인스경제학의 가장 중요한 특징은 '유효수요effective demand'의 원리이다. 이 원리에 따르면 저축이 승수multiplier 과정을 거치며 조정되기 때문에, 지출(또는 수요)이 (경제성장 등) 산출을 결정하게 된다. 포스트케인스경제학은 뚜렷이 구별되는 성장론을 발전시켰으며, 그중에서도 임금주도 수요 체제wage-led demand regime와 이윤주도 수요 체제profit-led demand regime를 구분했다. 포스트케인스경제학은 다음과 같이 주장한다. (a) 금융시장은 불안정성에 민감하게 반응하기 때문에 그대로 둘 경우 급격한 호황과 불황의 비정상적 경기순환을 일으킬 수 있다. (b) 화폐는 은행에 의해 창출되는데, 이는 은행이 대출을 결정할 때 발생하는 부수적 효과다. (c) 비자발적 실업은 노동시장의 정상적인 특징이다. (d) 임금삭감과 구조개혁으로 실업을 치유할 수 없다.

이 장에서는 포스트케인스경제학의 역사적 발전에 관해 간략히 언급한 후 포스트케인스경제학의 기본구조와 주요한 이론요소들에 대해 설명할 것이다.

포스트케인스경제학의 흐름과 주류 케인스경제학과의 차이

포스트케인스경제학이라는 용어는 1970년대에 만들어졌다. 그러나 포스트케인스경제학의 지적 역사는 그보다 더 오래되었다. 조안 로빈슨, 니콜라스 칼도어, 리처드 칸Richard Kahn 및 미할 칼레츠키와 같은 1세대 포스트케인스경제학자들은 대부분 케임브리지그룹의 구성원이었다. 이 그룹은 케임브리지대학에서 케인스와 긴밀하게 협력한 경제학자 집단을 가리킨다. 포스트케인스경제학의 발전을 제대로 이해하기 위해서는 우선 주류 경제학파 내에서 케인스의 주장이 변화를 겪으면서 수용되는 과정을 이해해야 한다.『일반이론』이 발표되고서 곧 신고전주의경제학과 케인스의 이론을 결합시키려는 시도가 있었는데, 이른바 '종합이론'으로 알려졌다. 이 시도는 IS-LM 모델*을 개발한 존 힉스John Hicks(1937)가 주도했으며, 널리 사용되는 폴 새뮤얼슨Paul Samuelson의 교과서로 대중화됨으로써 현재까지 경제학 교과서의 중심 내용으로 남아 있다. 궁극적으로, 종합이론은 케인스이론을 임금과 가격 '경직성'이 추가된 일반균형이론**의 특수한 경우로 재해석하고자 시도했다. 종합이론의 접근법은 경제학을 케인스의 아이디어가 중요한 역할을 하는 거시경제학과 신고전주의의 지형에 해당하는 미시경제학으로 나누는 것이었다.

거시경제학 내에서 단기와 장기의 구분은 케인스경제학과 고전주의경제학의 요소를 화해시킬 때 중요한 역할을 한다. 단기적으로 볼 때 세계는 대체로 케인스경제학의 노선을 따라 작동된다. 이때는 수요가 생산량을 결정하는데 비자발적 실업은 '유효수요'의 부족에

● 분리 관찰되던 재화시장과 화폐시장을 통합해 거시경제구조를 이해하고자 힉스가 개발한 거시경제모형을 가리킨다. 'IS 곡선'은 재화시장의 균형, 즉 투자(I)와 저축(S)의 균등을 가져오는 이자율(r)과 국민소득(Y)의 관계를 나타낸다. 'LM 곡선'은 화폐시장에서의 균형, 즉 화폐에 대한 수요(유동성 선호 L)와 화폐공급(M)의 균형을 가져오는 r와 Y와의 관계를 나타낸다. 이 모델은 케인스이론의 한 해석으로 인식되곤 하지만 실제로는 화폐수요함수로부터 투기적 화폐수요를 제외하거나 투자함수에서 야성적 충동, 근본적 불확실성에 따르는 기대이윤 같은 케인스의 핵심 전제를 배제해버림으로써 케인스경제학의 속류화에 기여했다.

●● 신고전주의경제학은 수많은 가정과 전제 위에 구축된 모델이다. 일반균형general equilibrium이란 이런 수많은 극단적 가정들이 충족되면 가격을 포함한 모든 경제변수의 수량(재화, 화폐, 노동 등)이 '전면적인' 균형에 이르게 되는 상태를 말한다. 다시 말해 피자, 청바지, 주택, 자동차 등 재화시장에서 수요와 공급이 안정적으로 같아지는 것은 물론 화폐시장에서 투자와 저축, 나아가 노동시장에서 노동수요와 노동공급이 균형상태에 이르러 자본주의경제가 궁극적으로 조화롭고 안정된 경지에 도달하게 되는데, 이는 신고전주의경제학자들이 상상한 자본주의의 유토피아에 해당한다.

서 기인한다. 이것은 '끈끈한 가격sticky price'과 유연하지 못한 임금 같은 '경직성rigidity'때문이다. 레스토랑의 음식가격이 쉬운 사례가 될 수 있겠다. 곧 수요와 공급은 지속적으로 변할지라도, 새로운 메뉴판을 인쇄하는 데 비용이 많이 들기 때문에 가격이 얼마간 '붙들려' 있게 된다는 것이다. 그러나 장기적으로 물가와 임금이 조정되면 경제는 신고전주의이론에 따라 움직일 수밖에 없다. 결국 종합이론에서 케인스이론은 일반균형이론의 특수한 경우로 축소된다. 비록 그중에서 특별히 중요한 부분일지라도 말이다.

이 기간 동안 포스트케인스경제학자들은 대부분 케임브리지에 모여 종합이론을 비판했다. 예컨대 조안 로빈슨은 케인스경제학을 임금과 가격의 경직성 정도로 축소해버렸다며, 이 이론을 '사생아 케인스경제학bastard Keynesian'이라고 부르기도 했다. 케인스는 임금이 사실상 유연하지 않다고 주장했지만, 나중에 설명되었듯이 임금의 비非유연성이 실업을 발생시키는 것은 아니다.

1950년대와 1960년대에 포스트케인스경제학은 단기적인 케인스경제학의 분석을 일반화함으로써 장기와 소득분배를 설명하는 독자적인 분석을 발전시키고자 했다. 제1세대 포스트케인스 성장모델에는 두 가지 뚜렷한 특징이 있다. 먼저, 자본가의 투자의지에 해당하는 '야성적 충동animal spirit'이 투자에서 핵심적인 역할을 한다. 그렇기에 투자는 장기적으로 독립변수인데*, 이는 투자가 저축률에 의

해 결정된다는 신고전주의경제학과 대립된다. 둘째, 소득분배가 투자에 영향을 주는 주요 조정변수가 되는데, 왜냐하면 임금소득과 이윤소득이 서로 다른 저축률과 소비율, 혹은 서로 다른 '한계소비성향marginal propensity to consume'과 관련되어 있기 때문이다. 누군가 돈을 쓰면 최초의 거래 이후 그 돈은 여러 차례 경제를 순환하게 된다. 이러한 의미에서 신규 지출은 (처음의 구매로부터 발생하는) 유효수요에 대한 초기 효과와 함께 이어지는 모든 추가적 구매들로 인한 '승수효과multiplier effect'를 발생시킨다. 이는 처음 지출된 돈이 여러 경제 주체들을 거치기 때문에 가능하다. 만일 노동자가 자본가보다 소득 중 더 많은 양을 소비한다면 임금이 이윤보다 더 높은 '승수'를 가질 것이고, 그러므로 (이윤을 희생시켜서라도) 임금을 올리는 것이 유효수요를 증가시키는 방법이 될 수 있다. 이 시기에 또 포스트케인스경제학은 이른바 '케임브리지 자본논쟁Cambridge Capital Controversy'에서 소득분배를 '한계생산력이론*'에 따라 설명하는 신고전학파를 논리적으로 모순적인 주장이라고 비판했다.

부충격과 독립적으로 결정된다. 따라서 장기적으로 투자는 경제적 요인에 따라 달라지지 않고(종속되지 않고), 스스로 결정되는 독립변수가 된다.

● '한계marginal'의 개념은 '총total'의 개념과 비교함으로써 쉽게 이해될 수 있다. 총량과 달리 한계량은 추가된 양(△)을 의미한다. 예컨대, 자본(K) 5단위를 투입해 청바지 10벌(Q)을 생산하던 자본가가 이제 10단위를 투입해 18벌을 만들었다고 생각해보자. 10 단위 자본 투입 후 얻어낸 총생산량은 18벌이지만 한계생산량(△Q)은 8(18-10=8)이 된다. 동일한 생각을 투입 자본량에 대해 적용해보면 자본의 한계투입량(△K)은 5단위(10-5=5)로 된다. 신고전주의경제학은 △Q/△K=8/5=1.6을 자본의 한계생산력(한계생산성)이라고 부르면서, 자본이 이윤을 수취해갈 정당성은 자본이 갖는 바로 이 한계생산력에 기반한다고 주장한다. 하지만 케인스경제학자들은 케임브리지논쟁을 통해 이 한계생산력설을 부정한다. 이유가 다르지만 뒤에 언급되는 제도경제학 역시 케인스경제학과 같은 입장에 서 있다. 케인스경제학과 제도경제학의 이런 공통된 입장은 '경제적 가치가 죽어 있는 자본이 아니라 살아 있는 인간의 노동으로부터 생산된다'는 마르크스의 노동가치설로부터 출발한다고 볼 수 있다.

1970년대에 경제학의 주류가 바뀌어 1980년대에 이르면 이른바 '사생아' 케인스경제학자들은 자신들이 주류 밖으로 밀려났다는 것을 알게 되었다. '통화주의Monetarism'와 '새고전주의경제학New Classical Economics●'이라는 새로운 학파가 1950~1960년대의 종합이론 안에 희석돼 있던 케인스경제학의 남은 요소마저 공격했다. 이는 신자유주의의 부상을 알리는 신호였으며, 경제학이 받아들여지는 방법론과 이론의 스펙트럼을 협소하게 만들어버렸다. 거시경제학은 이제 최적화 행동을 기반으로 하는 엄격한 미시적 토대microfoundation로부터 도출되어야 했으며, 시장은 청산되는(수요와 공급이 일치하는) 것으로 가정되었다. 비판적 경제학자들의 삶은 더욱 어려워졌다.

그것이 포스트케인스경제학이 (다른 이단적 경제학 조류들처럼) 1970년대와 1980년대에 자신들만의 학술단체와 학술지를 설립하면서 제도화를 시작한 이유다. 기존의 저명한 학술지들은 더 이상 그들의 논문을 실어주지 않았다. 이때 『케임브리지 경제학회지Cambridge Journal of Economics』와 『포스트케인스경제학회지Journal of Post Keynesian Economics』와 같은 학술지가 만들어졌다. 이와 동시에 지리적인 변화도 있었다. 케임브리지에서 포스트케인스경제학의 제1세대가 은퇴하자 그들의 자리를 주류 경제학자들이 대체했다. 포스트케인스경제학은 센터를 잃었지만 여전히 숨을 쉬고 있었다. 여러 나라에서 포

● 경제학의 학파를 정확히 구분하기 위해 'Neo'와 'New'를 올바르게 이해할 필요가 있다. 쉽게 말하면 전자는 기존 이론의 새로운 복원 내지 점진적 혁신incremental innovation을 의미하며, 후자는 전통의 부정 내지 급진적 혁신radical innovation에 해당한다고 볼 수 있다. 이런 구분에 따를 때 '새고전주의'는 전통의 부정에 가깝다면 '신고전주의'는 고전주의의 새로운 부활로 이해할 수 있다. 어떤 거시적 구조도 부정하는 새고전주의는 신고전주의에 비해 훨씬 더 근본적 개인주의와 이기주의에 편향돼 있다. '새케인스경제학'와 '신케인스경제학'의 차이도 같은 방식으로 이해하면 된다.

스트케인스경제학의 전통과 네트워크가 있었고, 미국이 더 많은 중요한 역할을 하기 시작했다.

정치적 변화와 '새고전주의 반혁명New Classical Counterrevolution'에 따라 포스트케인스경제학의 새로운 세대는 다양한 분야에서 여러 주제를 다루었다. 이를테면 통화주의에 대응해 '내생적 화폐endogenous money' 이론이 개발되었다.● '근본적 불확실성fundamental uncertainty'에 대한 개념도 상세히 설명되었다. 나아가 1980년대에는 단기 모델에서 중기 모델로의 전환이 일어났다. 포스트케인스경제학은 '임금주도성장wage-led growth' 모델을 개발했으며, 응용과 정책 지향적 작업이 더 많이 진행되었다. 금융 문제는 점점 더 중요해졌다.

1980년대와 1990년대에 주류 케인스경제학의 새로운 버전이 나왔다. 이른바 새케인스경제학자New Keynesian들은 방법론적 개인주의methodological individualism를 받아들이고 거시경제모델에 미시적 토대가 필요하다는 것을 인정했지만, 최적화 행동이 반드시 시장의 청산과 완전고용을 의미하지는 않는다고 주장했다. 이에 따라 메뉴 교체 비용 같은 거래비용에 기초하는 '합리적인 임금' 및 '가격경직성price stickiness' 이론이 개발되었다. 이것은 다시 단기와 장기의 이분법으로 이루어진 새로운 종합이론으로 이어지는데, 이번에는 엄격한 미시적 토대에 기초해 있다. 케인스경제학의 세계는 다시 한 번 일반균형

● 포스트케인스경제학과 주류 경제학(신고전주의와 새고전주의)은 모든 면에서 다르지만 화폐이론에서도 극명하게 대립된다. 화폐공급의 사례에서 후자가 외생적 화폐공급을 주장하는 반면 전자는 내생적 화폐공급을 주장한다. 곧 주류 경제학은 화폐가 중앙은행에 의해 '시장 밖에서' 외생적으로, 공급된다고 보지만 포스트케인스경제학은 화폐가 시중은행과 기업의 신용창출 행위로 '시장 안에서' 공급된다고 본다. 이런 관점의 차이는 자본주의의 경기변동을 설명할 때 결정적으로 중요하다. 하이먼 민스키는 내생적 화폐 이론에 따라 자본주의경제의 불안정적 경기변동이론을 구축했다.

의 특수한 경우가 된다.

포스트케인스경제학자들은 개인의 합리적 행동에 바탕을 둔 미시적 토대를 강도 높게 비판하면서, 새케인스경제학 모델이 투자지출을 설명할 때 어떤 독자적인 역할을 하지 못하고 있으며 금융에 대해서도 의미 있는 역할을 결여하고 있다고 지적했다. 포스트케인스경제학자들은 미할 칼레츠키의 작업을 기반으로, 소득분배가 핵심적인 역할을 하는 거시경제모형을 다듬어나갔다. 그리고 니콜라스 칼도어와 하이먼 민스키의 작업을 시작으로 내생적 화폐, 금융적 불안정성financial instability, 부채경기debt cycle에 관한 이론들이 착착 개발되었다.

오늘날 포스트케인스경제학 패러다임은 학문적으로 통합되었지만 경제학계 전체로 보면 변방에 머물러 있다. 포스트케인스경제학은 현재 몇몇 나라에서 다양한 교과서와 학술지, 학술단체를 갖추면서 비교적 통일적인 지식체계를 형성하고 있다. 그러나 학술지평가와 영국의 연구 우수성 평가체제 같은 제도로 경제학 사조가 협소해지면서 포스트케인스경제학자로 학문적 경력을 쌓기가 한층 어려워졌다. 그런 어려움은 다른 모든 종류의 이단적인 경제학자들도 마찬가지로 겪고 있다.

2008년의 금융위기는 경제학 전문가들에 대한 대중의 신뢰를 뒤흔들었지만 정통 경제학자들의 자신감에 손상을 주지는 못했다. 하지만 그로 인해 새로운 세대의 비판적 학생들에게서 포스트케인스경제학에 대한 관심이 촉발되었으며, 대중들 사이에서도 폭넓은 관심이 생겼다.

기초: 불확실성, 사회적 갈등 그리고 제도

현대의 주류 경제학은 방법론적 개인주의에 기초한다. 곧 개인이 분석의 기본 단위가 된다. 사회경제적 현상은 개인의 선택과 행동으로부터 설명되어야 하며, 표준적 가정에서 인간은 합리적이고 이기적인 존재(이른바 호모에코노미쿠스)로 설정된다. 이런 미시경제학적 접근법이 1970년대부터 거시경제학에서도 우세하게 된다. 그렇게 해서 거시적 이론이 미시적 토대의 기반 위에 서리라 기대한 것이다. 반면 포스트케인스경제학은 방법론적 개인주의를 거부하고 총체적이고 역사적인 접근방식을 취한다. 선호preference와 효용utility의 개인 심리학보다는 사회학과 역사에 기초를 두고 있는 것이다.

포스트케인스경제학이 표준적인 미시적 토대를 거부하는 데는 두 가지 주된 이유가 있다. 첫째, 포스트케인스경제학은 근본적인 불확실성을 강조한다. 이는 위험risk과 대조적인 개념인데, 위험은 정확한 결과는 모르지만 확률분포가 알려진 상황을 나타낸다. 예를 들어, 주사위를 굴릴 때 구체적으로 어떤 숫자가 나올지는 미리 알지 못하지만 각각의 숫자가 나올 확률이 1/6이라는 건 알고 있다. 이와 반대로, 근본적 불확실성은 그런 확률분포조차도 알 수 없는 상황을 말한다.

이렇게 설명할 수 있겠다. 1936년에 철강산업에 대한 투자를 고려하는 기업가를 생각해보자. 그 사업으로부터 기대되는 수익은 향후 철강에 대한 수요에 달려 있을 것이고, 그중에서도 향후 벌어질 전쟁에 달려 있을 것이다. 이 경우 기대수익은 전쟁의 지속 기간 및 전쟁 후 경제적 성과에 좌우된다. 당연히 공장 자체가 전쟁으로 파괴될지 여부도 중요하다. 합리적 기업가라면 이 모든 시나리오에 대해 기대가치와 확률분포를 계산해야 하는데, 하지만 이 상황에서 2차 세계대전은 시작되지도 않았다! 이 사례는 극단적일 수 있지만, 포스트케인스경제학은 투자에 대한 의사결정이 대체로 이런 근본적 불확실성의 조건 아래에서 이루어진다고 주장한다. 근본적 불확실성이란 예측할 때 인간의 인지능력이 제한되어 있다는 언명, 곧 '제한적 합리성'에 관한 언명이 아니라 사회현실의 성격 그 자체에 관한 언명이다. 사회는 시계처럼 작동하지 않는다. 사회가 시계라면 현재의 상태를 보고 미래의 상황을 쉽게 추론할 수 있을 것이다. 하지만 사회에는 인간의 주체적 힘이 개입돼 있으며 창발적 속성과 비가역성이 존재한다. 그것은 경제에서도 마찬가지다.

그렇다면 이처럼 불확실한 세계에서 사람들은 어떻게 결정을 내릴 수 있을까? 첫째, 케인스는 유명한 문구에서 '야성적 충동'이라는 용어로 비행동inaction이 아닌 행동action에 대한 본유적 추동력을 묘사한다. 다시 말해 그는 비합리적이고 창조적인 충동이 인간행동의 열쇠라고 주장한다. 둘째, 케인스는 사회적 관습의 중요성을 강조한다. 사람들은 타인의 행동방식을 보며 그에 비추어 자신들의 행동을 평가할 것이다. 근본적 불확실성은 포스트케인스 화폐이론에서 중요하다. 아래에서 보게 되겠지만 근본적 불확실성은 '유동성 선호liquidity preference'의 원인인 동시에 왜 투자지출이 매우 불안정한지, 그리고 케인스가 말한 것처럼 왜 투자가 합리적 계산보다는 '야성적 충동'으로 추동되는 것처럼 보이는지 이해할 수 있게 해주는 열쇠가 되기 때문이다.

개인주의적 접근에 대한 포스트케인지언들의 두번째 반대논점은 '거시적 토대macrofoundation'가 적어도 '미시적 토대'만큼이나 중요하다는 것이다. 사회는 계급을 포함하는 사회집단으로 구성되는데, 이것은 경제에서 특히 중요하다. 계급classes은 경제적 과정에서 수행되는 다양한 역할에 따라 형성되는 사회적 집단이다. 노동자와 자본가가 가장 잘 알려져 있지만, 계급적 분석은 임대인과 주주를 포함하거나 젠더gender 관계로도 확장될 수 있다.

한 계급의 구성원은 비슷한 이해관계를 가지고 있으며, 일반적으로 비슷한 소득을 얻고, 자신들의 이익을 대변하기 위해 자신들의 정치적·경제적 조직을 형성한다. 자본주의에서 노동자들은 일반적으로 공장을 통제하지 않으며, 부富를 소유하더라도 매우 적은 양만 소유한다. 이들은 비자발적 실업이 일반적인 세계에서 일자리를 찾아야 하며, 이로 인해 자본가에 비해 취약한 위치에 놓인다. 주주는 회사를 소유하는데, 더 전문적으로 말해 주식자본capital stock을 소유한다. 경영자는 생산과정을 통제하는 동시에 케인스 거시경제학에서 중요한 요소인 투자를 결정한다.

자본과 노동 사이의 갈등은 자본주의 사회의 영구적인 특징이다. 사회는 이로 인해 발생하는 계급투쟁을 중재하고 규제하는 제도institution를 발전시킨다. 사회는 또한 불평등한 소득분배의 극단적 상황을 완화하기 위해 사회적 타협의 일환으로 복지국가와 기타 사회안전망을 구축한다. 포스트케인스경제학의 관점에서 볼 때 사회제도는 단순히 시장의 작동을 왜곡하는 게 아니며 사회갈등을 중재하는 건설적인 역할을 한다.

유효수요의 원리

포스트케인스 거시경제학의 핵심은 유효수요의 원리다. 즉, 우리의 경제는 거의 모든 시기에 (공급의 제약이 아니라) 수요의 제약 아래 놓여 있다는 것이다. 그 결과 (소비, 투자, 정부지출 및 순수출로 구성되는) 총지출aggregate expenditure이 경제의 산출량 수준을 결정한다. 경제의 성쇠, 즉 경기순환은 지출, 특히 투자지출의 변화에 의해 좌우되는데 이런 관점은 신고전주의경제학의 접근법과 현저히 대조적이다. 신고전주의의 관점에서는 경제 주체들이 언제나 최적화된 행동을 하기 때문에 경제는 항상 풀가동되며, 그 결과 경제가 얼마나 생산할지는 공급조건에 따라 결정된다. 이것이 여기에 '공급 측면supply-side'이라는 수식어가 붙는 이유다.

포스트케인스경제학과 신고전주의경제학 모두에서 투자가 저축과 일치한다면 재화시장은 균형을 이루게 된다. 곧 (국가의 개입과 국제무역을 무시한다면) 이 지점에서만 소득과 지출이 같아지고 경제는 안정적으로 재생산될 수 있다. 신고전주의경제학에 따르면, 이 경우 경제의 저축 수준이 투자 수준을 결정하므로, 투자 수준은 개인과 기업이 정한 저축액에 따라 결정된다. 반면 포스트케인스경제학에서는 인과관계를 달리 보는데, 투자에서 저축으로 반대로 나아간다. 투자는 승수과정을 거쳐 새로운 소득을 창출하며, 이는 추가적 저축으로 이어진다. 이러한 의미에서 투자는 결코 **저축**에 따라 제한되지 않는다. 반면 뒤에서 논의되듯이 투자는 **금융 및 신용의 이용 가능성**에 제한받을 수 있다.

투자는 국내총생산GDP에서 가장 변덕스러운 구성요소다. 투자의 상당 부분은 야성적 충동, 곧 합리적 행동으로 환원될 수 없는 요소들이 이끈다. 투자지출의 양은 투자에 대한 기대수익에 달려 있는데, 여기서 '기대expectation'라는 단어가 중요하다. 적절한 수익률은 기술적으로 계산되는 '자본의 한계생산물(즉 화폐가치로 측정되는 자본을 생산과정에 추가함으로써 생산되는 추가적 물량)'로 결정되지 않으며, 오히려 현실세계에서 실제로 벌어들이는 수입에 달려 있을 뿐이다. 여기서는 당연히 근본적 불확실성이 중요해진다. 기대는 엄격하게 합리적인 과정에 따라 형성되지 않으며, 구성원들의 행동과 과민반응을 유발하는 사회심리적 과정을 겪으면서 형성된다.

사람들은 부유해질수록 소득의 더 큰 부분을 저축하는 경향이 있다. 이 현상은 포스트케인스경제학자들에게 중요하다. 사람들이 돈을 더 많이 저축할수록 더 적은 양의 돈이 소비로 경제에 직접 유입되기 때문이다. 그렇기에 가난한 사람들의 소득 증가가 가지는 경제적 '승수효과'가 부유한 사람들의 경우보다 더욱 크다. 부자들의 저축 일부는 쓰지 않고 놀리는 상태에 머물러 경제에서 유통되지 못한 채 경제의 순환 과정에서 '누수'되어버리기 때문이다.

일반적으로, 돈을 추가로 얻으면 사람들은 전부 쓰거나 전부 저축하는 것이 아니라 그중 일부는 소비하고 일부는 저축할 것이다. 케인스는 이를 '근본적 심리법칙fundamental psychological law'이라고 부른다. 이는 중요한 점인데, 국민경제에서 승수가 (거의) 항상 1보다 크다(추가로 1달러를 쓸 때마다 1달러 이상의 유효수요가 창출된다)는 것을 의미하기 때문이다. 따라서 포스트케인스경제학 이론에서 투자지출의 증가는 국민소득의 증가를 가져오며, 새롭게 창출된 소득의 일부가 저축되면서 그 결과 저축도 증가할 것이다. 이렇듯 케인스이론에서 소비지출은 수동적인 역할을 하고, 투자는 국민소득을 조정변수로 취하면서 능동적인 역할을 한다.

실제에서 승수는 수입성향import propensity•과 세율tax rate에 따라서도 달라진다. 일반적으로 현대 포스트케인스경제학은 임금소득과 이윤소득의 각기 다른 소비성향••들을 감안해서 승수를 정해놓고 있다. 소비성향이 차이나는 이유는 자본가들이 노동자들보다 더 부유한 경향이 있기 때문이다. 여기서 승수는 소득분배에 따라 결정된다. 이를 발전시켜보면, 경제의 개방성이 승수에 중요한 영향을 준다는 걸 알 수 있다. 왜냐하면 개방된 무역 환경에서는 새로운 소득 중 일부가 국민경제 시스템에서 해외로 빠져나갈 수 있고, 그러면 승수과정에서 '누수'가 일어나기 때문이다.

재화시장의 균형goods market equilibrium은 케인스 분석의 중심에 위치한다. 그러나 균형의 개념이 신고전주의경제학의 이론보다 더 제한적이라는 점에 유의해야 한다! 이 균형은 지출과 소득의 크기가 동등하다는 것으로 정의되지만, 신고전주의경제학과 달리 시장균형이 사회적으로 최적이라는 주장은 담고 있지 않다. 대신, 포스트케인스경제학 개념 내에서 재화시장의 균형은 대개 비자발적 실업을 수반한다.

• 국민소득 대비 수입액의 비율을 의미하는데, 이를 앞에서 논의한 '한계' 개념으로 확장할 수 있다. 한계수입성향은 국민소득의 증가량 대비 수입의 증가량을 의미하는데, 따라서 한계수입성향이 커질수록 더 많은 '국민'소득이 '국외'로 누출되기 때문에 균형국민소득이 작아질 것이다.

•• 소비성향이란 소득액 대비 소비액의 비율을 의미한다. 포스트케인스경제학에서는 노동자의 한계소비성향이 자본가의 한계소비성향보다 훨씬 크다고 가정된다. 이 때문에 승수효과가 더 많이 발생하게 된다.

실업과 임금삭감의 무익성

포스트케인스경제학 분석에서 노동시장은 종속시장subordinate market이다. 기업의 고용은 대부분 예상되는 판매량에 따라 결정되며, 임금비용은 보통 부차적인 역할만을 한다. 따라서 재화시장에서 균형을 달성하는 산출량 수준이 고용의 수준을 결정할 것이다.

이것은 많은 주류 경제학의 단기 모델에서도 마찬가지인데, 특히 물가안정실업률Non-Accelerating Inflation Rate of Unemployment, NAIRU 모델이 그렇다. 이 모델은 인플레이션율이 안정적으로 유지될 수 있는 실업률이 있다고 가정한다. 그러나 주류경제학의 NAIRU 모델은 균형실업률 개념에 입각하고 있으며, 이 실업률은 장기적으로 공급 측면의 판단에 따라 결정된다. 다른 말로 하면, 그들은 장기적으로 작동하는 '고전적' 규칙을 재도입하는 것이다.

반면, 포스트케인스경제학은 노동시장이 내생적 노동공급이나 사회적 임금규범 때문에 매우 장기적으로 적응해 나가는 사회제도라고 강조한다. 그 결과 경로의존성path dependance이나 히스테리시스hysteresis•라고 불리는 현상이 나타난다. 노동시장이 '기억'을 지니므로, 위기 때 증가된 실업이 장기간 지속될 수 있다는 것이다. 즉 포스트케인스경제학은 단기와 장기의 이분법을 거부하면서, 고용은 장기적으로도 수요에 따라 결정된다고 주장한다. 따라서 포스트케인스경제학에서의 물가안정실업률은 닻으로 고정된 '자연적' 비율

● 이력履歷현상으로도 불리며, 과거의 역사, 곧 경력이나 이력이 현재의 상황과 미래의 방향을 결정하는 현상을 일컫는다. 이를테면 케인스경제학에서 한번 임금이 결정되면, 시간이 지남에 따라 그 임금수준이 일종의 사회적 기준으로 받아들여짐으로써 현재의 고용을 결정하게 된다.

이 아니라, 내생적이며 수요충격에 따라 변화한다.

장기와 단기의 이분법에 대한 논쟁을 제쳐두면, 케인스경제학과 신고전주의 분석의 차이는 경기침체에서 임금삭감이 가져오는 효과를 고려할 때 가장 잘 이해될 수 있다. 포스트케인스경제학자들은 임금삭감이 대개 생산성을 떨어뜨린다고 주장한다. 케인스가 제기하는 핵심 질문은 임금삭감이 총수요의 증가로 연결될 것인가 하는 것이다.(『일반이론』19장) 그의 대답은 '아니오'다. 임금삭감은 노동자의 소득을 감소시키며 결과적으로 그들의 소비지출을 감소시킬 것이다.(이는 또한 투자에 대해 부정적인 2차 영향을 미친다.) 기업이 임금비용에 매우 민감하다면 임금삭감이 더 많은 투자를 유도할 수도 있을 것이다. 그러나 경기침체기에는 그렇게 투자를 늘릴 가능성이 없는데, 이미 생산한 제품을 파는 데 어려움을 겪고 있기 때문이다. 그럴진대 임금이 떨어진다고 기업이 왜 더 많은 것을 생산하려 하겠는가?

기업들이 임금삭감을 하면서 그에 따라 상품가격을 인하할 확률은 더 높다. 그러나 그 결과 우리가 얻게 되는 것은 생산증가가 아니라 디플레이션이다. 디플레이션은 실질적인 부채부담이 증가하고 있다는 것을 의미하기 때문에 기업에 부정적인 영향을 미칠 수 있다. 디플레이션 때는 가격도 하락하기 때문에 기존 생산량 수준에서는 기업의 명목소득도 하락할 것이다. 임금을 비롯해 다른 투입물의 원가 또한 하락할 것이기 때문에 그것이 반드시 기업의 운영비 마련 측면에서 문제가 되는 것은 아니다. 그러나 명목적으로 고정된 경비 중 핵심 부분이 있는데, 바로 부채 원리금 상환이다. 디플레이션 기간 동안 현재 수입에 대비한 부채와 이자지불금의 가치가 증가한다. 따라서 부채가 많은 회사와 가계일수록 디플레이션의 영향이 더 심각하게 다가온다.**

케인스는 임금삭감이 수요(그에 따라 고용)에 영향을 미칠 수 있는 최소 8개의 경로에 대해 논의하고서, 경기침체기에 긍정적인 영향을 줄 수 있는 한 가지 경로를 밝힌다. 만일 무역 상대국에서 유사한 임금삭감이 일어나지 않는다면, 임금삭감으로 인해 나라의 순 수출이 증가할 수 있다는 것이다. 그러나 현실에서 이 경로의 효과는 경제의 개방 정도와 다른 국가의 경제적 상황에 좌우된다. 세계경제의 나머지가 건실하게 성장하고 있을 때, 소규모 개방경제에서는 그런 효과가 나타날 수 있다. 그러나 전체적으로 내려지는 판결의 내용은 분명하다. 곧 경기침체기에 임금삭감은 실업을 줄여주지 못한다는 것이다. 완곡어법으로 '노동시장 개혁'이라고 부르는 것도 잘 작동하지 않을 터이다.

현대 포스트케인스경제학은 임금주도 수요 체제와 이윤주도 수요 체제를 구분한다. 이 모델들에서 임금인상은 소비에는 긍정적인 영향을 미치며, 투자에는 부정적인 영향을 미친다. 그리고 (무역 상대국의 임금비용이 안정적이라고 가정할 경우) 순수출에도 부정적인 영향을 준다. 이러한 효과들의 상대적 크기가 한 경제가 전반적으로 임금주도형인지 이윤주도형인지를 결정한다. 임금주도 수요 체제에서는 소비에 미치는 긍정적 효과가 투자 및 순수출에 미치는 부정적인 효과를 압도한다. 이는 임금인상이 전체 수요와 고용을 증가시킨다

✦ 디플레이션의 문제는 현대 주류 경제학에서 다소 정신분열증적 방식으로 치료된다. 표준 거시경제교과서는 일반적으로 외생적 화폐공급을 가정한다. 디플레이션, 즉 가격하락은 그에 따라 실질통화공급을 증가시켜 확장효과를 낳는다. 그러나 대부분의 중앙은행들은 디플레이션의 위험을 상당히 우려하고 있으며, 그 부정적인 수요효과를 염두에 두고 있다.

는 것을 의미한다. 이윤주도 수요 체제에서는 사정이 정반대다. 여기서 임금인상은 투자와 순수출을 약화시켜 수요와 고용에 부정적인 영향을 준다. 여기서 국내에 미치는 효과와 개방경제에 미치는 효과 사이에 중요한 차이가 있다. 개별 국가는 수출을 통해 위기에서 탈출할 수 있지만 세계경제 전체는 폐쇄경제이기 때문에 그렇게 할 수 없다.(즉 우리는 화성에 대한 수출을 늘림으로써 문제를 해결할 수 없다.) 대부분의 포스트케인스경제학자들은 실제 경제들이 최소한 국내적으로는 임금주도형이 될 것으로 예상하고 있다. 아울러 수요 체제를 실증적으로 확인해주는 연구들도 많다.

통화이론: 내생적 화폐, 유동성 선호 및 금융적 경기순환

근본적 불확실성에 대한 케인스이론은 투자이론뿐만 아니라 통화이론에도 중요한 의미를 지닌다. 현재 주류인 신고전주의경제학에서 행위자는 본질적으로 재화와 서비스를 구매하기 위해 돈을 보유하지만(흔히 '거래적 화폐수요'라 불린다), 포스트케인스경제학에서 화폐는 잠재수익에 투자되기보다 금융자산으로서 보유된다. 처음에는 이것이 직관에 반하는 주장으로 들릴 수 있을 것이다. 왜 아무 수익도 내지 않는 돈을 갖고 있으려 하는가? 답은 불확실한 세상에서 돈이 유동성liquidity, 즉 유연성을 제공해주기 때문이다. 돈을 보유하고 있는 건 어떤 수익도 주지 않으며 기껏해야 미미한 정도의 이자만 생길 뿐이지만, 돈이 있으면 다음에 확실하게 자산을 살 수 있다. 다른 금융자산은 더 높은 수익을 제공하지만 자본손실 위험이 있으며(또는 상황이 좋다면 자본이득을 얻을 수도 있지만), 자산이 비유동화될 위험도 지닌다. 평상시에는 시장이 유동적이고 합리적으로 예측될 수 있기 때문에 사람들이 현금보유를 최소화하기를 원한다. 그러나 금융위기가 닥치면 화폐수요가 급격히 증가할 것이다. 케인스는 이를 '유동성 선호liquidity preference'라고 불렀다. 투자자들은 불확실한 미래에 대한 보험으로 돈을 보유하고자 할 것이다. 금융위기가 발생하면 모두가 유동성을 쫓아 달릴 것이다. 모두가 한꺼번에 은행으로 달려간다는 말이다. 이것은 유동성 함정liquidity trap이라고도 알려져 있는데, 대중이 이자율과 상관없이 돈을 갖고 싶어 하는 상황을 말한다. 그 결과 다른 금융시장은 자금을 동결하는 경향을 보이게 된다. 2008년에 은행간 대출 및 상업적 단기대출, 그리고 기타 여러 시장에서 기능이 중단된 것처럼 말이다.

그런데 돈은 맨 처음 어디서 올까? 현대경제에서 돈은 본질적으로 은행예금bank deposit이다. 즉 돈은 은행부문의 단기부채다. 화폐는 (비금융부문의) 다른 모든 이들에게는 자산asset지만 은행에게는 부채liability다. 은행부문은 대출 결정의 부수적 효과로 화폐를 창출한다. 일반적으로 은행이 신용을 확장하면 시스템 어딘가에서 예금, 곧 돈이 창조될 것이다. 화폐에 대한 이러한 개념은 대출이 상환될 때 돈이 소멸된다는 것을 의미하기도 한다. 은행의 대출 결정은 대출 신청자의 신용도 평가에 달려 있으며, 그것은 결국 신청자의 예상소득흐름과 그들의 담보물에 대한 시장성 평가에 따라 결정될 것이다.

이런 관점에서 바라본 중앙은행은 대부분의 교과서가 가르치는 것처럼 통화공급을 직접 통제하기보다는 기준이자율을 설정한다. 중앙은행은 시중은행에 돈을 빌려줌으로써 은행이 단계별로 부과하는 이자율의 기준을 세운다. 시중은행이 대출에 (중앙은행의 기준금리에 더해) 부과하는 추가 이자는 대출의 위험성과 인지된 불확실성에 달려 있다. 중앙은행은 양적완화Quantitative Easing의 일환으로 했던 것처럼 잔고를 이용해 금융자산을 매입할 수도 있지만, 그렇게 해도 시중은행이 대출을 늘리지 않는다면 (예컨대 M2로 측정되는) 통화량이 증가하지 않을 수도 있다. 내생적 화폐에 관한 포스트케인스경제학의 관점은 중앙은행의 통제 아래 화폐가 공급된다고 보는 통화주의자Monetarist의 외생적 화폐공급론과 명확히 대조를 이룬다. 통화주의자들은 중앙은행이 이른바 본원통화base money를 통제할 수 있고 통화승수(본원통화와 예금의 관계)가 안정적이라고 믿고 있다. 이 모형은 여전히 거시경제학 교과서에서 널리 사용되고 있지만, 중앙은행들이 스스로 통화창출 과정을 어떻게 생각하는지와는 점점 거리가 멀어지고 있다.

내생적 화폐 이론은 금융시스템의 유연성을 강조한다. 신용도 높은 회사가 합리적인 투자프로젝트를 갖고 있다면, 금융부문은 여기에 투자를 할 수 있으며 정상적인 시기에는 기꺼이 그렇게 할 것이다. 투자는 결코 저축에 제약받지 않지만 금융에 제약받을 수 있다는 건 바로 이러한 의미에서다. 은행이 자신들의 대차대조표 상태에 대해 걱정하거나 그 회사의 전망에 공감하지 않으면 신용이 제한될 수 있고 기업투자도 실제로 막힐 것이다. 그러나 금융부문의 유연성은 양날의 칼이다. 은행들이 경제에 대한 전망을 기업과 폭넓게 공유할 때, 다시 말해 은행과 기업의 야성적 충동이 연대할 경우에는 경기순환을 증폭시키는 친순환적 운동pro-cyclical movement으로 이어지기 쉽다. 실제로 담보물의 시장가치가 신용도 평가에서 중요한 역할을 하며, 이것은 신용증가와 자산가격(또는 부동산 가격)이 양의 피드백 고리positive feedback loop를 형성할 때 금융버블이 쉽게 팽창할 수 있음을 의미한다. 예컨대 재산가치가 상승하면 담보가 늘어나고 대출이 증가한다. 급격한 신용증가는 거품 형성에 부채질을 한다. 하이먼 민스키는 케인스의 금융분석을 이런 채무순환과 금융적 불안정성 이론theory of debt cycles and financial instability 으로 발전시킨 선도적인 사상가 중 한 명이다.

경제정책

포스트케인스경제학의 비전에서 자본주의 시장경제는 커다란 변동을 일으키기 쉽다. 완전고용 상태는 가능하기는 하지만, 우연히 발생할 뿐이다. 따라서 포스트케인스경제학은 광범위한 정부개입을 지지한다. 그렇지만 이것이 특정한 정치철학과 관련을 맺고 있지는 않다. 케인스는 자유주의자였지만, 칼레츠키는 사회주의자로서 1950년대에 공산주의 폴란드에서 일하기 위해 서방에서 돌아오기도 했다. 아무튼 포스트케인스경제학자들이 공유하는 것은 투자에 대한 결정이 시장에 일임되어서는 안 된다는 정서다. 케인스는 이를 잘 알려진(그렇지만 불분명한) 표현으로 '투자의 사회화socialization of investment'라고 표현했다. 자유주의에 더 가까운 이들은 이를 통화정책과 재정정책으로 달성하고자 하겠지만, 산업정책과 신용할당credit allocation●이나 국유기업을 통해 시도될 수도 있다. 뒤에서 우리는 포스트케인스경제학의 분석에서 도출되는 정책안을 개괄한 후 그것을

● 정책금융의 일종으로 유치산업이나 중소기업 등 자금수요가 크지만 자금조달능력이 부족한 분야에 저리로 자금을 배분하는 것을 의미한다.

현재의 경제정책에 대한 주류의 견해와 대조할 것이다. 이것은 이해를 돕기 위한 것일 뿐, 포스트케인스경제학은 정치적 이데올로기가 아니라 자본주의경제의 작동에 관한 이론의 집합이라는 것을 염두에 두고 보길 바란다.

위에서 언급했듯이 포스트케인스경제학에서 시장경제는 일반적으로 완전고용으로 이어지지 않는다. 고용은 유효수요에 의해 결정되며, 이는 야성적 충동의 변화와 금융위기에 따라 변동될 수 있다. 이것이 확장적 정부개입을 뒷받침하는 포스트케인스경제학의 기본 주장이다. 정부는 수요를 늘리고 완전고용에 근접하기 위해 재정 및 통화 정책을 사용해야 한다. 여기서 재정정책이 핵심적인 역할을 맡는데, 왜냐하면 위기의 시기, 특히 금융과 부채에 위기가 닥친 뒤에는 통화정책의 효과가 제한적이기 때문이다.

이로부터 정부예산 적자에 대한 관점이 주류 경제학의 그것과 크게 달라진다. 경제위기가 닥치면 기업들은 투자를 크게 줄이고 가계는 저축을 늘리려고 한다. 결과적으로 민간부문은 더 많이 저축하고 더 적게 투자하고자 할 것이다. 그래서 민간부문은 순대출net lending • 상태로 이동하게 된다. 이것은 두 가지 방식으로 해결된다. 첫째, 국민소득이 폭락하여 민간저축이 투자와 같아지는 방식인데, 여기엔 대량실업이 동반된다. 둘째, 일부 다른 부문이 순차입net borrowing 상태로 이동해야 한다.(그럼으로써 국민소득을 안정화시켜야 한다.) 이것이 위기 상황에서 정부예산의 적자가 바람직한 결과가 되는 이유다. 정부부문의 차입 활동은 부족한 민간지출을 대신하여 실업을 예방한

● 일반적으로 순대출은 '수입−지출'로 형식화된다. 이 경우 통장에 잔고가 많은 것으로 이해하면 된다. 정부재정에서 흑자가 발생할 때도 순대출 상태로 될 것이다

다. 그렇다면 정부는 얼마나 오랫동안 적자를 운영해야 하는가? 포스트케인스경제학자들의 답변은 간단하다. 상당한 규모의 실업이 존재하는 한 그렇게 해야 한다.

포스트케인스경제학은 금융시장을 자본주의 불안정의 잠재적 원천으로 간주한다. 내생적인 통화창출이 호황과 불황의 경기순환을 유도하고 자산가격의 버블을 부풀릴 수 있기 때문이다. 따라서 중앙은행은 역순환적 통화정책countercyclical monetary policy을 사용해야 한다. 이를 위한 주된 수단은 이자율 정책보다는 신중하게 기획된 거시적 규제강화 정책일 것이다. 대부분의 포스트케인스경제학자들은 국제자본이동의 이점에 대해서도 회의적이다. 국제자본이동은 종종 금융버블을 강화한다.(예컨대 자본유입으로 아일랜드와 스페인의 부동산 버블은 크게 증가했다). 따라서 자본관리 또는 자본통제가 포스트케인스경제학자들의 레퍼토리 중 하나다. 국내정책이 효과를 발휘할 수 있는 전제조건은 국내 통화 상황을 통제하고 있어야 한다는 것이다.

포스트케인스경제학자의 관점에서 볼 때 통화정책이 근본적으로 인플레이션과 연관되어야 할 이유는 없다. 그보다 중앙은행은 금융의 안정성과 전반적 경제활동 수준, 특히 실업 수준에 관심을 가져야 한다. 그렇다면 포스트케인스경제학은 인플레이션에 어떻게 대처할 것인가? (석유와 같은 수입상품의 가격변화로 인해 발생하는 인플레이션의 문제를 제외하고) 대부분의 경우 포스트케인스경제학자들에게 인플레이션의 원천은 해결되지 않은 분배갈등이다. 따라서 정부는 자본과 노동 간 분배의 타협을 포함한 사회적 타결을 지원하고자 노력해야 한다. 그러므로 임금교섭기구가 유용한 사회제도일 수 있는데, 여기서는 그저 '시장 불완전성'을 다루는 데 그치지 않고 사회적 타협이 만들어질 수 있다.

포스트케인스이론은 국제경제 관계에서 중요한 의미를 갖는데, 특히 유로화지역과 같은 국제통화협정에서 그렇다. 이러한 협정 체제에서 어떤 나라는 무역흑자를 기록하고 다른 나라는 무역적자를 기록할 때 불균형을 조정하는 부담은 전적으로 적자 국가에 지워진다. 하지만 유럽집행위원회European Commission와 악명 높은 트로이카*Troika가 적극적으로 시행하는 시스템은 디플레이션을 불러오기 쉽다. 즉 경상수지 적자국은 수출경쟁력을 얻기 위해 수요를 줄이거나 임금을 억제해야 하는 것이다. 반면에 경상수지 흑자국가(유럽의 경우 독일)가 조정해야 한다면, 무역흑자를 줄이기 위해 국내 수요를 자극하고 임금상승을 촉진해야 할 것이다. 케인스경제학 관점의 국제협정에서는 무역수지의 균형을 위해서 오히려 흑자국가들이 조정부담의 상당부분을 져야 할 것이다.

📖 **더 읽을거리**

Keynes(1936), Kalecki(1965), Robinson(1956), Minsky(1986). King(2002)을 비롯한 고전적인 문헌들이 이 포스트케인스경제학의 역사를 잘 보여준다. Lavoie(2009, 2014)은 포스트케인스경제학에 대해 충실하게 소개한다. 잘 정리된 포스트케인스경제학에 대한 참고문헌은 www.postkeynesian.net/downloads/PKSG_Reading_list_2016.pdf에서 찾아볼 수 있다. 포스트케인스경제학에서 가장 중요한 저널로는 *Cambridge Journal of Economics*, *Journal of Post Keynesian Economics*, *Review of Keynesian Economics*, *European Journal of Economics and Economic Policies*가 있다.

● 유럽연합European Union, 국제통화기금International Monetary Fund, 유럽중앙은행European Central Bank을 지칭한다.

마르크스경제학

집필자

벤 파인, 알프레두 사드-필류

_ 런던대학교 동양·아프리카학교 경제학 교수
_ 런던대학교 동양·아프리카학교 정치경제 교수

소개

이 장에서는 마르크스경제학, 더 정확하게 표현하자면 마르크스 정치경제학Marxist Political Economy의 필수요소를 설명한다. 여기에는 임금노동자가 어떻게 그리고 왜 착취되는지에 대한 설명을 비롯해 기계장치의 사용이 늘어남에 따라 일어나는 기술적 변화의 체계적 형태, 임금·가격·분배의 결정요인, 금융시스템의 역할과 거듭되는 경제적 위기에 관한 마르크스의 설명이 포함된다. 이 분석은 마르크스의 체계적 자본주의 비판의 기초를 제공하며, 착취적 생산방식의 모순과 한계는 새로운 방식, 곧 공산주의로의 전환을 통해서만 극복될 수 있다는 결론을 제시한다. 이런 전환에는 필요하다면 혁명이 수반될 수도 있다.(이 글에서는 공산주의와 사회주의를 동의어로 사용한다. 엄격히 말해 마르크스의 관점에서 사회주의는 공산주의로 이행하는 첫번째 단계인데, 후자가 건설될 시기는 결정돼 있지 않다.)

이러한 접근방식 및 개념과 결론이 우리에게 낯설게 보인다면 이는 대부분의 경제 관련 부문들이 마르크스정치경제학과 당대 사회의 비판적 이해에 대한 그것의 잠재적 기여를 건너뛴 결과, 대다수 학술기관과 언론에서 마르크스정치경제학이 무시되어왔기 때문이다. 현대 신자유주의의 시대에 주류(정통파 또는 신고전주의) 경제학은 일반적으로 모든 이단적 이론과 특히 마르크스정치경제학을 논리적·수학적 또는 통계적으로 엄밀한 테스트에 실패한 것으로 치부함으로써 경제학이라는 학문 분야에 대한 지배력을 강화해왔다. 그러나 주류 경제학의 결함과 자본주의가 낳은 경제적·환경적·지정학적 재앙으로 경제학자들 사이에 대안을 찾는 탐구 태도가 촉진되었으며, 경제학보다 다른 사회과학에서 경제를 더 자유롭게 분석하는 현상은 한층 두드러졌다.

끊임없이 반복되는 위기로 위태롭게 흔들리는 세계에서 공산주의에 대한 가능성은 열려 있으며, 그것은 자본주의에 대한 비판과 그 대안의 잠재력을 제시하는 마르크스주의적 분석에 좌우될 것이다. 이러한 견해는 시장체제와 그것이 나타내는 계급관계가 과연 적절한지 묻지 않은 채, 전적으로 시장에 헌신하는 주류 경제학과 극명한 대조를 이룬다.

역사적으로 볼 때 지금이야말로 마르크스정치경제학에 대한 관심이 새롭게 일어나야 할 적절한 시점이다. 자본주의경제의 침체기마다 항상 마르크스정치경제학에 대한 관심이 고무되고 그 유효성이 입증되었다. 그럼에도 불구하고 마르크스가 생산과 생산성의 두 수준(그가 생산력productive force이라고 부르는)을 모두 발전시키는 자본주의의 역동성을 찬양했다는 점도 인정해야 한다. 특히 그는 그런 발전이 자본주의 그 자체 안에서(복지국가와 국유화된 산업을 생각해보라)와, 자본주의와 급진적으로 단절하는 경우에서 모두 사회주의적 대안을 가능하게 해준다고 보았다. 그는 또한 생산력을 발전시키는 자본주의의 놀라운 능력이 집합적 소유·통제·분배·소비 형태와는 대립되는 사적인 이익에 대한 전념 때문에 제약당하고 오도되고 있다는 점을 심각하게 인식했다. 그 결과는 현대생활에서 역기능과 불평등으로 분명하게 드러나고 있다.

마르크스정치경제학의 도구와 접근법

2007년부터 글로벌 금융위기가 진행되고 있는 현재의 집필 시점에 이르기까지, 많은 학생들이 경제학 교육의 한계를 깨닫고 커리큘럼과 강의에 다원성과 대안적 접근의 도입을 적극적으로 요구하고 있다. 마르크스정치경제학도 그중 하나다. 반면에 신고전주의경제학은 지극히 협소하고 극단적인 반대방향으로 나아갔을 뿐만 아니라, 대안을 포용할 능력은 고사하고 그럴 의사도 거의 없다는 것을 여실히 보여주었다. 글로벌금융위기와 함께 신고전주의경제학의 지적 정당성도 상실되었음에도 이런 태도는 여전하다. 주류 경제학은 글로벌금융위기가 오고 있다는 사실을 보지 못했을 뿐만 아니라 사건 이후 위기를 설명하거나 해결하지도 못하고 있다.

신고전주의경제학에 대한 학생들의 불만은 다양한 면에 걸쳐 있다. 가장 먼저, 신고전주의경제학은 수학적 모델과 그에 상응하는 연역적 방법deductive method에만 의존하며 거의 모든 여타 추론 방식을 배제해버린다. 같은 이유로, 이 방법은 명확하게 생산함수와 효용함수에 의존하는 점에서 비역사적이며 비사회적인데, 사실 이런 함수들이 적용되는 사회는 이것들과 거의 아무런 관계가 없기 때문이다. 자본가와 노동자뿐 아니라 노예와 노예소유주, 농노와 영주, (모든 시공간에 있는) 남자와 여자가 정확히 똑같은 방식으로 동기를 부여받으며, 무차별적으로 자신의 이익(이윤 내지 '효용utility' 또는 그 무엇으로 표현되든지 간에)을 극대화하는 것으로 전제된다. 경제적 동기는 마르크스정치경제학에서도 중대한 역할을 하지만, 신고전주의경제학과는 대조적으로 그것이 상이한 사회 및 역사적 환경에서 어떻게 형성되고 추구되는지가 무엇보다 중요하다.(노예제도는 자본주의가 아니며, 가정家庭은 시장이 아니다.) 실제로 마르크스정치경제학에서는 연구목적에 적합하게끔 개념들을 개발하고 사용하는 것이 긴요한데, 앞으로 설명되겠지만 마르크스정치경제학에 중심개념인 노동가치론labour theory of value이 그에 해당한다.

'호모에코노미쿠스(경제인)', 합리성, 주어진 선호관계, 그리고 자기 이익이라는 단일한 동기에 의존함으로써 따라 나오는 자의적이고 비뚤어진 가정假定들은 주류 경제학에 대한 불만을 불러일으키는 또 다른 측면들이다. 이것이 불만족스런 이유는 이런 출발점들이 우리의 경험에 어긋날 뿐 아니라 왜 우리가 그런 선호를 가지며 그런 방식으로 행동하는가와 같은 중요한 여러 질문들을 배제해버리기 때문이기도 하다. 주류 경제학이 자랑스럽게 찬양하는 시장사회에서의 개인의 자유로운 선택은 역설적이게도 결코 가능하지가 않다. 그 이론 내에서 개개인의 선택은 전적으로 주어진 선호관계(또는 효용함수)에 따라 이미 결정되어 있다. 여기엔 창의성이나 개인 정체성identity이 발휘될 수 있는 여지가 개별 주체에게 주어지지 않으며, 그 결과 수요와 공급이 엄격한 수학적 계산에 따라 도출될 수 있을 뿐이다.

이와 대조적으로 마르크스정치경제학은 주류 경제학 이외의 많은 다른 사회과학과 마찬가지로 그러한 개별 주체가 사회구조에 어떻게 제약되는지를 묻는다. 마르크스정치경제학은 경제의 본질을 역사적이고 사회적으로 이해하기 위한 출발점으로서 개인보다는 사회계급social class을 택한다. 노예제도와 자본주의 등을 언급하며 이미 제시했던 바와 같이 경제조직의 형태들 사이에는 명백한 차이점이 있다. 특히 계급사회는 누가, 어떻게, 누구를 위해 일하며 그리고 어떤 결과로 귀결되는지를 결정하는 경제조직이다. 무엇보다 그것은 누가 누구를 착취하게 되는지에 관한 것이다. 여기서 착취exploitation란 노동하지 않으면서도 단지 소유권을 갖고 있기 때문이거나, 통제 및 관리에 대한 과도한 보상으로 잉여생산물을 부당하게 얻는다는 것을 의미한다. 군주제에서 모든 사람이 왕이나 여왕이 될 수는 없듯이 모든 사람이 자본주의에서 자본가가 될 수는 없다. 그렇지 않으면 노동자는 존재하지 않을 것이다.

마르크스정치경제학은 임금노동자와 고용주를 광범위하고도 근본적으로 구별함으로써 자본주의에 대한 분석을 시작한다. 비단 마르크스정치경제학의 고유한 분석이 아니더라도, 노동자들이 생산하는 모든 것을 임금으로 받지 못한다는 면에서 자본주의가 착취에 기반하는 체제라는 것이 오래전부터 인식되어왔다. 생산 및 총투자의 갱신에 필요한 자원을 제쳐두더라도, 자산소유자들이 얻는 이윤과 이자 및 임대료만이 아니라 자본주의의 생산과 교환 및 사회통제를 수행하는 기능인들에게 주어지는 배가 터질 정도의 '봉급'으로도 '보상rewards'이 발생한다. 아래에서 보게 되겠지만, 마르크스정치경제학의 고유성은 그러한 착취를 개념화하고 설명하는 방식과, 그로부터 자본주의의 성격, 역동성, 모순과 한계를 이해하게끔 해주는 데 있다.

신고전주의경제학과의 차이는 무엇보다 크다. 신고전주의경제학은 정도의 차이는 있어도 시장을 통해서 효율적으로 조직된 개인들의 집합체로 경제를 인식하는 반면, 마르크스정치경제학은 개인들이 단순히 시장의 수요와 공급을 통해 관계를 맺는다는 주장에 반대하면서 경제 전체의 구조·과정·행위자 및 관계와 계급에 주목한다. 이런 점에서 마르크스정치경제학은 체제론적, 곧 총체론적holistic 방법에 입각한다. 이런 기반 위에서 변화를 가져오는 힘들이 경제를 굴려나가고 긴장을 만들어낸다는 것이 확인되는데, 그렇기에 긴장은 기껏해야 일시적으로 해결될 뿐이다. 다시 말해 자본주의경제는 성장으로 치닫지만 오로지 위기의 가능성을 발생시킴으로써 그렇게 할 뿐이다.

이런 관점에서 볼 때, 마르크스정치경제학과 주류 경제학 사이에 대조되는 점이 두 가지 더 있다. 첫째, 자본주의를 (또는 그 어떤 다른 경제도) '균형'이라는 관점으로 이해하기는 적절하지 않다는 것이다. 균형은 실제로 결코 달성되지 않기도 하거니와 그런 분석방식은 경제체제에 내재하는 갈등과 역동성의 원천을 모호하게 만들어버리기 때문이다. 둘째, 마르크스정치경제학에게는 변화를 위한 힘들이 확인되어야 하며 그 함의를 이해할 수 있도록 추가적 분석이 이루어져야 한다. 그리고 그 힘들이 어떻게 서로 상호작용하는지에 대한 연구

도 이루어져야 한다. 마르크스정치경제학 내부에서 이에 대한 논쟁
은 계속되고 있다. 경제의 주도적 동인이 임금인지 이윤인지에 대한
논쟁과 금융부문의 기생적 역할에 관한 논쟁 그리고 무엇이 수익성
을 결정하는 요인인지에 대한 논쟁을 이에 대한 사례로 들 수 있다.

노동가치론

마르크스정치경제학과 여타 경제학파 사이는 물론이고, 마르크
스정치경제학 내부에서도 마르크스 노동가치론의 성격과 유효성
은 논쟁의 핵심을 이루고 있다. 많은 학자들에게 노동가치론은 가격
이론으로 이해된다. 예컨대, 상품은 생산에 필요한 노동시간을 계산
해서 나온 가격으로 교환되는가? 먼저 이러한 노동시간에는 이른바
'살아 있는' 노동, 즉 당장 그 제품을 만드는 데 들어간 시간만 관련
되지 않으며, 원료나 생산용 장비를 만드는 데 이미 들어간 ('죽은',
'체화된' 또는 '응고된') 노동력도 포함한다는 사실에 유의하자.

많은 정치경제학자들이 노동가치설에 매력을 느꼈다. 적어도 애
덤 스미스Adam Smith와 데이비드 리카도David Ricardo는 그랬는데, 그럼에
도 둘은 이를 만족스럽게 생각하지는 않았다. 한 가지 이유는 그것
이 생산의 상이한 자본집약도, 즉 보다 많은 자본량(예를 들어 노동집
약적인 건설업은 자본집약적인 원자력과 확연히 다르다)으로 생산된 상품
을 고려하지 않기 때문이다. 마찬가지로 더 많은 시간이 소요되는 상
품(식당에서의 식사와 비행기는 확연히 다르다)도 고려하지 않고 있다.
이 두 경우들에는 미리 투여된 자본의 양과 들어간 시간에 해당하는
프리미엄이 가격에 포함되어야 하며, 미리 투여된 자본이 다른 곳에

사용되었을 때의 이윤율을 감안해서 이윤도 더 많아야 한다. 이러한 논리적 요구사항을 감안함으로써 스미스와 리카도는 가격이 생산에 소요되는 노동시간과 체계적으로 달라진다는 것을 깨닫게 되었다. 더욱이 임대료와 독점처럼 일시적이긴 하지만 수요(의 변화)도 가격에 영향을 미칠 것이다.

이와 같은 이유로 노동가치론은 마르크스정치경제학의 다른 측면, 특히 계급과 착취를 강조하는 측면에 공감하던 사람들로부터도 오랫동안 거부되었다. 중요한 점은 마르크스가 이러한 문제에 대해 잘 알고 있었고 이를 고려했다는 것이다. 여기에서 자세히 다루지 못하지만, 그가 이 문제를 어떻게 처리했으며 그것이 충분히 납득할 만한지 여부는 논쟁의 핵심요소로 남아 있다.

그런데 그러한 논쟁이 일어나게 되는 충분한 이유가 존재한다. 노동가치설을 이해하는 서로 다른 두 가지의 방식에 따라 마르크스에 대한 해석이 근본적으로 달라지기 때문이다. 더욱이 둘은 서로 양립 불가능하다. 어떤 이는 위의 설명과 같은 방식으로 나간다. 곧 (노동) 가치는 가격을 얼마나 양적으로 잘 설명할 수 있는가? 썩 잘 설명하지 못한다면 그것을 수정하든지 거부해야 할 것이다. 다른 하나는 마르크스 자신의 접근방식을 반영하면서 매우 다른 종류의 질문으로부터 시작한다. 즉 노동시간으로 측정된 가치는 어떤 조건 아래서 단순히 가격 수준에 대한 좋거나 나쁜 설명으로서 자칭 경제학자들의 마음속에만 존재하지 않고 실제로 사회 안에서 존재하게 되는가? 마르크스의 대답은 믿을 수 없을 정도로 간단하다. 오직 상품생산commodity production 이 만연한 사회(기본적으로 자본주의)에서만 서로 다른 유형의 노동들이 교환의 메커니즘을 통해 사회 자체에 의해 서로 측정된다. 과거의 노동이든 현재의 노동이든 상품생산에 기여한 노동은 무엇이든 거대한 교환의 용광로로 던져진다. 모든 다양한 유형의 노동은 다른 노동과 가격 면에서 동등하게 평가되거나, 보다 정확하게 측정될 수 있다.

물론 노동이 모두 똑같은 것으로 간주된다는 말은 아니다. 더 숙련된 기술은 덜 숙련된 기술보다 더 많은 노동으로 간주되며, 숙련도가 같은 노동이나 심지어 비슷한 작업도 수많은 변수들이 고려되는 순간 다 다르게 평가될 수 있다. 생산의 자본집약도(위의 설명을 참조하라), 독점의 존재, 지대지불 등이 그런 변수의 예들이다. 그러나 마르크스에게 최우선적인 문제는, 자본주의 상품생산이란 임금노동에 의한 생산과 이윤을 위한 상품의 교환을 연결하는 시스템임을 인식하는 것이다. 그는 생산과정에 있던 그 노동의 생산물이 머나먼 교환의 종착역까지 가는 여정을 추적하는 과제를 자기 자신과 우리 모두에게 부과한다.

앞에서 언급했듯이, 이것은 균형가격 이론과는 거리가 멀다.(이 때문에 마르크스의 가치이론이 거부되는 경향이 있다.) 더 구체적으로 말해 마르크스는 자유시장에서의 교환에 기초한 이 체제가 어떻게 임금노동자의 잉여노동*surplus labour을 포획하는 과정을 은폐하면서 이윤을 만들어내는지에 일차적인 관심을 둔다. 이와 대조적으로 노예제나 봉건제에서는 생산자에 대한 직접적인 착취가 명백하게 드러

● 마르크스에 의하면 모든 인간 사회는 노동에 의해 유지된다. 노동은 두 가지로 구분되는데, 하나는 생산자가 자신의 생활수준을 유지하기 위해 필요한 노동이고, 다른 하나는 이 필요노동을 초과하는 여분의 잉여노동이다. 잉여노동은 한 사회가 발전할 수 있는 기반이 된다. 자본주의사회에서 잉여노동은 사회 전체의 발전을 위해 쓰이지 않고 생산수단을 소유하는 자본가에 의해 착취된다.

난다. 마르크스의 두번째 관심은 자본주의에서 특히 새로운 생산방법과 생산과정의 발전을 통해 어떻게 이윤이 증가할 수 있느냐에 관한 것이다.(이를테면 단순 매뉴팩처에서 공장체제로 바뀌는 경우다. 이 차이는 일반적인 생산함수를 무차별적으로 적용함으로써 간과되곤 한다.) 더 나아가 개인적으로나 집단적으로 자본주의 하에서 노동자가 되는 것이, 일터에서만 아니라 더 일반적으로는 사회에서 어떤 의미인지에 대한 것이다.(예를 들어 경제가 자본주의적이라는 것은 가족, 시민사회 및 국가에 어떤 함의를 가지는가?) 세번째로 마르크스는 자본주의 생산이 (예를 들어 기업이나 오늘날 금융의 통제 아래에서 점점 더) 진화하면서 어떤 경제적·사회적 결과를 가져오는지와 그러한 발전이 어떻게 자본주의를 넘어 다른 체제로 갈 토대를 제공하게 되는지에 관심을 갖는다.

상품, 노동 및 가치

이러한 관심사들을 풀어내기 위해 마르크스는 상품이 그 가치(생산에 필요한 노동시간)에 따라 교환된다는 기반 위에서 분석을 시작한다. 이로써 그는 가격 형성 과정을 복잡하게 논의하지 않고 자본주의 하에서 일어나는 착취를 드러낼 수 있다. 그의 설명은 자본주의의 계급관계, 특히 자본과 노동 사이의 관계를 밝히는 데 두어진다. 계급으로서 자본가들은 생산수단means of production을 소유하고 있는 반면, 노동계급은 임금노동자로서 일할 능력을 판매함으로써만 일할 기회와 합당한 생계수단을 얻을 수 있다. 마르크스에게 일할 능력ability to work과 일work 자체의 구분은 자본주의를 이해하는 데 결정적으로 중요한데, 사고 팔리는 것은 그가 노동력labour-power이라 지칭한 일할 역량이지 노동labour 그 자체가 아니다.(다시 말해 노동은 일하는 활동이지 치즈처럼 사고 팔리는 물건이 아니다.) 노동력에 임금이 지불되면서, 실제로 얼마나 많은 노동을 어느 정도 수준으로 수행할지가 자본과 노동 사이의 갈등 현안으로 된다.(물론 임금수준과 노동조건과 같은 또 다른 갈등도 있긴 하다.) 이렇게 비유할 수 있겠다. (노동자를 고용하는 것처럼) 당신은 차를 빌릴 수 있다. 그러나 이는 당신이 그 차(노동자)를 어디까지, 어떤 속도로, 얼마나 안전하게 운전하느냐와는 아주 다른 문제다.

이제 마르크스가 상품으로부터 시작하여 노동가치론을 재구성하는 과정을 살펴보자. 상품은 생산자 자신의 소비를 위해서가 아니라 판매를 목적으로 생산된 재화와 용역이다. 상품에는 두 가지 공통된 특징이 있다. 첫째, 사용가치use value 다. 상품은 어떤 유용한 특성을 가지고 있다. 일단 유용하게 사용되는 가치가 있다면, 상품이 가진 유용성의 본질은 (생리적 욕구, 사회적 관습, 일시적 욕망, 악습 등 어떤 이유에서 사용되는지는) 중요하지 않다. 둘째, 모든 상품들은 교환가치exchange value를 갖는다.(시장에서 가격을 책정할 수 있다.) 원칙적으로 그것들은 다른 상품과 특정 비율로 교환될 수 있다. 교환가치 또는 가격은 상품들의 사용가치가 확연히 다름에도 불구하고 화폐적 등가물로 책정되는 한에서는 (적어도 한 측면에서) 서로가 동등하다는 사실을 보여준다.

교환가치가 있는 사용가치로서 상품의 이중성double nature of co-mmodity은 노동에도 함축돼 있다. 한편으로 상품을 생산하는 노동은 구체적 노동concrete labour 이라 할 수 있는데, 그런 노동은 의복이나 식량 또는 서적과 같은 특수한specific 사용가치를 생산한다.(각각 재단사와 농부와 출판업자들이 그 생산을 해낸다.) 다른 한편으로, 상품이 교환을 위해 생산될 때 상품들은 서로 등가적 관계를 맺게 된다. 이 경우 노동은 '추상적abstract' 내지 어떤 의미에서 일반적이라고 할 수 있다.(중요한 것은 노동의 양이지 그 유형이 아니다.) 상품 자체와 마찬가지로 '상품생산 노동'도 일반적인 동시에 특수하다. 사람들은 항상 자신의 생존을 위해 다양한 사용가치를 생산해야 하기 때문에 구체적 노동은 모든 사회에 존재한다. 반대로, 추상적 노동abstract labour은 역사적으로 특수하다. 그것은 상품이 생산되고 교환되는 곳에서만 존재한다.

추상적 노동에는 양적 측면과 질적 측면이라는 두 가지 구별되는 측면이 있으며, 이를 나누어서 분석해야 한다. 첫째, 추상적 노동은 상품 사이의 등가관계에서 비롯된다. 비록 역사적인 조건에 달려 있기는 하지만, 추상적 노동은 실제로 존재한다. 한 사람의 노동생산물을 (돈을 통해서) 다른 사람의 노동생산물로 실제로 교환할 수 있는 원리는, 추상적 노동이 단지 경제학자의 머릿속에서 만들어진 것이 아니라는 사실을 보여준다. 우리는 어떤 상품을 돈으로 구매할 수 있다. 이때 돈은 우리에게 추상적 노동의 존재를 알려주는 수단이 된다.

둘째, 현실의 교환가치는 각기 다른 유형의 상품을 생산할 때 필요한 추상적 노동들 사이에 양적 관계가 있음을 보여준다. 그러나 이 관계는 직접적으로 보이지 않는다. 왜냐하면 우리가 무언가를 구입할 때는, 그것을 만드는 데 어떤 유형의 노동이 들어갔으며 그 노동이 얼마나 어떻게 수행되었는지가 가격에 나타나 있지 않기 때문이다. 우리가 아무리 열심히 상품을 꼼꼼히 살펴볼지라도, 생산과정에서 자본과 노동 사이의 사회적 관계가 어떠했는지는 말할 것도 없고, 그것이 물리적으로 어떻게 생산되었으며 얼마나 많은 양의 구체적 노동이 들어갔는지도 파악할 수 없다. 이것은 시장 참여자들 자신은 물론이고 순전히 수요와 공급만 신경 쓰는 경제학자들에게도 마찬가지다.

예를 들어, 1776년에 처음으로 발표된 『국부론』에서 애덤 스미스는 '일찍이 원시적인' 사회에서 재화는 그것을 생산하는 데 필요한 노동시간에 비례하여 직접 교환되었다고 주장했다. 예컨대, 만일 비버를 잡기 위해 드는 노동비용이 사슴을 잡는 것보다 보통 두 배라면, 한 마리의 비버는 '자연히' 두 마리의 사슴과 교환되어야 한다. 그러나 스미스는 장비와 기계가 생산과정에 사용되면 이 단순한 가격결정 규칙이 무너질 것이라고 생각한다. 그 이유는 노동자에 더해서 '주식(자본)' 소유주도 제품의 가치에 대한 권리를 이윤 형태로 요구할 것이기 때문이다.(지주는 지대의 형태로 지분을 주장한다.) 이러한 요구들을 가격에 추가해야 하기 때문에 노동가치론은 타당성을 잃게 된다.

하지만 마르크스는 두 가지 이유로 스미스에 동의하지 않는다. 첫째, (생산노동의 시간에 비례하는) '단순'하거나 '직접'적인 교환관계는 어떤 인간사회에서도 전형적이지 않다. 이것은 스미스가 마음속에 지은 가상적 세상에서나 존재할 뿐이다. 당신이 스미스의 원시적인 사회에 산다고 가정해보자. 당신은 교환을 위해 전문적인 기술을 익히기보다 바로 나가 뭐든 필요한 걸 잡을 것이다. 교환을 위한 전문화specialization는 원시적인 사회보다 상품생산사회에서나 필요한 것이다. 우리의 목적에는 둘째가 더 중요한데, 상품거래가 서로 다른 유형의 노동 간에 존재하는 양적인 등가관계를 기반으로 하고 있긴 하지만 이 관계는 간접적이라는 것이다. 달리 말해, 스미스는 자신의 '노동가치론'을 첫번째 장애물(노동시간에 의존하고 있는 가치론에 모호하게 이윤과 지대가 등장하는 것)에서 포기하는 반면, 마르크스는 자신의 가치분석을 엄격하고 체계적으로 발전시켜 자본주의에서 상품가격을 떠받치고 있는 가치를 설득력 있게 설명해냈다.

실제로 마르크스는 상품이 시장에 나올 때 노동 및 여타 보이지 않는 관계를 연구하기보다는, 상품에 대한 이해를 가격과 사용(또는 효용) 사이의 표면적(자명한) 관계로만 국한시키는 태도를 '상품물신주의commodity fetishism'라고 불렀다. 마르크스에게 그의 상품물신주의 이론이 중요한 이유는, 그것이 사물 간의 관계(어떤 물건이 다른 물건과 교환되는 가격)로서 교환관계를 다루는 것을 넘어서 그러한 물건들을 생산하는 사람들 사이의 사회적 관계를 드러내준다는 점에 있다. 간단히 말해서, 상품물신주의를 꿰뚫어봄으로써 우리는 자본주의에 부착된 착취관계를 밝혀낼 수 있다.

자본과 자본주의

상품은 수천 년 동안 생산되어오고 있다. 그러나 비非자본주의 사회에서 상품생산은 일반적으로 중요하지 않아서 대부분의 재화와 서비스는 시장교환보다는 직접 소비를 위해 생산된다. 자본주의 사회에서는 다르다. 자본주의의 가장 두드러진 첫번째 특징은 상품생산의 일반화다. 자본주의에서 시장은 무엇보다도 중요한데, 대부분의 노동자는 상품생산에 종사하며 기업과 가계는 각각 상품으로 생산투입물(기업)과 최종 재화 및 서비스(가계)를 정기적으로 구매한다.

자본주의의 두번째 중요한 특징은 이윤을 위해 상품을 생산한다는 점이다. 자본주의사회에서 상품소유주는 보통 그저 생계를 꾸리는 것이 목적이 아니다. 그들은 (생존하기 위해) 이윤을 얻고자 하며 그래야만 한다. 따라서 생산결정과 고용수준과 구조, 그리고 사회의 생활수준은 기업의 수익성에 따라 결정된다.

자본주의의 세번째 특징은 임금노동wage labour이다. 상품생산과 화폐와 마찬가지로 임금노동도 수천 년 전에 처음 등장했다. 그러나 자본주의 이전에 임금노동은 항상 제한적이었고 다른 형태의 노동이 일반적이었다. 예를 들어, 소규모 사회집단 내에서의 협력, 거대한 고대제국의 노예제, 봉건제에서의 농노제, 생존과 교환을 위한 독립생산이 모든 유형의 사회에서 우세했다. 임금노동은 최근에 이르러서야 일반적인 노동양식으로 되었다. 300~400년 전 영국에서 처음 그렇게 되었고, 다른 여러 지역에서는 그보다 한참 더 지나서야 정착되었다.

신고전주의 경제이론은 자본을 생산수단, 화폐, 금융자산을 아우르는 사물의 집합체로 정의한다. 최근에는 지식과 사회관계를 인적자본human capital이나 사회적 자본social capital으로 지칭하기도 한다. 그러한 사물·자산, 인간의 속성은 항상 존재해온 반면, 자본주의는 역사적으로 새롭게 등장한 것이다. 그런데 자본의 개념을 본래 자본에 속하지 않은 것에까지 확장하면, 마치 자본이 역사 전체 내내 보편적으로 기능해온 양 오도할 수 있다. 말, 망치 또는 100만 달러는 자본일 수도 자본이 아닐 수도 있다. 그 여부는 그것들이 사용되는 맥락에 달려 있다. 만일 임금노동의 직접 또는 간접적 이용을 통해서 이윤을 위한 생산에 종사한다면 자본이 될 것이다. 그렇지 않을 경우에는 동물, 도구 또는 지폐일 뿐이다.

마르크스정치경제학에서 자본은 계급관계class relation를 포함하지만, 이러한 관계는 종종 (즉각 파악할 수 있는) 물리적 속성으로 축소되거나, 마르크스가 말했듯이, 사람들보다는 사물 사이의 관계로 간주된다. 더욱이 자본은 단순히 상품의 생산자와 판매자 사이의 일반적인 관계 또는 시장에서의 수요와 공급 관계가 아니다. 그보다 자본은 **착취의 계급관계**를 수반한다. 이 사회적 관계에는 (인적이든 물적이든) 생산수단 또는 투입물에 대한 소유권과 통제 및 사용 권한에 따라 정의되는 두 가지 계급이 포함된다. 한편에는 생산수단을 소유하고 노동자를 고용하며, 그들이 생산하는 것을 소유하는 자본가들이 있다. 다른 한편에는 자본가에 의해 고용되고 생산에 직접 참여하지만 그들이 생산하는 것에 대한 어떤 소유권도 없는 임금노동자들이 존재한다.

대다수의 사람들은 자유롭게 임금노동자가 되겠다고 선택하지 않는다. 역사적으로 임금노동은 확대되고 있으며, 자본주의의 발전은 농민·장인·자영업자가 생산수단에 대한 통제권을 잃거나 비非자본주의적 생산양식으로 생계를 꾸려나갈 수 없을 때 비약적으로 이뤄진다. 그러므로 임금계약은 평등한 주체들 간에 이루어진 자유교섭free bargain의 결과라는 주장이 수없이 반복되고 있지만, 이는 부분적으로만 참일 뿐 진실을 호도하는 것이다. 노동자에게 직업을 선택해 지원할 자유가 있긴 하지만, (장래의) 고용주와 대면했을 때 그들은 거의 항상 불리한 교섭 위치에 서게 된다. 임금노동자들은 가정을 돌보고 생계의 압박을 해결하기 위해 돈이 필요하다. 이것이 자본주의사회가 '자유롭게' 노동계약에 서명하고, '자발적으로' 직장에 오며, '자진해서' 직속상관의 기대를 충족시키도록 노동자를 강제하는 채찍이자 당근이다.

가치에서 잉여가치로

자본가들은 통상 다른 자본가들로부터 구입한 생산투입물을 시장에서 고용한 임금노동자의 노동과 결합해 이윤용 판매를 목적으로 상품을 생산한다. 다음 공식으로 정리된 산업자본의 순환은 공장생산, 농업노동, 사무노동 및 여타 지본주의 생산형태의 본질적 측면을 포착한다.

$$M-C \Big\langle {}^{MP}_{LP} \cdots P \cdots C'-M'$$

자본가가 화폐(M)를 선금으로 지불해 두 가지 유형의 상품c인 생산수단(MP)와 노동력(LP)를 구입함으로써 순환이 시작된다. 생산과정(…P…)에서 노동자는 투입물을 새로운 상품(C')으로 바꾼다. 이것은 더 많은 화폐(M')로 팔린다.

마르크스는 M과 M'의 차이를 잉여가치surplus value라 부른다. 잉여가치는 산업 및 상업 이윤과 이자나 지대 같은 여타 잉여수입의 원천이 된다. 우리는 이제 마르크스의 가장 중요한 업적들 중 하나로 인정되는 잉여가치의 원천을 확인할 수 있다.

잉여가치는 순전히 교환으로부터 생길 수 없다. 부도덕한 장사꾼과 투기업자가 그러는 것처럼 누군가는 상품가치 이상의 가격으로 판매(부등가교환)함으로써 이윤을 얻을 수 있을 것이다. 하지만 두 가지 이유 때문에 모든 판매자가 그런 이윤을 얻는 것은 불가능하다. 첫째, 판매자는 구매자이기도 하다. 모든 판매자가 고객에게 10%씩 추가비용을 부담시키면 모든 구매자는 10%씩 손해를 보기 때문에 결국 아무도 초과이윤을 얻지 못할 것이다. 그러므로 몇몇이 훔치거나 선수를 쳐 부자가 될 수 있을지언정 사회 전체적으로 이런 일은 불가능하다. 부등가교환은 이윤을 일반적으로 설명할 수 없다. '사기'는 가치를 이전할 수 있을 뿐 그로써 새로운 가치가 창조되지는 않기 때문이다. 둘째, 경쟁은 예외적으로 높은 이윤을 제공하는 모든 부분에서 공급을 증가시키는 경향이 있다. 그 결과 개인적 운과 속임수의 이점은 제거된다. 따라서 잉여가치(또는 일반적으로 이윤)는 개인의 실력과 전문기술에 달려 있는 것이 아니라 사회 전체 수준에서 체계적으로 설명되어야 한다.

자본의 순환과정을 꼼꼼히 들여다보면 잉여가치는 산출물의 가치 C'와 투입물 MP·LP의 가치의 차이임을 알 수 있다. 이 차이는 부등가교환에서 비롯된 것이 아니기 때문에, 가치의 증가분은 생산과정의 어딘가에서 나오지 않으면 안 된다. 더 구체적으로 말하자면, 마르크스가 보기에, 그것은 새로운 가치를 생산할 뿐 아니라 그 자체의 비용보다 더 많은 가치를 창조하는 상품을 생산과정에서 이용했기 때문에 발생한다. 대체 그 투입물은 어떤 것인가?

생산수단(물질적 투입물)에서부터 논의를 시작하면서 마르크스는 투입물이 산출물로 모양을 바꾼다고 새로운 가치가 창조되지 않는다는 점을 분명히 한다. 맥락이나 인간의 개입 여부와 무관하게, 단지 사물이 다른 사물로 변환될 때 가치가 생산되리라는 가정은 상품이 갖는 두 가지 측면인 사용가치와 교환가치를 혼동하고 있는 것이다. 사과나무를 예로 들자면, 그런 가정은 토양·햇빛·물로부터 사과가 생산될 때 사용가치뿐 아니라 사과의 교환가치도 생산된다는 것을 의미한다. 또한 와인이 숙성될 때 아무 노동이 가해지지 않아도 와인에 (단지 사용가치와 달리) 가치가 자동적으로 더해진다는 것을 의미한다. 가치관계의 자연화naturalisation는 다음 질문을 제기하게 만든다. 햇빛, 공기, 해변·공원 방문, 친구 사이의 호의 등등 수많은 자연의 산물·재화·서비스는 아무런 경제적 가치를 지니지 않는데, 왜 상품은 가치를 지니는가?

그러므로 가치는 (자연에 의존함에도 불구하고) 자연의 산물이 아니며, 상품에 물리적으로 구체화된 실체도 아니다. 가치는 교환가치, 곧 사물들 간의 관계로 나타나는 상품생산자들 간의 사회적 관계social relation다. 재화와 서비스는 특정한 사회적 및 역사적 환경에서만 가치를 지닌다. 가치관계는 상품생산, 화폐의 사용, 임금노동의 확산, 시장 관련 소유권의 일반화와 더불어 자본주의 아래서만 온전히 발전한다.

가치를 상품사회의 전형적인 사회적 관계로 이해한다면, 가치와 잉여가치는 일반적인 물건의 사용과 제작이 아니라 상품을 생산하는 노동의 결과(노동력이라는 상품의 생산적 소비)로 창출된다고 봐야 할 것이다. 투입물이 물질적으로 산출물에 섞일 때 그 가치도 이전되어 산출물의 가치 일부를 이루게 된다. 투입물의 가치가 이전되는 과정에서 노동은 동시에 새로운 가치를 제품에 부여한다. 다른 말로 하면, 물질적 투입물은 다른 곳에서 이미 노동시간을 들여 상품으로 생산되었기 때문에 가치에 기여하지만, 이제 막 추가된 노동은 산출물에 새로운 가치를 부여한다.

산출물의 가치는 투입물의 가치와 생산과정에서 노동자가 부가한 가치의 합과 같다. 생산수단의 가치는 단순히 이전된 것이므로 **추가된 가치가 임금비용을 초과하는 경우에만 생산에서 이윤이 발생한다**. 즉 잉여가치는 노동자가 추가한 가치와 노동력의 가치 사이의 차이다. 달리 표현하면, 임금노동자들은 임금으로 구입할 수 있는 물건을 생산하는 데 걸리는 시간보다 오래 일하기 때문에 착취당한다. 그 추가된 노동시간만큼 노동자들은 착취당한다. 곧 그들은 자본가들을 위해 (잉여)가치를 창출한다.

노동자들이 착취 문제에 대해 거의 선택의 여지가 없듯이 자본가들도 노동자에 대한 착취를 피할 수 없다. 잉여가치 추출을 통한 착취는 자본주의라는 체제의 본질적 특징이다. 자본주의 생산시스템은 잉여가치 추출을 위한 펌프처럼 작동한다. 자본가들이 사업을 유지해나가고자 한다면 노동자를 착취해야 한다. 노동자들도 자신의 긴급한 욕구를 충족시키기 위해 이에 동의하지 않으면 안 된다. 실로 착취는 자본주의적 생산과 교환을 움직이는 연료이다.

비록 임금노동자들이 착취당하기는 하지만, 절대적으로 빈곤할 필요는 없다는 사실에 주목하는 것이 중요하다.(소득과 부의 불평등 분배 때문에 일어나는 상대적 빈곤은 완전히 다른 문제다.) 착취율이 아무리 높아도 기술의 발달은 노동생산성을 증가시키며, 그로 인해 사회의 가장 가난한 사람들조차 이전보다 더 편안한 생활방식을 누리게 될 수 있다.

이윤과 (증가하는) 착취

기업의 이윤은 여러 다양한 방법으로 증가할 수 있다. 예를 들어, (노동강도의 강화로 표현되듯이) 자본가들은 노동자들이 더 오랜 시간 동안 더 열심히 일하도록 강요할 수 있다. 또는 더 숙련된 노동자를 고용하거나 생산기술을 향상시킬 수도 있다.

모든 다른 것이 일정하다면 노동시간이 길어질수록 더 많은 이윤을 창출할 수 있다. (토지·건물·기계·경영구조가 동일하다면) 적은 추가 비용만으로 더 많은 산출물을 생산할 수 있기 때문이다. 그래서 자본가들은 항상 주간 노동시간이 줄어들면 이윤이 악화되고 결과적으로 생산과 고용이 감소한다고 주장한다. 그러나 현실세계에서 다른 조건은 일정하지 않다. 역사적 경험은 그러한 노동시간 단축의 효과가 중립적이거나 심지어 노동자의 효율성과 사기에 영향을 미쳐 더 높은 생산성으로 이어질 수 있다는 사실을 보여준다. 결과는 상황에 따라 각기 다른데, 어떤 자본가에게는 부정적이지만 다른 이들에게는 유익할 수도 있다.

노동강도labour intensity가 클수록 같은 노동시간에 더 많은 노동력이 응축된다. 작업자의 노력, 속도 및 집중력의 증가는 산출량을 높이고 단가를 낮춘다. 그 결과 수익성은 향상된다. 훈련과 교육수준이 높은 노동자를 고용해도 같은 결과가 나온다. 그들은 노동시간당 더 많은 상품을 생산하고 더 많은 가치를 창조할 수 있다.

마르크스는 장시간노동, 높은 노동강도, 여성과 어린이들에 대한 연장노동을 통해 뽑아낸 가치를 절대적 잉여가치absolute surplus value라고 부른다. 이러한 유형의 잉여가치는 임금과 생산도구는 고정된 상태로 더 많은 노동을 수행하는 것과 관계된다.(여기서 노동시간은 동일할 수도 있고, 더 길어질 수도 있다.) 절대적 잉여가치는 초기 자본주의에서 특히 중요했는데, 당시는 노동시간이 14~16시간으로 긴 경우가 많았다. 최근에는 주당 노동시간이 늘어나고 여가시간에도 노동하게 됨으로써 절대적 잉여가치가 추출된다.(일이 주말 및 공휴일로 연장되는 경우가 많으며, 휴대전화 및 컴퓨터가 널리 이용되면서 직원들이 항상 전화를 받을 수 있다.) 또한 노동자들은 (생산라인의 속도 증가 또는 휴식시간 단축처럼) 종종 더 강도 높은 노동을 통해 생산성을 증가시키도록 강요받거나 (강의에 등록하는 것처럼) '자유'시간에 새로운 기술을 획득하도록 강제된다. 그렇지만 절대적 잉여가치가 중요하긴 해도, 거기에는 물리적·사회적 제약이 존재한다. 노동시간이나 노동강도를 무한정 증가시킬 수는 없으며, 또 노동자들이 점차 이러한 형태의 착취에 저항하면서 마침내 적어도 일부 투쟁에서는 승리하게 된다.(비록 그러한 승리가 보편적이지는 않으며 성취한 승리도 위협 아래 놓여 있지만 말이다.)

자본가는 단순히 노동을 연장함으로써 잉여를 늘리는 것이 아니라, 주로 신기술과 새로운 기계의 도입을 통해 임금 몫으로 산정되는 노동을 줄여* 노동생산성을 향상시킴으로써 수익성을 높일 수 있다. 이런 일은 어떻게 일어날까? 첫째, 생산과정이 각각의 작업으로 나누어져 특정 노동자에게 배정된다. 둘째, 이러한 작업을 위한 도구가 개발된다. 셋째, 기계적 동력이 이용된다. 마지막으로, 이러한 발전

---

* 한 상품을 생산하는 데 투입되는 총 노동시간은 필요노동시간과 잉여노동시간으로 구분된다. 이때 임금은 필요노동시간의 대가로 지불된 것이다. 이제 생산성이 높은 기계를 사용한다고 생각해보자. 이전보다 더 적은 필요노동시간으로 이전과 같은 가치를 생산할 수 있게 된다. 그 결과 총 가치에서 차지하는 임금의 몫도 줄게 된다.

들이 기계장치로 합쳐져 공장시스템 내에 들어간다.

마르크스는 이것을 상대적 잉여가치relative surplus value의 생산이라 명명한다. 이를 바탕으로 그는 (특히 신고전주의경제학에서 나오는 같은 이름의 생산함수*와는 대조적으로) 자본주의에서 생산이 어떻게 발전하는지를 정교하게 설명해나간다. 그전의 애덤 스미스와 마찬가지로 마르크스도 얼마나 많은 노동이 어느 정도의 생산성으로 수행되는지가 그 어떤 것보다 중요하다는 생각을 강화하는 동시에, 그러한 발전이 어떻게 노동자들의 전통적인 기술을 앗아가 (비록 기계를 점검하고 발전시키는 새로운 기술이 생겨나긴 하겠지만) 그들을 점차 '기계경호원'으로 축소시켜버리는지를 부각시킨다. 그러나 마르크스는 스미스를 뛰어넘어 그러한 자본주의적 생산의 발전이 낳는 결과를 밝혀낸다. 특히, 그는 자본주의 생산자들 사이의 경쟁이 어떻게 대체로 소유 자본의 규모에 기반한 싸움으로 되는지 인식했는데, 그들은 서로 가장 크고 강력한 공장을 만들어 생산성에서 앞서려고 했다. 이것은 자본주의적 명령을 기술한 마르크스의 유명한 구절을 탄생시켰다. "축적하라, 축적하라! 이것이 모세요 선지자니라!"

마르크스에게 생산성 증가의 주요하고 체계적인 원천은 주어진 시간에 주어진 노동량으로 최종생산품에 더 많은 투입물이 들어가도록 하는 것이다.(물론 특히 새로운 제품이나 소재 및 공정의 발명처럼 기술변화가 다른 원천이 될 수도 있긴 하다.) 요약하자면, 상대적 잉여가치는 절대적 잉여가치보다 더 유연하다는 것이다. 그리고 생산성 증가

● 신고전주의경제학의 생산함수는 $Y=f(K,L)$로 형식화된다. Y, K, L은 각각 산출물, 자본, 노동을 의미한다. 이 생산함수는 희소성의 원칙, 한계생산력체감의 법칙, 외생적 기술변화, 불변의 제도와 같은 비현실적인 전제와 가정에 둘러싸여 있어 자본주의의 역동성을 적절히 설명할 수 없다.

가 장기적으로는 임금 인상을 능가할 수 있기 때문에 상대적 잉여가 치는 현대자본주의에서 가장 중요한 착취형태가 되었다.

마르크스정치경제학, 발전법칙, 현대 자본주의

마르크스는 자본주의에서 어떻게 생산이 발전하는지에 대한 분석으로 널리 칭송받고 있다. 그러나 그는 생산과 자본축적에 관한 분석으로부터 경제적 결과와 함께 사회적 결과도 도출한다. 경제에 대해 그는 어떻게 자본주의가 (a) 국가 내와 국가들 간에서 모두 부와 빈곤이 동전의 양면처럼 되도록 세계 경제를 불균등하게 발전시키고 (b) 기업의 권력을 증가시키고 집중시키며 (c) 성장을 유지하게 해주지만 동시에 심각한 위기도 초래할 수 있는 정교한 금융시스템에 좌우되며 (d) 실업을 변덕스럽고도 불가피하게 만드는지를 보여준다. 그리고 마르크스는 자본주의 경제가 깊이 자리한 사회에서, 정치적·이데올로기적 권력에 접근하고 행사하는 일은 물론이고 건강·교육·복지를 제공하는 일이 어떻게 수익성의 명령에 종속되는지 심각하게 인식하고 있다. 진보의 여부는 노동자들이 개혁을 압박하고 그것을 유지할 수 있는 방법과 범위에 달려 있는데, 이러한 개혁은 자본가와 그 대표자들의 힘에 대단히 취약하며, 위기·불황·'긴축'의 상황에서 특히 그렇다.

오늘날의 자본주의에 대한 우리의 이해와 관련된 이러한 통찰은 경제적·사회적 변화를 적절히 포함하며 발전되었다. 특히 신자유주의의 부상과 금융화에 대한 신자유주의의 집착, 그리고 세계금융위기의 불균등한 발생 및 그에 대한 불균등한 반응이 이에 포함되어 있다. 이 이슈들을 다루는 것은 이 장의 범위를 벗어나지만, 보다 일반적으로 마르크스정치경제학이 그렇게 하듯이 그런 이슈들이 얼마나 엄밀히 논의되고 있는지를 인식하는 것은 중요하다. 이러한 점에서 마르크스정치경제학은 주류 경제학과 뚜렷이 대조된다. 주류 경제학은 자신의 방법론을 (제도경제학, 발전경제학, 경제사회학, 또는 실로 '모든 것의 경제학'처럼) 시장 밖에 적용함으로써 분석 범위를 넓히려고 했지만, 그런 시도는 환원적이고 잘못된 분석 원리에 기초해서 행해지고 있을 뿐이다. 이를테면 일관성이 없을 경우에는 효용극대화를 보완하기 위해 행동경제학이 나서는 식으로 한두 개의 묘안을 추가하는 정도다. 이것은 학제 간 연구라기보다는 사회과학을 약탈하는 것이다. 그렇기에 마르크스정치경제학은 경제적인 관점에서 사회를 설명하려고 하지, 사회를 잘못 인식된 경제로 환원하지는 않는다.

결론

원론적으로 마르크스정치경제학은 정치적으로 자본주의에 가장 날카롭게 도전할 뿐 아니라 주류 경제학에 대해서도 가장 강력한 지적 위협을 가한다. 따라서 마르크스정치경제학이 주류의 교육과 연구에서 가차 없이 소외되는 것은 전혀 놀라운 일이 아니다. 신고전주의경제학은 방법론적 개인주의methodological individualism, 수학적 방법, 경험적 방법, 실증과 규범의 이원론dualism, 균형 등에 전반적으로 의존하며 모든 면에서 극단적이다. 반면 마르크스정치경제학은 다른 경제 이론을 현실의 부분적 반영으로 보면서 이러한 모든 전선에서 도전장을 내민다.(효용함수와 생산함수가 상품물신주의의 극단적 사례임을 생각해보라!)

이런 비타협적 비판에도 불구하고 마르크스정치경제학은 잉여가치 추출을 통한 착취로써 자본주의가 기술과 생산력을 유례없이 발전시키게 된다는 사실을 명확히 인식하고 있다. 이것이 마르크스가 자본주의의 진보적 측면에 감탄한 주된 이유이다. 그러나 그는 자본주의가 동시에 역사상 가장 파괴적인 생산방식이라고도 지적한다. 이윤동기는 맹목적이며 저항할 수 없을 정도다. 그것은 놀라운 발견과 함께 타의추종을 불허하는 생활수준의 향상을 가져왔다.(다른 곳에서도 향상이 있었지만 특히 서구 '핵심' 국가에서 그랬다.)

그렇지만 자본주의는 환경과 인간생활의 파괴와 악화도 초래했다. 이윤 추구는 장기적으로 세계적인 영향을 미치면서 노예제도, 대량학살, 노동자에 대한 잔인한 착취와 통제되지 않은 환경파괴로 이어졌다. 충족되지 못하고 있는 필요가 존재하는데도 자본주의는 대규모 실업을 만들어내며 기계와 토지를 사용하지 않고 놀려둔다. 또한 빈곤을 철폐할 수단이 충분히 있음에도 불구하고 빈곤을 용인하기도 한다. 자본주의는 인간의 생명을 확장시킬 수 있지만, (풍요의 질병처럼) 보람과 의미를 없애 삶을 공허하게 만들 수도 있다. 그것은 인간교육 및 문화 분야에서 비견할 수 없을 정도의 성취를 가져오는 반면 탐욕, 거짓된 행동, 성차별, 인종차별 및 다른 형태의 인간억압을 조장한다.

자본주의의 이러한 모순적 효과는 서로 분리될 수 없다. 생산수단의 사적 소유와 시장경쟁은 필연적으로 임금관계와 잉여가치 추출을 통한 착취를 야기해 위기와 전쟁 및 자본주의의 여러 부정적인 특징을 촉진한다. 이것은 사회적·정치적·경제적 개혁의 가능성을 엄격히 제약하며, 시장이 '인간의 얼굴'을 가질 능력에 한계선을 긋는다. 이로 인해 마르크스는 자본주의가 전복되어 공산주의가 창조될 수 있다고 결론 내렸다. 그리 되면 자본주의의 비합리성과 인적 비용이 제거됨으로써 대다수가 자신의 잠재력을 실현할 가능성이 열린다.

이 모든 점에도 불구하고 마르크스정치경제학은 현재 정치적 발전에 강력한 영향을 줄 정도의 위치에 있지 못하다. 이런 상황은 내부 모순과 외부 비판으로 인해 신고전주의경제학이 '내부 파열'된다고 해서 변할 것 같지는 않다. 그보다 마르크스정치경제학의 지속성과 쇄신은 학계 밖의 발전, 특히 계급투쟁에 종사하는 노동자들의 운명에 달려 있다. 그것은 어쩌면 마르크스주의의 핵심인 이론과 실천 사이의 연결고리를 다시금 밝혀줄지도 모른다. 그럼에도 불구하고 마르크스정치경제학의 부활은 '경제학 다시 생각하기'에 보다 폭넓게 기여하는 중요 부분으로서 주류 경제학에 대한 대안 모색을 지속해나가는 데 필수적이며, 대안의 틀을 찾는 이들에게도 중요한 도움을 준다.

이러한 관점에서 볼 때, 특히 20세기 사회주의 건설이 실패한 것으로 간주되는 상황에서 마르크스정치경제학이 제시할 수 있는 정책 대안은 무엇일까? 마르크스는 자신이 '공상적 사회주의'라고 비판적으로 일컬은 것을 건설하는 데 과도하게 관심을 두지 않았으며, 오히려 사회주의는 노동계급조직과 반자본주의 투쟁 속에서 나타나는 것으로 보고자 했다. 이것은 사회주의혁명이 잠재적 대안으로서 고려되면서, 노동조합과 그 정치조직들이 상당한 권한을 행사하고,

사회개혁운동(과 식민지해방) 이후에도 성장과 번영이 계속 가능할지에 향후 전망이 달려 있던 전후 부흥 기간에는 확실히 중요한 의제였던 것 같다.

하지만 전후 시기가 종식되고 신자유주의가 부상하면서 사회개혁과 사회혁명이 의제 경쟁에서 밀려났다. 더욱이 경제조직, 나아가 점점 더 많은 사회적 조직에서 권력의 주요 원천을 금융이 차지했다. 금융위기에 대해 명백히 책임이 있고 위기를 해결하는 데 무능력했음에도 불구하고 글로벌 금융위기 후 금융은 그 지배력을 한층 더 강화했다. 이른바 케인스경제학의 황금시대Keynesian golden age를 회고하는 많은 사람들에게 앞으로의 전망은 금융을 제자리로 돌리는 데 달려 있을지 모르나, 그들은 케인스경제학 역시 그 자체의 위기를 겪었다는 사실은 쉽게 간과한다.

마르크스정치경제학은 글로벌 금융위기의 증상과 그 여파보다 금융이 어느 정도까지 위기의 원인인지에 대해 내부적으로 치열한 논쟁을 계속하고 있다. 금융의 권력을 극복하는 것이 필요조건이란 점에는 어느 정도의 동의가 이루어진 듯하다. 하지만 이것이 대안적인 조직형태와 대중에게 권력·통제권·복지를 가져다주는 정책(이런 정책들은 점점 집중되고 강력해지는 엘리트들이 현재 거부하고 있다)을 발전시킴으로써 노동인민의 역량을 강화하기 위한 충분조건은 결코 아니다.

📖 더 읽을거리

Callinicos, A. (2014), *Deciphering Capital: Marx's Capital and Its Destiny*, London: Bookmarks.

Fine, B. and Saad-Filho, A. (2013), *The Elgar Companion to Marxist Economics*, Aldershot: Edward Elgar.

Fine, B. and Saad-Filho, A. (2016), *Marx's Capital*, Sixth Edition, London: Pluto Press. (국내 번역 『마르크스의 자본론』)

Harvey, D. (2010), *A Companion to Marx's Capital*, London: Verso. (국내 번역 『데이비드 하비의 맑스 자본 강의』)

Weeks, J. (2010), *Capital, Exploitation and Crises*, London: Routledge.

오스트리아경제학

집필자
사비에르 메라, 귀도 휼스만
_ 프랑스 르네2대학교 연구조교
_ 프랑스 앙제대학교 경제학 교수

소개

경제학이 위기에 처해 있다고 한다. 왜냐하면 2008년의 붕괴를 알리지 못했기 때문이다. 널리 인정되고 있듯이 위기를 예측한(어느 정도로 정확하게 예측했는지는 다양하지만) 몇몇 소수의 경제학자들은 대체로 이런저런 '이단적heterodox' 학파의 일원들이었다. 그에 따라 '정통orthodox' 또는 '주류' 경제학이 특별히 비판의 대상으로 되었다. 그렇지만 오늘날 경제학의 정통이라는 건 도대체 무엇인가? 주류는 어떻게 정의될 수 있는가? 대부분의 경제학자들이 동의하는 통합된 거대 이론을 그러한 표현으로 지칭할 수는 없다. 그러한 이론은 존재하지 않는다. 교과서의 미시경제학을 보든 케인스에 영향받은 거시경제학을 보든, '정설'이란 오늘날 현안을 다루기 위해 고안된 표준적 접근법으로 여겨지는 것들로, 다소 독립적인 몇 가지 이론적 발전을 수사적으로 간단히 줄여 표기한 데 불과하다.

그럼에도 불구하고 모든 경제학자들이 품고 있을 것이라 여겨지는 하나의 견해, 곧 주류의 결정적 특징으로 간주될 수도 있는 그런 견해가 존재한다. 바로 어떤 설명이 진실로 과학적으로 되기 위해서는 특정한 방식에 따라 얻어지고 표현되어야 한다는 것이다. 그것은 자연과학으로 모델링되어야 한다. 자연과학은 관찰된 사실들이 다른 관찰된 사실들과 일정한 방식으로 맺는 양적 관련성을 밝혀냄으로써 설명을 진행한다.(예를 들어, 닫힌계에서 모든 입자들의 속도는 그 공간의 온도와 압력에 영향을 받는다). 그리고 과학이 무엇이고 과학은 어떤 일을 해야 하는지에 대한 이러한 일반적 생각('실증주의')은 자연스럽게 경제이론을 그 예측력에 따라 평가해야 한다는 생각으로 이어진다. 그러나 이번 위기를 예측하는 데 대거 실패함으로써 자연스럽게 회의가 일었다. 결국 주류는 자기 자신의 기준에 따르는 데 실패한 셈이다.

다가오는 붕괴를 예상한 경제학자들 가운데 오스트리아경제학자Austrian economics들이 몇몇 발견된다. 이는 특별히 주목할 만한 사실인데, 왜냐하면 주류 경제학자에게는 핵심적인 부분인 특정 사건에 대한 예측이 오스트리아경제학자들에게는 중요하지 않기 때문이다. 오스트리아경제학자들은 경제학을 일종의 중학생용 자연과학으로 인식하지 않는다. 그들은 한 데이터로 다른 데이터를 설명할 수 있다고 믿지 않는다. 루드비히 폰 미제스Ludwig von Mises가 제안한 독특한 '선험주의a priorism' 방법론에 따르면 경제학의 본질은 명제로 구성되며, 이는 관찰된 경험을 이론과 대결시킴으로써 증명되거나 혹은 반증될 수 있는 성질의 것이 아니다. 이 견해에서 경제적 인과관계 법칙은 인간행동의 본질로부터 논리적으로 추론된다.

　이 특징만으로도 오스트리아경제학은 주류 경제학의 기준으로는 이단학파이고 '비과학적'이라고 간주되기에 충분하다. 독자들에게 오스트리아경제학이 무엇이고, 왜 그것이 (그 지지자들의 관점에서는) 과학적인가를 인식시키기 위해 우리는 먼저 정통 경제학의 연구방법과 비교하면서 그 방법론 중 몇 가지를 언급하고자 한다. 그런 다음 오스트리아경제학식 위기분석을 제시하고, 몇몇 오스트리아경제학자들이 2008년 전후에 일어난 일을 이해할 수 있었던 이유를 논의할 것이다.

경제학 연구방법의 차이: 오스트리아경제학 대 주류 경제학

　주류 경제학에 널리 퍼져 있는 인과관계 분석은 다음과 같은 것들로 구성된다. 첫째, 어떤 현상을 관찰한다. 예를 들어, 실업률이 10년간 증가했다. 이제 이와 관련이 있을 것 같은 다른 관찰 가능한 현상을 살펴보자. 이를테면, 경제에서 지출이 줄어들거나 관련 분야의 최저임금이 인상되었다고 하자. 이러한 직관적 상관관계를 바탕으로, 이를 설명하고자 몇몇 연구가설을 제시한다. 말하자면 경제의 총지출 수준에서 궁극적으로 고용이 파생된다는 케인스경제학의 견해나 최저임금법이 시장청산 수준*보다 최저임금을 높게 설정할 때 노동력의 일부가 실업으로 내몰린다는 견해가 그것이다. 가설로 제시

● 신고전주의경제학이 상상하는 완전경쟁시장 아래서 수요와 공급이 일치할 때 형성되는 가격을 의미한다. 곧 이기심으로 무장한 독립된 합리적 개인들이 경제적 이윤과 효용을 최대화하려는 전략을 취할 때, 수요와 공급의 일시적 불일치가 청산clearing됨으로써 최종적으로 달성되는 균형가격을 지칭한다.

된 설명이 얼마나 탄탄한지 알기 위해, 그 가설로부터 추론해 다른 예측을 하고 이런 예측이 얼마나 잘 맞는지 관찰할 것이다. 이어서 데이터가 수집되고, 기대한 연관성이 실업 현상과 가설로 제시된 그 원인 사이에 존재하는지, 그리고 다른 관련 인과관계들 사이에 있는지 여부를 입증하기 위해 검증을 실시할 것이다. 그러고 나면 가설은 어느 정도 확증되거나 반증된다. 결과에 따라 이론이 다소 극적으로 수정될 필요가 있거나 폐기되고서 새로운 가설이 나올 수도 있다. 물론 새로운 가설에도 동일한 과정이 적용될 것이다. 시간이 지나면서 반증되지 않은 이론에 대한 일반화가 제안되고, 가장 모호한 설명방식이 걸러짐으로써 과학지식의 몸체가 커지게 된다.

오스트리아경제학자들은 두 가지 이유로 이 방법을 비판하는데, 그중 하나는 현실적 난점 정도로 간주되겠지만, 다른 하나는 더 근본적이다.

현실적 난점이란 예측된 관계를 검증하기 위해서는 검토중인 변수를 제외하고, 결과에 영향을 미칠 수 있는 모든 변수를 일정하게 유지해야 한다는 것이다. 실험실 실험laboratory experiment에서는 과학자가 관련된 관계들을 각각 분리해내는 게 별로 어렵지 않겠지만, 복잡한 사회를 그대로 재현할 수 있는 실험실은 어디에도 없다. 또한 어떤 변수라도 결과에 어느 정도 영향을 미치지 않을 수 없으며, 실제로는 무수한 변수들 중 일부만 일정하게 유지될 수 있다는 사실이 이미 알려져 있다.

오스트리아경제학은 더 근본적인 문제를 지적한다. 다양한 테스트를 통해 앞선 가설을 확증하거나 반증할 수 있으려면, 인간이 특정 상황에 처할 때마다 매번 같은 방식으로 행동한다고 '전제presupposition'해야 한다. 이것은 세 가지의 심각한 문제를 제기한다. 첫째, 이러한 전제는 관찰되거나 검증test될 수 없다. 그러므로 이렇게 얻어진 모든 '지식'은 반증불가능한 주장이 참인지 여부에 달려 있다. 둘째, 이러한 전제는 인간의 행동에 대해 모두가 알고 있는 기본적 사실과 위배된다. 수소와 산소는 자신들의 행동을 선택하지 않으며 둘은 항상 같은 방식으로 결합해 물을 만들 것이라는 전제는 가능하다. 그러나 완전히 불가능하지는 않겠지만, 인간도 이와 동일하게 언제나 같은 선택을 할 것이란 전제를 두기는 어렵다. 마지막으로 또 중요한 것은, 우리가 이런 접근법을 학계의 경제학자scholar-economist들에게 적용하는 순간 이것이 완전히 모순적인 것으로 드러난다는 점이다. 과연 그들이 무엇을 하고 있는지 설명해보는 건 어떨까? 그러자면 이론을 제시하고서 그들이 발견하려고 하는 게 무엇이며 그에 따라 그들의 행동이 어떻게 변할지에 관해 예측을 할 필요가 있을 것이다. 그러나 이것은 과학적 연구가 갖는 바로 그 의미, 즉 학자들이 자신들의 실험을 통해 이전에는 알고 있지 못했던 것을 배울 수 있다는 사실과 모순된다.

오스트리아경제학에 대한 아주 짧은 소개

경제학에서의 실증주의적 접근법positivism에 대한 이러한 비판은 상당히 널리 알려져 있다. 오늘날 주류 경제학의 방법론적·인식론적 결함에 관한 지식은 오스트리아경제학의 전유물이 아니다. 오스트리아경제학자들을 구분시켜주는 것은 이러한 비판에서 앞으로 더 나아가는 방식이다. 실로 실증주의가 사회과학의 난관임을 인식하는 사람들 사이에는 두 가지 일반적인 태도가 팽배해 있다. 첫번째는 어떤 경제학이든 과학이 될 수 없다고 결론을 내리는 것이다. 어쩌면 경제학이 수사학이거나 예술 또는 게으른 사기극일 수도 있겠지만, 인간행동의 원인과 결과에 대해 어떤 믿을 만한 지식을 제공하지는 못한다는 것이다. 오스트리아경제학자들은 이에 동의하지 않는다. 그들은 실증주의적인 늪에서 벗어나는 올바른 길을 찾아낼 수 있으며, 더 나은 방법론을 이용할 수 있다고 생각한다. 그들은 실증주의적 접근법이 우세해지기 전 널리 퍼져 있던 접근법에 기초해 있는데, 이는 '실재론realism'의 철학적 전통으로부터 물려받은 것이다.

주류경제학을 비판하는 과정에서 우리가 행위와 선택에 관한 몇 가지 주장을 제기했다는 점을 기억하자. 사실, 오스트리아경제학 이론의 출발점은 '행동의 공리axiom of action'라고 불리는 것이다. 이 공리의 내용은, 인간은 행동하며 행동은 선택한 목적을 달성하기 위해 선택한 수단을 의도적으로 이용한다는 것이다. 사람들이 새로운 것을 학습하기 위해(목적) 다른 뭔가를 하지 않고 돈을 써서 이 책(수단)을 사기로 결정하는 것처럼 말이다. 이러한 출발점은 반박할 여지없이 자명하다. 이를테면 이를 논박하려는 어떠한 시도도 선택을 포함하고 있으며, 그 목적을 달성하기 위해 (논쟁적) 수단을 사용할 것이다. 따라서 이 공리는 부인할 수 없고, 반증불가능하며, 우리에게 실제 세계에 대해 뭔가를 알려준다.

오스트리아경제학자들은 모든 종류의 경험적 상황에서 나타나는 인간행동의 보편적 원인과 결과를 확인하기 위해 동일한 논리적 추론방법을 사용한다. 그들은 항상 인간행동의 구조적 특성으로부터 그러한 필연적 인과관계를 연역deduction하려고 시도한다. 이러한 연역의 진실성은 검증을 필요로 하지 않으며, 위에서 언급한 이유로 검증될 수도 없다. 논리법칙에 따른 것인 한 그것들은 출발점만큼이나 진실이다. 따라서 그러한 바탕 위에 세워진 이론적 건축물은 '행동의 논리logic of action'거나 루드비히 폰 미제스가 주장한 것처럼 '인간행동학praxeology'이라 할 수 있다.

그렇다면 오스트리아경제학자들은 **상황적** 인과관계, 즉 (다르게 정해졌을 수도 있지만) 지난달 석유의 배럴당 가격을 결정한 요인처럼 다른 요인에 의존하는 관계를 어떻게 다룰까? 이를 위해서 오스트리아경제학자들은 서로 다른 '역사적' 방법론, 즉 이런저런 맥락에서 이런저런 행동을 촉진하게 되는 단일 동기를 심리학적으로 이해하는 게 필요하다고 생각한다. 현실세계의 해석은 항상 두 유형의 수단을 포함하는데, 보편적 법칙과 상황적 역사 이해가 그것이다.

인간행동의 구조적 특징에 대한 인간행동론적(연역적) 분석을 몇 가지 기본적인 예를 들어 설명해보자. 우리는 이미 인간행동이 항상 어떤 것을 배우기 위해 이 책을 고르는 것처럼 목적을 달성하기 위해 수단을 사용하는 것과 관련된다고 말했다. 이제 '경제재economic goods'로 알려져 있는 수단의 성격을 생각해보자. 그러한 재화에는 특정한 구조적 특성이 있는데, 그렇지 않으면 인간행동에 사용되지 않으며 사용될 수도 없다. 예를 들어, 이 책은 존재한다고 알려져 있어야 하며 특정한 목적의 달성에 유용하다고 여겨져야 한다. 책은 무생물로 쉽게 통제되거나 '소유'될 수도 있다. 이런 특성들이 없다면 수단으로 사용될 수 없을 것이다. 그리고 재화는 희소해야 한다. 즉 재화의 양은 그것을 이용하는 모든 목적을 충족시킬 수 있을 만큼 충분하면 안 된다. 당신은 이 책을 읽으면서 동시에 가구 밑에 끼워둘 수 없다.

그리고 당신이 즐겁게 읽는 동안 다른 누군가가 그것을 불태우지 못한다. 또한 책은 단순히 간절히 바랐다고 해서 당신의 손에 쥐어지지 않았다. 그것은 다른 희소한 수단을 사용하여 어떻게든 생산되어야 했다. 이 희소성scarcity은 인간행동과 경제 분석의 핵심이다. 희소성이 없다면, 사람들은 재화를 넘칠 만큼 사용할 수 있을 것이다. 거의 어떤 선택도 할 필요가 없으며, 사실 아무것도 생산할 필요도 없을 것이다. 우리가 알고 있는 바와 같은 인간행동은 존재하지도 않을 것이다.

재화는 달성하고 하는 목적들에 따라서 각기 다른 용도를 가지며, 우리는 선택이 불가피하기에 선호도에 따라 그 용도들의 순위를 정해야만 한다. 행동할 때, 사람들은 다른 선택을 했더라면 발생했을 상황보다 더 나은 상황에 이르고자 한다. 또한 평가와 결정은 만족도의 '차이margin'통해 이루어진다. 행동하는 한 개인은 세상에서 이용하게 되는 재화의 총량 중 일부를 사용해 얻을 수 있는 만족도로 순위를 정하지 않는다. 예컨대 물 일반을 사용할 때 기대되는 만족도로 평가하지 않는다는 의미다. 그 또는 그녀는 구체적인 행동에서 사용할 수 있는 단위들을 각각 분리해서 평가한다. 물을 수단으로 해서 충족시킬 수 있는 여러 목표들이 있다. 이 모든 목표를 이루기 위해서는 모두 30리터의 물이 필요하다. 그런데 오늘 내가 사용할 수 있는 물은 2리터뿐이다. 이 경우 고양이목욕을 1순위로 할지 말지 결정을 해야만 한다. 추가로 1리터의 물을 더 얻게 되면 나는 처음의 2리터로 충족하지 못한 필요만 놓고서 평가한다. 즉 이미 고양이를 목욕시켰다면, 그것은 더 이상 내 우선순위 목록에 포함되지 않을 것이다. 이 맥락에서 그 다음으로 달성할 수 있는 용도는 나에게 물의 '한

계효용-marginal utility'을 준다. 나는 그것을 다른 상황, 이를테면 물이 아니라 음식을 샀을 때 얻을 수 있는 만족 또는 효용과 비교할 수 있다.

이제 인간행동의 또 다른 구조적 측면, 곧 행동과 시간의 관계에 대해 주목해보자. 행동은 항상 더 나은 미래를 지향하며, 행동하는 이의 관점에서 볼 때 미래가 더 나아질지는 불확실할 수밖에 없다. 개선의 여부는 (다른 요소들 중에서) 사실 그나 그녀의 행동에 달려 있다. 그렇지 않으면 그 또는 그녀는 결코 행동하지 않을 것이다. '기업가정신entrepre-neurship'과 '시간선호time preference' 같은 경제학 기본 개념의 중심에 바로 이런 사실들이 있다.

불확실한 미래에 직면하는 사람은 누구나 기업가정신을 품지 않을 수 없다. 모든 사람들이 자신의 화폐 저축을 투자하는 자본가적 기업가는 아니지만, 모든 학생들은 불확실성의 세계에서 미래의 직업생활을 준비하기 위해 노동과 시간을 투자하는 노동자적 기업가라 할 수 있다.

미래에 살기를 원하는 사람은 누구나 현재에서 살아남아야 한다. 현재를 돌봐야 할 필요가 없다면 사람들은 인생에서 가장 보람 있는 활동으로 모든 시간을 보낼 것이다. 철학과 외국어를 배우거나 자연의 아름다움을 감상하는 등 우리 스스로 선호하는 활동들로 말이다. 그러나 그러한 활동에는 두 가지 공통점이 있다. 즉 많은 시간을 잡아먹지만 식탁 위에 빵을 가져오지는 않는다. 현재를 헤쳐 나가자면 다른 조건이 일정할 경우 미래소비보다 현재소비를 우선시해야 한다. 이러한 필요성을 시간선호라고 한다. 표준교과서에서는 이 현재지향성을 불필요하지만 일상적인 인간행동의 특징으로 묘사한다. 오스트리아 경제학자들은 일반적으로 그것을 행동의 필수적인 요소로 생각한다. 자신이 미래만 신경 쓴다고 생각하는 사람들도 그들이 꿈꾸는 세계에 도달하고자 한다면 현재의 욕구를 충족하는 데 우선순위를 두어야 한다. 결과적으로 그들은 미래에 단위 시간당 더 많은 소비재를 얻을 수 있을 경우에만 현재의 만족을 희생할 것이다. 매우 뚜렷한 사실이지만, 현재 소비가 적어지면 저축되는 자원을 '자본재(노동 및 토지와 결합되어 인간의 필요에 직접적으로 사용되는 소비재 생산에 기여하는 기계 및 기타 제작도구)' 마련과 같은, 시간이 더 많이 소요되고 물질적으로 더 생산적인 생산과정에 투자할 수 있게 된다.

인간행동의 구조적 특성에 대해 마지막 사례를 생각해보자. 이번에는 사회적 차원의 행동이 관련된다. 적어도 데이비드 리카도 이후부터 알려진 바대로, 각 참여자가 노동분업의 높은 생산력으로부터 이익을 기대할 수 있기 때문에 교환을 위한 생산이 존재한다. 예를 들어, A가 하루에 식료품 1kg 또는 옷 1벌을 생산할 수 있는 반면 B는 하루에 식료품 3kg 또는 2벌의 옷을 생산할 수 있다고 하자. 둘 다 소비자로서 두 가지 상품 모두에 관심이 있다면, 이때 A가 옷 생산에 특화specialization 하고 B가 식료품 생산에 특화함으로써 둘은 특화와 교환의 혜택을 얻을 수 있다. 이때 옷 한 벌은 1kg과 1.5kg 사이의 식품, 말하자면 1.3kg의 식품으로 교환될 것이다. A는 따로 일할 때는 1kg의 음식을 얻기 위해 한 벌의 옷을 희생해야 했지만, 이제는 옷 한 벌당 더 많은 식료품을 얻게 된다. 그리고 B는 따로 일할 때보다 옷 한 벌을 위해 식료품을 더 적게 포기(1.5kg 대신 1.3kg)해도 된다.

그러나 인간의 상호작용 과정에서 생산의 조직화와 소비재 이용에 대한 결정권을 두고 갈등이 벌어질 수 있다. 그러한 갈등은 경제적 재화에 대해 사유재산권private-property rights을 제도화함으로써 해결되거나 최소화될 수 있다. 바로 이것이 역사적으로 세계 전역의 문명에서 사유재산권이 확립될 수 있었던 이유다. 그 때문에 사유재산권은 경제 분석, 특히 오스트리아 경제학에서 중심적인 역할을 담당한다. 오스트리아경제학자들은 서로 다른 재산획득 방식(전유 체제*appropriation regime)이 서로 다른 결과를 초래하는 경향이 있다고 강조한다. 근본적으로 그들은 (a) 이전 주인의 동의에 근거한 재산획득 방식과 (b) 이전 소유자의 강압coercion이나 이들의 의사에 반하는 강압에 기반해 재산이 취득되는 방식을 구별한다. (a)의 고전적인 사례는 시장교환이고, (b)의 고전적인 사례는 정부개입이다. (a)와 (b) 사이의 기본적인 차이점 중 하나는 시장거래에서는 양 당사자 모두 이익을 기대하지만(그렇지 않을 경우 교환은 결코 일어나지 않을 것이다), 강압이 등장하면 공격자만 이익을 기대할 수 있고 희생자는 필시 그렇지 못할 것이라는 점이다.

다른 차이점은 관련되는 강압의 유형에 달려 있다. 여기서 억압적repressive 개입과 관용적permissivie 개입을 구별하는 것이 도움이 된다. 정부는 세금 납부, 규제 준수, 헤로인 판매 금지와 같이 사람들이 자발적으로 하지 않는 일을 강요함으로써 현재 재산소유주의 의지를 차단할 수 있다.(억압적 개입) 동시에 정부는 특정인들(또는 모든 사람)이 자기 사유재산의 범위를 넘어서게 할 수도 있다. 예컨대 이들에게 보조금을 지불하거나, 계약위반을 해도 되도록 허용하는 것이다.(관용적 개입)

● 경제학에서 전유專有, appropriation란 어떤 자원을 자신의 소유로 만드는 것을 의미한다.

억압적 개입은 오스트리아경제학과 주류 경제학에서 모두 잘 알려져 있다. 최고구매가격과 최소판매가격이 그 고전적 사례가 될 것이다. 오스트리아경제학의 분석은 주류 미시경제학이 우리에게 말해주고 있는 것과 유사하다. 즉 자유시장의 청산가격clearing price 보다 낮게 책정되는 상품의 최고구매가격은 해당 상품의 시장공급량을 필연적으로 감소시키는 반면, 자유시장의 청산가격보다 낮은 상품이나 서비스의 최저판매가격은 과잉공급을 피할 수 없게 만든다.(노동의 경우 실업을 강제한다.) 여기서 미제스가 발전시킨 오스트리아경제학의 특별한 기여는 그러한 가격통제정책이 무한정 지속될 수는 없다는 점을 보여준 것이다.

정부가 '최고가격maximum price'을 제정함으로써 공급부족이 유발되는 예를 들어보자. 그 결과를 감수할 준비가 되어 있지 않다면 정부는 그 재화에 대한 가격통제를 폐지하든지, 아니면 그 재화를 생산하는 데 필요한 요소의 가격에 대해 또 다른 최고가격 법령을 내려 생산비용을 하락시키고 기업인들이 그 산업을 떠나지 않게 하는 식으로 그 충격을 완화시키든지 해야 한다. 그러나 그러면 이제 생산요소production factor의 공급이 부족해지는 동일한 문제가 다시 발생한다. 그래도 정부가 가격통제 정책을 고수하고자 한다면, 사슬처럼 이어진 생산 과정의 첫 단계에 이르기까지 모든 생산요소의 가격을 계속 통제해야 하며, 그런 조치가 다른 생산 과정에서 가격을 올리지 않는지도 확인해야 한다. 첫번째 산업에 생산자원을 붙들어놓기 위해서는 최고가격이 거기서도 힘을 발휘해야 한다. 그렇지 않으면 자원은 통제되지 않은 분야로 흘러갈 것이다. 모든 종류의 가격이 정부의 명령에 의해 고정된 결과 사실상 시장경제는 폐지되고, 모든 종류의 유용한 재화는 증가하는 대신 감소하고 만다. 미제스는 그러한 사건 전개의 유명한 사례로 제1차 세계대전 중 독일의 가격통제실험을 제시한다.(1952, pp. 76~78) 물론 그것이 완료되기 전에 제국이 이미 붕괴해버렸지만 말이다.

관용적 개입은 오늘날 우리 경제에서 대단히 중요한 역할을 한다. 복지국가가 지불한 모든 수당과 중앙은행의 모든 지불금이 이 범주에 포함된다. 다음에서 우리는 그런 관용적 개입에 초점을 맞추려고 하는데, 왜냐하면 그것들이 최근 금융대란의 중심에 서 있기 때문이다. 오스트리아경제학자들이 이러한 혼란을 예견할 수 있었던 건 이들이 중앙은행 개입이 가져오는 전반적인 부정적 결과를 다른 경제학자들보다 더 확실하게 이해하고 있었기 때문이었다.

위기의 이해 수단: 정부 유발 금융시장 과열

대다수 관찰자들은 몰지각하고 사려 깊지 않아 보이는 행태들이 금융시장에 존재한다는 점에 거의 동의한다. 전 미국 중앙은행 총재인 앨런 그린스펀Alan Greenspan은 '비합리적인 과열irrational exuberance'에 대해 이야기했다. 금융시장 참가자들은 이익을 극대화하려고 진력하면서 경제생활의 '안전밸브'에 투자하는 것에는 게을리해왔다. 이 무모함은 통상적으로 회사가 소유하는 것(회사의 '자산')과 그것이 지고 있는 빚(회사의 '부채')을 나타낼 때 사용되는 회계 도구인 대차대조표의 구성 변화로 구체적으로 나타났다.

변화는 대차대조표 양쪽에 영향을 미쳤다. 자산 쪽에서 현금보유액을 유지하면 수입이 예상보다 낮을 때 채무를 이행하는 데 도움이 되지만, 이는 투자를 통해 추가 수익을 올릴 기회를 놓치게 된다는 것을 의미한다. 왕성하게 활동하는 기업은 이윤을 추구하기 위해 현금보유액을 줄인다. 그렇게 함으로써 그들은 '유동성'을 희생한다.

부채 쪽에서 회사는 소유주가 가져온 자금(자기자본)과 다양한 이율로 빌린 돈으로 기업 활동에 필요한 비용을 마련할 수 있다. 자기자본의 비율이 높다는 것은 문제가 발생할 때 손실을 흡수할 '완충제'가 많다는 것을 의미하지만, 부채의 비용(이자율)이 회사의 수익보다 낮은 경우 자기자본 금융은 소유자 입장에서 기회비용을 발생시킨다. 이자율과 수익률의 차이가 기업의 이익이기 때문에, 이 경우 부채비율이 높을수록 자기자본의 수익률이 높아진다. 따라서 (차입된 돈을 사용하여 이루어진 투자인) '레버리지' 투자는 더 큰 위험부담의 대가로 '비非레버리지non-leveraged' 투자보다 높은 수익성을 보인다. 투자 열기가 넘쳐나는 회사는 그러한 위험을 감수한다. 그들은 자신의 활동을 확장하거나 자신의 주식을 환매하기 위해 채무를 짊어진다.

결과는 이중적이다. 한편으로 어떤 과열된 회사라도 요동치는 시장에서 점차 취약해지지 않을 수 없다. 다른 한편, 다수 혹은 모든 금융회사들이 과열 상태일 경우, 그 결과로 발생한 부채경제에서는 한 회사의 운명이 다른 회사의 운명에 더 의존하게 된다. 하나가 파산하면 그 대출기관들이 파산할 가능성도 더 커진다. 다시 말해, 시장 전체가 허약해지며, 큰 회사 하나가 넘어지면 줄도산이 일어날 수 있다.('시스템 리스크')

이제 중요한 질문은 다음과 같다. 과열은 어디서 오는가? 대부분의 논평자들은 과열이 금융시장과 금융시장 심리의 본성에 깊이 자리한 독립변수로서 그저 존재한다고 가정하는 듯하다. 오스트리아 경제학자들은 의견을 달리한다. 그들은 모든 시장에서 과열의 정도는 제도적 환경institutional environment에 가장 크게 좌우된다고 주장한다. 현재 작동하는 금융시장은 '자유'시장과는 거리가 멀다. 모든 시장 참여자들은 정부 발행 화폐를 사용해야 하는 법적 의무, 곧 '법정통화법legal tender law' 아래 놓여 있다. 금과 은처럼 과거의 시장에서 선택된 화폐의 총량은 천천히 증가할 수 있을 뿐이지만 그러한 '명목화폐fiat money'는 (정의상 상품도, 어떤 상품의 소유권 증서도 아니므로) 기술적으로나 상업적으로나 거의 제한 없이 생산될 수 있다. 따라서 모든 금융시장참여자들은 필요하다면 중앙은행이 '시스템적으로 중요한' 시장참여자들을 본원통화(중앙은행의 은행권·주화·예금)를 새로 발행해 구제함으로써 시장의 붕괴를 막을 것이라고 예상할 수 있다. 구제금융은 실패 비용을 모든 화폐 사용자에게 전가시킨다. 그런 이유로 자기 돈을 걸고 위험을 감수하지 않으려는 비뚤어진 인센티브가 구제금융의 수혜자들에게 주어질 가능성이 높다. 그에 따라 현금 보유액을 줄이며, 자기자본 대비 부채를 높이는 방식으로 자본을 조달하는 경향이 우세해진다. 이윤은 사유화되는 반면 손실은 사회화된다. '비합리적 과열'이라 보였던 것은, 사실 이러한 제도적 환경 아래에서는 **합리**적 과열이다. 경제 분석을 위해 보다 기술적 언어로 말하면 비합리적 과열은 제도화된 도덕적 해이의 징후로 볼 수 있다.

도덕적 해이란 일반적으로 어떤 사람이 어느 정도 결과가 불확실한 이런저런 행동방침을 결정할 수 있는 위치에 있는 반면, 다른 사람들은 그런 행동이 실패할 경우 자신의 의지와 무관하게 비용을 부담해야 하는 상황을 말한다. 법정통화법과 최종대출자lender of last resort로서의 중앙은행은 도덕적 해이를 제도화한다. 왜냐하면 통화확대가 없었을 상황과 비교해, 모든 화폐사용자들이 통화확대로 유발된 물가상승(화폐의 구매력 감소)의 형태로 구제금융 비용을 부담해야 하기 때문이다. 2008년 가을에 실시된 구제금융 프로그램이 없었다면 유로·파운드·달러 가격은 급격히 하락하고 많은 시중은행들이 파산했을 것이다. 그 결과 돈의 구매력이 극적으로 증가하여 파산한 회사가 싼값으로 거래될 수 있었을 것이다. 하지만 구제금융은 이 결과를 막았고 은행들은 구제금융을 예상했다. 이러한 이유로 지난 몇 년 동안 그들은 과열된 행동을 해왔던 것이다. 그들은 어떤 파산도, 헐값 매각도 두려워할 필요가 없었다. 그들은 중앙은행이 이를 막아줄 준비가 되어 있음을 알고 있었다.

과열의 비용은 정부의 예산을 통해 직접 사회화될 수도 있다. 2008년 붕괴 이후, 납세자들의 돈은 금융기관의 구제금융에 사용되었는데 은행은 이마저도 예상했을 것이다.

오늘날 구제금융의 가능성은 어느 때보다 높으며 그로 인해 역사상 가장 많은 소득과 부가 대중들에게서 금융부문과 그 고객들에게로 재분배되고 있다는 것도 명확해졌다. 미국 중앙은행이 다른 중앙은행에 대해 달러를 금으로 태환할 계약의무를 파기하도록 허용한 1971년 이후 명목화폐는 완전히 상환될 수 없어졌다.* 그 후 명목화폐는 거의 무제한으로 발행될 수 있다. 사람들이 이 사실을 알고 있는 한(그리고 그들은 알고 있다) 명목화폐는 엄청난 도덕적 해이를 수반하게 된다. 그러나 이 상황은 시장경제의 산물이 아니라는 점에 유

● 명목화폐는 금과 같은 실물로 태환되지 않기에 '불환不換화폐'라고도 불린다.

의하도록 하자. 오스트리아경제학자들은 이것이 화폐생산 영리사업에 대한 정부의 관용적 개입이 낳은 결과라고 주장한다. 이런 개입으로 인해 시장참여자들이 더 무모해지는 것이다.

이 문제에 대한 정부의 해답은 규제regulation이다. 가장 중요하게는, 은행이 법적으로 최소한의 자기자본과 지불준비금을 유지해야 한다는 것이다. 문제는 빠져나갈 구멍이 남아 있으며, 이로 인해 도덕적 해이가 특정 산업에서 어느 정도 억제되더라도 규제가 덜 엄격한 곳에서 다시 일어나고, 자원도 규제가 심한 산업에서 덜한 산업으로 이동한다는 것이다. 위에서 언급한 가격통제의 논리와 동일한 이유로 정부가 그 프로그램을 전체 경제로 확장하지 않으면 안 되는데, 이 경우 정부가 만일 화폐발행 독점권을 유지하고자 한다면 규제기관의 승인 없이는 그 어떤 누구도 독자적으로 투자를 결정할 수 없을 때까지 점점 더 많은 분야를 규제하는 것 말고는 다른 도리가 없다. 그리 하면 도덕적 해이는 억제된다. 하지만 환자가 더 이상 아프지 않은 이유는 그가 죽었기 때문이다.

위기 이해의 수단: 오스트리아 경기순환론

시스템 전반의 취약성이 금융위기가 발생하는 이유는 설명해주겠지만 순환적 재발cyclical recurrence의 이유를 설명해주지는 못한다. 불확실한 상황에서 국지적 오류가 항상 발생하리라고 예상할 수는 있겠지만, 왜 한 무더기의 오류가 정기적으로 같은 위치에서 발생하는가? 이것은 경기순환이론business cycle theory으로 답해져야 할 질문이다. 아마도 오스트리아경제학을 유명하게 만든 이론일 텐데, 프리드리히 하이에크Friedrich Hayek는 그 이론으로 1974년 노벨상을 수상했다.

미제스와 하이에크는 반복적인 불황bust이 반복적인 호황boom의 결과라고 주장했다. 이 이론의 고유한 특징은 호황과 불황의 의미에 대한 해석이었다. 슘페터와 케인스 및 다른 대다수 경제학자들은 호황을 그냥 좋은 일로만 느끼고, 모두가 해야 할 건 불황을 피하는 데 집중하는 것이라고 생각했다. 오스트리아경제학자들은 경기순환에서 문제가 되는 단계가 호황이며, 불황은 오히려 경제를 구원해준다고 생각했다. 그들의 눈에 순환의 호황 단계는 거대한 투자 실수로 특징지어진다. 중앙은행을 통한 정부의 화폐공급 증가로 인해 이자율이 하락함으로써 시장참여자는 잘못된 유형의 프로젝트에 투자하게 된다. 오스트리아경제학은 이런 투자를 '불량투자malinvestment'라고 부른다. 결국 이러한 투자 실수의 결과는 이윤 감소, 손실 증가, 파산 및 대량실업으로 나타나게 된다. 이러한 위기는 개인·가족·회사에 고통을 안겨주기에 당연히 두려운 것이다. 그러나 오스트리아경제학자들은 총체적 관점에 볼 때는 그런 위기가 경제를 정상궤도로 되돌려놓기 때문에 유익하다고 주장했다.

이것이 바로 아주 간결하게 정리된 오스트리아경제학의 이론이다. 세부사항으로 들어가자면 더 복잡해지기 때문에 여기에 있는 메커니즘의 핵심 요소에 주목하도록 하자. 현존하는 은행시스템에서 단순한 현금예금은 법적으로는 시중은행에 대출해준 것으로 취급되기 때문에 은행은 예금자의 일상적인 현금 요구에 응하기 위해 돈의 일부만 보유하면 된다. 결과적으로, 자기자본과 적절한 방식으로 빌린 돈만이 은행이 대출자금을 마련하기 위해 사용할 수 있는 유일한 방법은 아니다. 은행들은 단지 차용인의 당좌계좌에 새롭게 전자항목을 두어 입금을 해줌으로써 돈을 빌려주고, 그 차용인이나 무언가를 구매하는 사람들이 일부의 현금을 요구하면 은행은 그전 예금자가 맡긴 현금을 준다. 이런 식으로 은행은 대부를 할 때 '돈을 창조'한다. '부분지급준비제fractional reserve banking'로 불리는 이런 제도에서 은행이 보유하고 있는 현금은 그 대체물 역할을 하는 전자항목에 있는 돈보다 항상 적다. 지폐 형태의 현금 자체는 중앙은행이 발행하므로, 중앙은행의 지폐가 법정통화의 지위를 갖는 지역에서 영업하는 모든 시중은행들은 중앙은행에서 현금을 인출하거나 중앙은행에 자산을 팔아 현금을 얻기 위해 중앙은행에 당좌예금 계좌를 계설할 필요가 있다. 은행이 보유하고 있는 지불준비금의 규모, 곧 현금보유고에다 중앙은행에 있는 당좌예금 계좌를 더한 액수가 은행에 의한 신용창출money creation이 어디까지 진행될지(통화승수* 과정)를 결정한다. 중앙은행은 시중은행이 갖추어야 할 지급준비율을 변경하거나, 은행에 지급준비금을 더 많이 혹은 더 적게 빌려주거나, 일반인에게 자산을 팔거나 구입함으로써(공개시장조작**) 신용창출의 결과에 영향을 미친다. 궁극적으로 발행된 지폐 규모로 뒷받침되는 은행의 지급준비금이 이런 수단들로 인해 증가하거나 감소하기 때문이다.

　　은행시스템이 새로 생성된 자금을 대출해줌으로써 화폐공급을 늘릴 때, 모든 시장참여자들이 이 신용확장의 장기 효과를 예상하

● 　통화승수money multiplier는 시중에 유통되는 총통화량을 중앙은행이 공급하는 본원통화로 나눈 값이다. 이를테면 한국은행이 본원통화 10억 원을 발행했을 때 승수과정을 거쳐 시중에 100억 원이 유통될 경우 통화승수는 10이 된다.

●● 　중앙은행이 주식 및 채권시장과 같은 공개시장open market에서 유가증권을 매매함으로써 시중의 통화량을 늘리거나 줄이는 정책을 의미한다. 금리정책 및 지급준비금제도와 함께 금융정책의 한 수단으로 사용되고 있다.

지 않는다면 새로운 자금은 이자율을 떨어뜨린다. 이자율이 떨어지지 않았더라면 수익성 있다고 여기지지 않았을 프로젝트가 이제 수익성이 있는 것처럼 보인다. 투자지출이 소비지출보다 더 증가하는데, 사람들이 덜 현재지향적으로 행동하기 때문이다. 하지만 여기에 소비를 줄이고 투자를 늘리려는 실제 욕망은 없다.(시간선호의 변화는 없다.) 겉보기에는 성장 과정이 촉발되며 돈이 최종소비 단계에서 더 먼 단계로 흘러들어가고, 그 단계에서 요소가격이 상승한다. 그리고 확장하는 산업에서 주식과 부동산 가격이 급등한다.

이것은 호황 단계에 해당한다. 문제는 실제로 더 많이 저축하려는 욕망이 없다면 새로운 프로젝트는 지속될 수 없다는 것이다. 생산요소의 주인이 보수를 받아 새로운 돈의 주인이 바뀌면, (단순화를 위해 이 경우 재분배 효과가 원래 지출 패턴을 변경시킬 수 있다는 점을 무시하면) 개인은 자신의 지출 패턴을 현재 소비와 미래 투자의 본래 비율로 변경함으로써 자신의 실제 선호를 재확인한다. 이로써 새로운 생산구조를 유지하는 데 필요한 자금이 부족해진다. 처음의 낮은 대출금리가 암시했던 것만큼의 수익이 나지 않으므로, 이제 이 프로젝트는 정리되어야 한다. 왜곡된 지출 패턴의 결과, 실제 자원은 소비자·저축자인 전체 대중의 관점에서 볼 때 부차적 중요성만 갖는 프로젝트로 흘러들어간 것이다. 결국 손실·사업실패·실업으로 한 무더기의 오류가 드러나게 된다. 더 이상 통화확대가 없다고 가정하면 차입비용이 실제 시간선호와 일치하는 수준으로 상승하는 것을 비롯해, 초기에 발생한 상대가격 변화가 거꾸로 뒤집어져 나타난다.

이것은 위기 또는 불황 또는 조정 단계다. 미제스가 말했듯이, 이는 자신이 실제로 가지고 있는 것보다 더 많은 자원을 가지고 있다고 생각하는 어떤 주택건설업자의 경우와 같다.(1949, p. 560) 그는 자신이 실제로 지을 수 있는 것보다 더 큰 집을 지으려 할 것이다. 프로젝트를 완료하는 데 충분한 자원이 없는데도 그 계획이 문제없다는 환상에 빠지면, 그는 최소한 가용자원 중 일부를 낭비하게 될 것이다. 하지만 어떤 시점에 이르러 벽돌이 다 떨어지면 환상은 끝나고 만다. 그의 실수가 드러나고 회사가 정리되면서 낭비한 자원은 새로운 주인을 찾게 될 것이다. 이제부터 비즈니스는 더 굳건한 기반 위에서 다시 시작될 수 있다.

위기가 닥칠 때 정부와 중앙은행들은 그 위기를 멈춰야겠다는 생각을 하지만, 이는 결국 재조정 과정에 대한 땜질처방으로 끝나고 만다. 실패한 프로젝트에 보조금을 지급하기 위해 새로운 통화를 발행하거나 공공지출을 하는 건 처음에 문제를 일으킨 불량투자를 유지하려는 시도라 할 수 있다. 더 나쁜 것은 '위기대응정책anti-crisis policy'이라는 구실 아래 늘 새롭게 확대되는 신용이 더 많은 불량투자를 창출해 이전의 것 위에 추가된다는 점이다. 2008년 이후 발생한 대규모 구제금융 계획에 대한 오스트리아경제학자의 해석은 그런 처방이 장기적 관점에서 실제로 독약과 같다는 것이다. 그것은 단기적 고통을 완화하고자 점점 더 많은 조정이 필요한 상황을 만들어낸다.

호황과 불황의 순환성은 궁극적으로 그 책임을 져야 할 제도가 그대로 유지된다는 사실에 의해 설명된다. 신용확장을 통해 통화공급을 계속 확대하는 한, 새로운 호황과 불황이 규칙적으로 발생할 것이라고 예상할 수 있다. 이러한 문제의 궁극적 원인은 정부가 발행한 명목화폐의 사용을 대중에게 강제하는 법정화폐법에 있기 때문에 이를 폐지하는 것만이 미래의 재앙을 막을 수 있을 것이다.

결론

인식론적이며 방법론적인 토대로 볼 때 오스트리아경제학의 접근방식은 경제를 분석하는 다른 모든 현대적 접근법과 확연히 구별된다. 이 접근방식은 최근 금융위기의 원인과 이 위기를 극복하기 위한 다양한 정부프로그램의 결과, 이 둘을 설명하는 데 적용될 수 있다. 오늘날의 방법론적 기준으로 볼 때 오스트리아경제학의 접근법은 비정통적이지만, 유행하는 정부개입 대신 순수한 자유방임정책을 번영에 필수적인 것으로 그리고 있다는 점에서 그 정책적 결론은 다른 이단적 학파의 생각보다 더 정통적이라고 간주될 수 있다.

그러나 우리가 여기서 제시한 것에 비추어볼 때, 작금의 지배적인 제도와 정책은 진정한 자유방임의 실천과는 거리가 먼 것이 분명하다. 진정한 자유방임주의는 화폐 영역에서 법정통화제도의 폐지를 요구하기 때문이다. 특히 통화개입주의에 대한 이론적 근거를 제공하려는 주류 이론이 어떤 종류의 고전적인 자유주의적liberal 또는 자유지상주의적libertarian 옹호 프로그램과도 무관하다는 점이 분명해져야 한다. 또한 자유방임정책이 수학과 계량경제 모델링의 자연스런 결과물이라고 생각하는 사람들은 재차 곱씹어봐야 한다. 이것은 그러한 모델링이 자유방임정책의 결론으로 기울어지기가 매우 어렵기 때문만은 아니다. 더 중요한 것은 오스트리아경제학의 핵심 논지는 본질적으로 언어적 분석으로 구성되는데(오스트리아경제학자들의 모델링 시도가 존재하긴 한다), 그럼에도 오스트리아경제학자들은 만연한 정부개입으로 최근의 위기가 촉발되었고 이후의 개입으로 상황이 더 악화되었다고 주장한다는 점이다. 그들은 자유방임정책을 회복의 길로 보고 있다. 그들은 자유방임정책들이 단기적으로는 현실의 경제침체를 촉발할 수 있다는 데 동의하지만, 경제를 정상궤도에 되돌려놓기 위해 어느 정도의 조정위기adjustment crisis가 필요하며 새로운 라운드의 정부개입은 보다 더 고통스러운 위기의 씨앗을 뿌려 어려움을 가중시킬 뿐이라고 주장한다.

📖 더 읽을거리

Bagus, P. (2015), *In Defense of Deflation*, Berlin: Springer.

Bragues, G. (2017), *Money, Markets, and Democracy*, New York: Palgrave Macmillan.

Hayek, F. A. (2008), *Prices and Production and Other Works*, Auburn, AL: Mises Institute.

Hoppe, H. H. (1993), *The Economics and Ethics of Private Property*, Boston: Kluwer.

Hoppe, H. H. (2007 [1995]), *Economic Science and the Austrian Method*, Auburn, AL: Mises
Institute.

Hulsmann, J. G. (ed.) (2012), *Theory of Money and Fiduciary Media*, Auburn, AL: Mises
Institute.

Hulsmann, J. G. (2013), *Krise der Inflationskultur*, Munich: Finanzbuch-Verlag.

Menger, C. (2007([1871]), *Principles of Economics*, Auburn, AL: Mises Institute.국내 번역『국민경제학의 기본원리)』

Mises, L. (1974[1952]), *Planning for Freedom and Twelve Other Essays and Addresses*, South Holland, IL: Libertarian Press.(국내 번역『자유를 위한 계획』)

Mises, L. (1985 [1957]), *Theory and History*, Auburn, AL: Mises Institute.(국내 번역『과학이론과 역사학』)

Mises, L. (2004[1949]), *Human Action*, Auburn, AL: Mises Institute.(국내 번역『인간행동』)

Rothbard, M. N. (2009 [1962/1970]), *Man, Economy and State With Power and Market*, Auburn, AL: Mises Institute.

Salerno, J. T. and Howden, D. (eds.) (2014), *The Fed at One Hundred*, Berlin: Springer.

Woods, T. E. (2009), *Meltdown*, Chicago: Regnery.

제도경제학

집필자
제프리 호지슨
_ 영국 허트퍼드셔대학교 연구교수

제도란 무엇이며 제도경제학은 무엇인가?

제도경제학Institutional Economics은 경제에서 제도institution를 연구하는 경제학으로 정의될 수 있다. 현재 그것은 경제학의 주요한 한 분야로서 비즈니스, 개발도상국, 전환기경제, 재산권에 대한 연구에 중요하게 적용되고 있다. 경제학 및 기타 사회과학에 대한 그 영향력은 이미 널리 인정되었다. 현대 '신new'제도경제학의 저명인사로 노벨상 수상자 프리드리히 하이에크, 로널드 코즈Ronald Coase, 더글라스 노스Douglass North, 엘리노 오스트롬Elinor Ostrom, 올리버 윌리엄슨Oliver Williamson 등을 들 수 있다. 보다 오래된 제도경제학의 '원原, original'전통은 20세기 전반 미국에서 두드러지게 나타났다.

이 글은 제도경제학의 이러한 전통을 모두 다룬다. '신'과 '원' 전통은 내부적으로 매우 다양하며, 그들 사이에는 중첩되는 부분이 있고, 신제도경제학 연구자들은 원제도경제학의 아이디어와 주제를 채택하고 있어 두 전통의 중요한 요소들은 경쟁적이라기보다는 보완적이라는 점이 강조될 필요가 있다.

제도경제학을 정의하는 방법은 다양하지만 비교적 명확하고 간단한 한 가지 정의가 있다. '경제학'이라는 단어부터 시작해보자. 경제학은 "선택의 과학science of choice"(Robbins, 1932)을 비롯해 대조적인 여러 정의를 가지고 있다. 선택의 과학이라는 이 정의는 많은 교과서에 등장하지만, 역사를 관찰해보면 경제학(또는 흔히 정치경제학이라고도 불렸다)은 대부분 '경제의 연구the study of economy'로 간주되어 왔다. 영국의 위대한 경제학자 앨프레드 마셜Alfred Marshall(1920, p. 1)이 말했듯 "정치경제학 또는 경제학은 일상생활을 살아가는 인간에 대한 연구"이며 "복지의 필수조건"의 달성과 사용에 관한 것이다. 간단히 말해, 경제학은 부의 생산 및 분배와 인간의 복지에서 그것이 차지하는 역할에 대한 연구다.

이제 '제도적'이라는 말로 넘어 가자. 제도의 정의를 놓고 중요한 논쟁이 있지만, 모든 제도가 '착근된 사회규칙의 체계systems of embedded social rules'라는 사실에 점점 동의가 이루어지고 있다. 물론 그 정의를 두고 몇몇 점에서 미묘한 차이가 강조되며 일부 논란의 여지가 남아 있긴 하다.✚ 어쨌든 그러한 사회규칙에는 법, 관습, 확립된 행동규범이 포함된다. 당연히 언어와 예법 같은 규칙 체계도 제도다. 화폐는 그 가치·기능·교환가능성에 관한 공유된 규칙을 수반하고 있으므로 일종의 제도다. 국가·은행·기업·대학과 같은 조직도 규칙

✚ 제도의 성격과 정의에 대해서는 Hindriks and Guala(2015)와 Hodgson(2006, 2015b)을 참조하라.

체계이므로 제도다. 따라서 제도경제학은 경제 그리고 부의 생산 및 분배와 긴밀히 엮여 있는 그러한 제도를 연구한다. 간단히 말해 제도경제학은 경제제도를 연구한다.

여기서 경제학과 제도경제학 둘 다 분석기법이나 합리성이나 효용극대화와 같은 기본가정의 관점에서 정의되지 않고, 실제 분석의 대상(곧 경제활동의 제도적 틀)의 관점에서 정의된다는 사실에 주목하자. 분석이 실제 대상real object 을 향하게 될 때, 철학·심리학·법학·역사·사회학·정치학과 같은 다른 분야의 통찰력을 경제제도의 연구에 활용할 가능성이 생기게 된다. 그 분야들은 우리가 분석하려는 실제 영역에 대한 이해에 기여할 수 있다.

이 글의 나머지 부분은 5개의 절으로 나뉜다. 2절에서는 제도경제학에 대한 역사가 간략히 소개된다. 3절에서는 경제성장 및 발전 분석에서 제도의 중요성에 대한 인식이 점차 확대되고 있는 사례를 몇 가지 고찰한다. 4절은 개인의 성격과 그 역할 그리고 그 동기를 다룬다. 5절에서는 재산권, 법률 및 거래비용의 역할에 대해 논의한다. 6절에서는 앞으로의 제도경제학 발전에 대한 간단한 논평과 함께 이 글을 마무리한다.

제도경제학의 간략한 역사

20세기 초반 미국에 원제도경제학Original institutional economics 이 존재했다. 그것은 소스타인 베블런Thorstein Veblen, 웨슬리 미첼Wesley C. Mitchell, 존 커먼스John R. Commons 및 여타 미국 경제학자들로부터 영감을 받았다. 한동안 이 초기 전통은 미국의 선도적인 대학과 연구기관에서 주도적인 위치에 있었다.(Rutherford, 2001, 2011; Hodgson, 2004) 제2차 세계대전 이후에도 원제도경제학은 어느 정도 영향력을 유지했다. 예를 들면, 여러 권의 대중적인 책을 쓴 존 케네스 갤브레이스John Kenneth Galbraith는 원제도경제학과 케인스경제학의 견해를 종합했다. (벨로루시 출신으로 미국시민권자로 된) 경제학자 사이먼 쿠즈네츠Simon Kuznets와 (스웨덴 출신인) 군나르 뮈르달Gunnar Myrdal은 원제도경제학에 합류해 각각 1971년과 1974년에 노벨상을 받았다. 노벨상 수상자 미국인 엘리노 오스트롬(2004), 허버트 사이먼Herbert Simon(1979, p. 499)과 올리버 윌리엄슨(1975, pp. 3, 254; 1985, pp. 3~5)은 모두 자신들이 특히 커먼스의 영향을 받았다고 밝혔다.

1890년대 베블런의 저작부터 100년 후 갤브레이스의 저작에 이르기까지 원제도경제학의 공통 주제는, 개인은 주어진 존재가 아니라 근본적으로 제도나 문화의 영향을 받을 수 있다는 인식이다. 개인의 취향과 선호도는 맥락context에 좌우된다. 이것은 개인의 취향과 선호가 미리 주어져 있다거나 생애 전반에 걸쳐 변하지 않는다는 주류 경제학의 알려진 접근법과 대조를 이룬다. 대신에 원제도경제학자들은 사람들이 문화와 제도에 어떻게 영향을 받아 다양한 선호를 발전시키게 되는지에 주안점을 둔다. 예를 들어 베블런(1909, p. 629)은 "개인 행위의 욕구와 욕망, 목적과 목표, 방법과 수단…"이 변화하는 제도적 상황에 영향을 받는다고 서술했다. 마찬가지로 미국의 제도경제학자 클라렌스 에이어스Clarence Ayres(1944, p. 84)는 "'욕구'는 일차적이지 않다. (…) 그것들은 사회 습관이다. 모든 개인에게 그 기원은 공동체의 관습에 있다"고 설명했다.

취향과 선호가 주어지는 것이 아니라 제도적 또는 문화적 환경,

이를테면 광고와 같은 특수한 영향력에 의해 형성된다는 생각은 갤브레이스 저작의 핵심 주제 중 하나다. 예를 들어, 갤브레이스(1969, p. 152)는 개인의 "욕구는 광고에 의해 합성되고, 세일즈맨에 촉발되며, 설득자의 신중한 조작에 의해 형성될 수 있다"고 주장했다. 광고는 단순한 정보 그 이상이다. 그것은 우리의 선호를 교묘하게 변경할 수 있다.

이는 개인의 힘과 주체성을 무시한다는 것을 의미하지 않는다. 베블런과 커먼스는 제도가 개인의 모양을 만들고 제약하듯이 개인도 제도를 창조하고 바꾼다는 점을 인정했다.✚(Hodgson, 2004) 원제도경제학은 모든 개인이 단지 제도와 문화적 환경의 반영일 뿐이라는 '하향식' 관점에 꼭 국한되어 있지만은 않다. 베블런 등은 개인은 심지어 같은 문화 안에서도 서로 다르며, 적극적이고 창의적이라는 점을 인정했다.

원제도경제학은 다양하고 다채로웠다. 그 일원들은 미시경제학에서 거시경제학에 이르기까지 다양한 주제를 연구하면서 노동경제학, 산업경제학, 농업경제학, 발전경제학, 공공정책, 경기순환, 국민소득계정, 거시경제정책과 다른 수많은 분야에 영향을 끼쳐왔다.

1930년 이전에는 경제학에서 상대적으로 수학이 거의 등장하지 않았다. 하지만 그 후 경제학은 점차 수학이 중요하다는 주장을 납득하게 됐다. 수학은 중요한 도구이긴 하지만, 경제학이 채택한 종류의 수학은 우리의 제도 분석을 몰아내는 경향이 있다.

예를 들어, 기업의 제도적 구조에 대해 세부적으로 조사를 하는

✚ 이는 베블런의 저술(1909, pp. 629~636)에서 특별히 명확하게 제시된다.

대신 경제학자들은 단순히 '생산함수(자본과 노동과 같은 투입물을 산출물과 연관시키는 Q=f(K, L)과 같은 수학적 함수)'로 경제를 다루기 시작했다. 이것은 기업과 국가 두 가지 차원 모두에서 생산과정을 모델링하기에 충분하다고 간주되었다.

이러한 노력에 따라 경제학자들은 '성장회계*growth accounting'라 일컬어지는 접근방법을 발전시켰다. 경제성장에 대한 집계자료aggregate data를 이용하고, 표준적인 생산함수를 가정하면서 시간의 변화에 따른 성장을 자본이나 노동의 투입물이 변화한 결과로 설명하고자 하는 시도가 이루어졌다. 로버트 솔로Robert Solow(1957)가 이 분야에 대해 중대한 공헌을 한 연구를 내놓았다. 그러나 이 연구와 이어진 후속 연구들에서 측정된 자본과 노동이 경제성장의 상당 부분을 설명할 수 없다는 점이 발견되었다. 동시에 이 설명되지 않는 잔차殘差, residual가 기술변화에서 기인한다고 주장했다. 그러나 이 견해를 확인하자면 기술을 측정할 수 있어야 하는데, 이를 측정할 적절하고 독립적인 방법은 존재하지 않았다.

일단의 경제학자들이 제도를 경제학의 체계에 다시 도입해야 한다고 제안했다. 예를 들어, 더글러스 노스Douglass North(1968)는 17세기에서 19세기에 걸친 국제 해양무역의 역사적 성장을 연구한 영향력 있는 논문에서 많은 경제사학자들이 주장한 기술변화가 생산성 증

● 경제성장에 대한 생산요소별 기여도를 세분화하기 위해 경제학자 모세스 에이브람오비츠와 로버트 솔로 등이 1950년대 중반에 고안한 계산방식이다. 쉽게 말하면, 노동 또는 자본 투입이 증가했을 때 각각 경제를 얼마큼 성장시켰는지 계산하는 것이다. 노동으로 인한 증가분과 자본으로 인한 증가분을 더한 것보다 경제성장 증가분이 더 크다면, 이 차이는 생산성 향상의 결과로 본다. 에이브람오비츠는 이런 '잔차'를 신고전주의경제학의 "무지의 척도"로 부르며 이것이 기술발전, 제도변화, 규모의 경제 등으로 기인하는 것으로 설명했다.

가의 탁월한 동인이 아니라고 주장했다. 해적의 감소, 몇몇 대규모 항구의 발전, 더 크고 조직화된 시장의 성장이 오히려 더 중요했다. 이러한 변화는 보다 효과적인 정치, 군사 및 법률 제도와 관련이 있었으며, 1600년 이후 발생한 생산성 증가의 많은 부분을 설명할 수 있게 해준다.

맨커 올슨Mancur Olson(1982)도 경제성장을 설명하기 위해 제도에 관한 경험적 자료들을 도입했다. 그전에 올리버 윌리엄슨(1975)은 기업의 제도적 구조에 대한 분석을 발전시켰고, 노스(1981)와 다른 이들은 현대경제의 부상을 이해하는 데 제도가 중요함을 보여주었다. 약 반세기가 끝난 후 제도는 중요 의제로 굳건하게 되돌아왔다.

코즈, 노스, 윌리엄슨은 스스로를 '신제도경제학자new institutional economists'로 표현했다. 그들은 '거래비용transaction cost'의 개념과 같은 새로운 아이디어를 도입했다. 이것은 협상과 계약시행의 비용으로 정의된다. 거래비용은 제도의 역할을 이해할 때 매우 중요한 의미를 갖는다는 것이 증명되었다.*

제도경제학자들은 수학의 사용을 거부하지 않으며, 그보다는 수학적 모델링이 어려운 복잡한 관계와 질적 현상에 초점을 맞추고 있다. 이것은 비록 일부 제도경제학자들이 게임이론, 행위자 기반 모델링과 계량경제학과 같은 수단을 확대 적용해나가고 있지만 일반적으로 제도경제학이 주류 경제학보다 덜 수학적이라는 걸 의미한다.

● 생산비용과 비교해보면 거래비용의 의미가 더 명확해진다. 전자는 제품이 생산되는 과정, 공장 안에서 발생하는 비용이며, 후자는 그 제품이 공장에서 나와 시장에서 교환될 때 발생하는 비용이다. 제도경제학을 제외한 경제학, 특히 신고전주의경제학과 마르크스경제학은 생산비용에 치중한 나머지 이런 거래비용을 소홀히 취급하고 있다.

원제도경제학과 신제도경제학 둘을 더 자세히 들여다보면 이들이 역사적으로 저마다의 독특성이 있고 시대적 특징을 보이긴 하지만, 내부적으로 매우 다양한 동시에 여러 학파가 진화돼왔음을 알 수 있다. 그 결과 두 전통의 아이디어 사이에 어느 정도 겹치는 부분이 있다. '구'제도경제학과 '신'제도경제학 사이의 이론적 경계는 덜 명확해졌다.(Dequech, 2002; Hodgson, 2004, 2014)

더욱이 '원'캠프와 '신'캠프의 내부를 비롯해 제도경제학자들 사이에 정책에 대한 견해차가 광범위하게 존재한다. 제도경제학자들은 그중에서도 경제에 대한 최선의 정부개입 수준과 최적의 시장규제 범위에 관한 질문을 놓고 대단히 큰 차이를 보이고 있다. 제도경제학은 언제나 제도의 역할에 주목하지만, 특정한 정책접근법에 따라서 정의되지는 않는다.

제도경제학과 경제발전

제도적 요인이 경제성장에 어떻게 영향을 미칠 수 있는지를 설명하기 위해 중국의 성장 사례를 생각해보자. 중국은 1978년 이후 시장개혁을 실시하면서 급속도로 성장하기 시작했다. 그러나 1980~2015년간 연평균 약 9%의 놀라운 경제성장 이후 현재는 연평균 GDP 6%의 성장률로 침체 국면에 처해 있다. 이 성장속도의 둔화는 어떻게 설명될 수 있을까?

일부 유명 모델은 장기간 지속되는 급속성장을 예상한다. 이 중 많은 이들이 표준적인 생산함수를 사용한다. 노벨상 수상자인 로버트 포겔Robert Fogel(2010)이 가장 낙관적인데 그는 2040년까지 중국의 GDP가 연평균 8% 성장할 것으로 예측했다. 그때가 되면 1인당 GDP는 유럽의 2배고 미국과 비슷해질 것이다. 그러나 중국의 GDP 성장률은 이미 이 전망치를 훨씬 밑돌고 있다. 생산함수 접근법은 일반적으로 제도를 열외로 두기 때문에 한계가 있다. 그것은 중국을 중산층 국가로 끌어올리는 데 필요한 제도적 변화를 고려하지 않는다.

중국을 발전시키는 데 필요한 제도변화를 검토해보면 그 과정에서 구조적 및 제도적 어려움이 존재하고 있음이 넌지시 드러난다. 이 어려움을 극복하지 못할 경우 성장둔화가 더 악화될 수 있다. 중국은 전국적인 통치기구, 기업법, 재산법, 금융 및 토지보유 등 여러 분야에서 제도적 문제를 인식하고 있다.(Hodgson and Huang, 2013) 중국은 아직 정치적 간섭으로부터 충분히 독립한 현대적 법률체제를 발전시키지 못했다. 민간기업의 안정된 성장은 여기에 달려 있다. 토지는 지역 집단농장이 소유하고 있는데, 개별 농가가 할당된 토지를 통제하거나 매도할 수 있는 법적 권리는 제한되어 있다. 제도적 변수를 사용해 예측모델을 개발하는 것은 매우 어렵지만 제도에 대한 분석은 제도 변화가 필요한 중요 영역을 부각시킬 수 있다.

따라서 다론 애쓰모글루Daron Acemoglu와 제임스 로빈슨James Robinson은 미래에도 성장을 유지하기 위해서는 중국의 정치제도에 큰 변화가 필요할 것이라고 주장했다.(2012, p.442) 특히 적절한 대항권력이 존재하는 보다 다원적인 정치체제가 필요할 것이다. 이는 법적 체제를 훨씬 더 독립적으로 만들어 시민과 기업을 국가에 의한 임의의 몰수로부터 보호할 수 있다.

1953년 이후 남한과 북한의 분단 또한 제도의 중요성을 보여준다. 1960년에 한반도의 두 반쪽에서 발전수준은 비슷했다. 북한은 공산주의적 중앙계획방식을 채택한 반면 남한은 민간기업과 공공기업을 혼합하는 경제체제를 선택했다. 2010년에 이르러 남한의 1인당 GDP는 북한의 17배를 상회한다. 다론 애쓰모글루 등(2005)은 남한과 북한이 자원, 문화 또는 기후 측면에서 크게 다르지 않음에도 남한의 성장이 공산주의 북한의 성장을 크게 넘어섰다고 지적했다. 이러한 현격한 차이는 대부분 경제제도의 차이로 설명되어야 한다.

애쓰모글루와 그의 동료들은 다양한 형태의 식민주의가 매우 다른 경제적 결과를 가져온다는 점도 제시했다. 한편으로, 북미, 호주 및 몇몇 다른 지역에서 영국의 식민주의자들은 의도적으로 법률 및 정부 제도를 고국의 제도와 유사하게 만들려고 시도했다. 그 지역에서는 영국식 법과 정치제도가 모방되고 개량되었다. 다른 한편, 부분적으로는 열대기후에서 발생하는 질병 때문에, 영국과 유럽의 식민주의자들은 아프리카와 남미에서 발전에 유리한 유럽식 제도를 구축하는 데 큰 관심을 두지 않는 경향을 보였다. 대신 그들은 노예와 원료의 (보통 잔인한) 수탈에 집중했다. 애쓰모글루 등(2005)에 따르면, 이러한 서로 다른 기간基幹 제도는 이어지는 경제성과의 차이를 대체로 설명해준다.

애쓰모글루와 로빈슨(2012)은 미국과 멕시코의 국경선으로 반으로 나뉜 노갈레스시의 생생한 사례도 지적했다. 그들은 분단된 도시의 양쪽에서 현저하게 드러나는 평균소득, 교육 및 건강의 차이에 주목했다. 그들은 이 차이를 두 나라의 상이한 정치적, 법적, 제도적 측면으로 설명했다. 멕시코에서 법적 시스템은 더 부패하고 덜 효율적이어서 계약을 시행하고 재산을 보호하기에 부족함이 많다.

경제발전을 설명할 때 제도가 결정적인 도움을 준다는 인식이 널리 확산되고 있다. 이것은 경험적 연구와 정책토론의 장을 크게 열어 젖혔다.

제도경제학, 개인과 개인의 동기부여

주류 경제학자들은 보통 개인이 자신의 효용(또는 만족)을 극대화하면서 합리적인 계산기처럼 행동한다고 가정한다. 반대로 베블런·커먼스·코즈·노스·윌리엄슨을 포함하는 대부분의 선도적인 제도경제학자들은 개인이 제한된 정보를 갖고 있어 보통 최적화 지점이 어딘지 판단할 수 없다는 점을 강조해왔다.

여기서 중요한 것이 허버트 사이먼(1957, 1979)이 발전시킨 '제한된 합리성bounded rationality'의 개념이다. 그는 개인의 합리성은 정보의 한계 또는 매우 복잡한 상황이나 문제를 분석할 능력의 한계 때문에 '제한적'이라고 주장했다. 다른 여러 사람들 중에서도 특히 노스와 윌리엄슨이 제한된 합리성을 강조했다.

그러나 다른 측면을 보면 제도경제학자들 사이에는 개인의 동기를 이해하는 방법에 차이가 있다. 베블런(1899)은 특히 습관habits을 강조했다. 습관은 행동이나 생각의 반복을 통해 형성된다. 습관은 이전 활동의 영향을 받으면서, 오래 지속되고 스스로 유지되는 성질을 얻는다. 그러나 정식화되어 잘 알려져 있는 몇몇 사항들과 달리 여기서 습관은 행동behavior을 의미하지 않는다. 그것은 특정 상황에서 특정한 행동을 하는 '성향propensity'이다.(Camic, 1986; Ouellette and Wood, 1998; Wood et al., 2002)

습관은 행동으로 나타나지 않더라도 존재할 수 있다. 습관은 잠재적인 행동이며 적절한 자극이나 상황에 의해 촉발될 수 있다. 언어에 대한 우리의 지식이나 자전거를 타는 기술은 습관에 박혀 있으며 특별한 상황에서 촉발된다. 이러한 뿌리 깊은 습관이 항상 우리의 행동을 지배하는 것은 아니다.

이와 대조적으로 일부 주류 경제학자들은 습관을 성향보다는 규칙적인 행동으로 간주한 후, 반복적으로 유사한 선택을 하는 개인의 효용극대화로 습관을 설명하려고 한다. 이와 반대로 베블런식 접근방법은 선택보다 습관을 일차적인 것으로 간주한다. 곧 선택할 수 있는 능력과 선택에 대한 이유는 인식 내지 사고 또는 행동에 관한 결정적인 습관이 형성된 다음 비로소 생겨난다.(Hodgson, 2004)

베블런식 습관 개념은 제도가 개인에게 영향을 미치는 중요한 심리적 메커니즘임을 나타낸다. 특정한 이념적 규범이나 규칙을 따르면서 행동에 제약당하거나 동기부여되는 한, 개인들은 이러한 행동에 부합하는 습관을 강화하는 경향이 있다. 그런 다음 그들은 이러한 결과를 선호나 선택의 관점으로 합리화할 것이다.(Hodgson, 2010: Hodgson and Knudsen, 2004) 이 견해에 따르면 의식적인 선택은 습관의 결과일 뿐이며, 상황이 그 반대로 진행되지는 않는다.

다른 제도경제학자들은 저변의 심리적 과정에 주목하기보다 선택하는 행위자와 그 사람의 정보와 인센티브에 초점을 맞춘다. 기업에 관한 코즈(1937)와 윌리엄슨(1975, 1985)의 거래비용 분석과 제도에 관한 쇼터(Schotter, 1981)의 게임이론적 분석이 여기에 포함된다. 일반적으로 이러한 새로운 접근법은 개인의 선호 또는 능력이 서로 다른 제도적 환경에 따라 달리 형성되거나 바뀔 가능성을 탐색하지 않는다.

그러나 노스(1981, 1990, 1994)는 이데올로기 및 기타 인지적 요인이 특정 제도와 문화적 환경에서 어떻게 우리 생각과 선호의 체계를 만들어나갈 수 있는지 깊숙이 파고들면서 점점 더 예외로 되었다. 그는 합리적 선택을 설명하는 표준적 프레임의 한계를 지적했다. 그에 따르면 "역사는 아이디어·기술·신화·교리·편견이 중요하며 이것들이 진화하는 방식에 대한 이해가 필요하다는 사실을 보여준다. (…) 신념 구조는 제도에 의해 사회 및 경제 구조로 변형된다."(North, 1994, pp. 362~363). 개인의 인식에 미치는 사회의 영향력에 관한 노스의 생각은 그를 원제도경제학자들과 매우 가깝게 만든다.(Groenewegen et al, 1995; Rutherford, 1995)

(고정되고 오래 지속되는 취향과 선호를 갖는) **주어진** 개인을 분석의 출발점으로 삼는 것은 많은 문제가 있다. 그것은 일시적으로 설명을 단순화시켜줄지 모르나 결국 더 많은 것들이 탐구되어야 한다. 개인은 어떤 선택을 할 때 세계를 이해하게 해주는 개념 체계를 필요로 한다. 개인이 정보를 수용할 때는 그 정보를 처리하고 이해할 인지규범과 프레임이 필요하다. 원제도경제학자들이 주장했듯이, 전달되는 정보의 의미와 가치를 학습하는 공통 문화common culture에 완전히 숙달돼 있지 않고서는 개인 사이의 정보전달이 불가능하다.

오로지 개인의 관점에서만 제도를 설명할 수 있다는 생각에도 문제가 있다. 가장 기본적인 제도마저 인간과의 상호작용을 포함한다. 전형적으로 우리가 사용하는 언어를 들 수 있다. 언어는 그 자체로 제도다.(Searle, 1995; Hodgson, 2006) 정보가 소통되려면 공유된 관습, 규칙, 일상관행 및 규범이 필요하다. 결국 제도의 출현을 주어진 개인을 기반으로 설명하는 그 어떤 프로젝트도 어려움을 겪게 되는데, 특히 제도의 출현 시점으로 여겨지는 초기 상태를 개념화할 때 그렇다. 이 문제는 몇몇 신제도경제학자들이 이미 인식하고 있었다.(Aoki, 2001)

그러나 개별 행위 요인agency에 대한 강조는 중요하다. 이는 특히 개인의 동기와 인센티브를 가리킨다. 그러나 개인의 동기를 이해하거나 모델링하는 방식에 대해 신제도경제학 내부에 다양한 관점들이 있다. 즉 (모든 행동이 효용이나 만족을 증가시키려는 시도로 설명되는) 효용극대화의 지지자부터, 코즈와 노스처럼 (곧 도덕적 동기와 이타심의 가능성은 물론 탐욕과 같은 다양한 요인들이 있는) 인간본성을 은근히 강조하는 사람들에 이르기까지 실로 다양하다. 베블런(1899)과 노스(1990)와 같은 제도경제학자들의 경우처럼, 거기에는 인간의 동기를 이해하기 위해 심리학에서 통찰력을 가져오는 유력한 입장도 있다. 인간 동기의 본질을 설명하는 데 도움을 얻기 위해 진화론적 사고를 불러오기도 한다.(Hodgson, 2013)

이와 관련해 잭 나이트Jack Knight(1992)는 제도의 출현과 발전 과정에서 분배적 측면과 권력관계의 중요성을 무시하는 신제도경제학 문헌을 비판했다. 엘리너 오스트롬(1990)은 인식과 행동적 상호작용 둘 모두의 확립과 형성에 문화와 규범이 맡는 역할을 강조했다.

제도가 개인적 동기와 행동의 구성에 영향을 준다는 생각은 권력power 개념을 경제 분석 안에 포함시킬 수 있게 해준다. 권력은 강제나 제약에 의해서만 행사되는 것이 아니다. 스티븐 룩스Steven Lukes(1974)에 따르면 권력의 강제적 측면을 과도하게 강조하는 것은 그보다 교묘하게 권력이 행사되는 방식, 특히 관습custom과 제도에 의한 방식을 보지 못하게 한다. 그는 최상위 권력은 다른 사람들의 생각과 욕구를 은밀히 조직함으로써 행사되고 있다고 지적했다.

많은 주류 경제학자들이 고정된 선호를 가진 합리적 행위자를 가정한다. 이것은 우리가 선택하기 위해 알아야 할 것을 이미 알고 있다는 것을 암시한다. 즉 우리의 선호함수preference function는 우리가 아직 알지도 못하고 심지도 나타나지도 않은 선택지를 평가할 수 있게끔 이미 준비되어 있다는 것이다. 그러나 학습learning은 선택과 그 결과에 대한 우리의 인식을 향상시킨다. 학습은 개인의 발전과정으로, 이는 학습이 개인의 전망과 선호를 변화시킨다는 의미이다. '합리적 학습'이라는 바로 그 아이디어는 실로 문제가 있다.

재산권, 법률 및 거래비용

재산권property rights의 개념은 신제도경제학자들과 '재산권의 경제학'에 종사하는 사람들뿐만 아니라 커먼스와 같은 원제도경제학자들도 강조했다. 재산권은 재산소유권이 있는 경제에서 제도적 기본 구조의 핵심 요소로 간주된다. 그러나 재산권의 개념은 다양한 정의를 가지고 있다. 예를 들어, 경제학자 아르멘 알치안Armen Alchian(1977, p. 238)은 보편적이고 몰역사적이며 탈제도적인 용어로 개인의 재산권을 정의했다. 그의 정의에 따르면 재산권은 "자원 사용에 대한 경계를 설정한 그의 판단이 그 사용 여부를 결정할 가능성"이다. 알치안의 재산 정의는 합법적이며 올바른 소유권의 본질적 의미를 무시한다. 더 정확하게 말해서, 이 정의는 **재산**property보다 **소유**possession를 의미한다.(Hodgson, 2015a, 2015c)

또 다른 예로, 경제학자 요람 바젤Yoram Barzel(1994, p. 394)은 재산

을 "기대되는 조건으로 자산의 서비스를 직접 소비하거나, 교환을 통해 간접적으로 소비할 수 있는 능력에 관한 한 개인의 순 가치평가"로 정의하고 "이 정의는 사람들이 합법적으로 할 수 있는 권리가 아니라 그들이 할 수 있다고 믿는 것과 관련이 있다"고 주장했다. 다시금 그는 소유를 재산으로 잘못 기술하고 있다.

알치안과 바젤이 이야기한 정의는 결론적으로 도둑이 훔친 물건을 어떻게든 잘 지키고 있으면, 그가 훔친 물건에 대한 실질적 재산권을 얻게 된다는 것이다. 비록 법적으로나 도덕적 판단으로는, 그와 반대로 그것들이 본래 소유자의 정당한 재산으로 남아 있다고 하더라도 말이다. 그러나 어떤 것을 사용하거나 향유할 수 있는 능력을 '권리'로 묘사하는 건 오해의 소지가 있다. 향유나 사용은 권리 없이 일어날 수 있고, 권리는 향유나 사용 없이 존재할 수 있다. 원칙적으로 소유possession는 사람과 사물 사이의 관계다. 그것은 법적 소유권legal ownership에 해당되지 않는다. 권리right는 혜택과 의무를 부여하는 것을 비롯해 제도화된 규칙의 결과다.(Honoré, 1961, Heinsohn and Steiger, 2013)

알치안과 바젤과 대조적으로 커먼스와 코즈 두 사람은 모두 재산이 법적 소유권을 수반하므로 권리로 여겨지는 것을 확립하는 데 법률시스템이 중요한 역할을 한다는 점을 역설했다. 커먼스(1924, p.87)는 재산의 계약거래 과정에 최소 두 명이 아니라 세 명의 당사자가 관련돼 있으며, 세번째 당사자를 국가 내지 '상위 기관superior authority'으로 인식했다. 이와 유사하게 코즈(1959, p. 25)도 재산권이 "재산법에 의해" 결정된 것으로 보았다. 그에 의하면 "법률 제도의 목적 중 하나는 권리의 명확한 경계를 정하는 것이며, 이것을 기반으로 권리의 이전과 재구성이 시장을 통해 일어날 수 있다". 이 정의에 따르면, 재산property은 역사적으로 보편적인 현상이 아니라 역사적으로 특수한 것이다.(Honoré, 1961; Hodgson, 2015b)

커먼스의 기여, 특히 경제학과 법학의 접점에 대한 그의 기여는 오늘날에도 여전히 의미가 있다.(Commons, 1924; Vanberg, 1989; Hodgson, 2015a) 법의 역할은 계속해 제도경제학자들 사이에서 논의되고 있다. 어떤 사람들은 주로 '경제적' 이익을 극대화하는 개인에 부과되는 비용이나 제약으로 주로 법을 다루고 있다.(Barzel, 1989) 다른 사람들은 처벌에 대한 두려움보다 그것이 올바른 일이라고 믿기 때문에 많은 사람들이 법을 준수한다고 암시하는 증거를 이야기한다.(Tyler, 1990; Hodgson, 2015c) 그렇다면 도덕적 동기부여의 역할이 더 중요해지는데, 특히 수용된 제도적 규칙을 준수하는 경우에 그렇다.(Smith, 1759; Sen, 1977; Hodgson, 2013; Smith, 2013)

또 다른 중요한 토론 분야는 현대기업을 구성하고 법인을 형성 가능하게 할 때 법이 수행하는 역할이다.(Deakin et al., 2016; Gindis, 2009; 2016; Hodgson, 2015a) 여기서 핵심적인 질문은 법인 회사가 자체적으로 행위자agent로 취급될 수 있는지, 또는 그 조직을 구성하는 개별 인간의 관점에서만 이해되어야 하는지 여부일 것이다. 기업의 법적 측면에 대한 관심은 기업의 본질 및 경계에 관한 질문에 답할 때 도움이 된다. 따라서 이러한 질문은 1990년 이후 상당히 둔화되어온 기업이론의 진보에 도움이 될 수 있다.

신제도경제학의 특징 중 하나는 거래비용의 개념이다. 이것은 원래 코즈(1937, 1960)가 강조했고 윌리엄슨(1975, 1985)과 다른 사람들이 더욱 발전시켰다. 거래비용은 거래를 공식화하고, 협상하고, 모니터링하고, 집행하는 데 드는 비용으로 간주된다. 코즈(1937)의 선구자적 주장은 시장 형태의 구조로 대체할 때의 비용이, 기업을 운영하는 비용보다 큰 경우 기업이 존재한다는 것이다. 프로세스의 모든 단계에서 수많은 계약으로 생산을 조직하는 대신 회사는 고용계약으로 노동자들을 단일 권위 아래에 둠으로써 거래의 횟수와 그 복잡성을 크게 줄인다. 그것이 기업이 존재하는 이유다.

그러나 거래비용의 정의를 두고 해결되지 않은 논쟁이 있으며, 이는 중요한 분석결과를 낳는다.(Allen, 1991, 2015; Demsetz, 1968) 거래비용의 개념이 윌리엄슨과 여러 사람들에 의해 계약과 조직 형태에 관한 경험적 연구에서 널리 사용되어왔지만 그 개념적 토대는 여전히 논의되고 있다. 거래비용을 직접 측정하는 것은 어렵다. 다양한 형태의 거래비용 분석을 검증하기 위한 많은 경험적 시도는 다양한 방향의 결론을 내놓았다.(David and Han, 2004, Carter and Hodgson, 2006)

제도경제학의 미래

제도는 사회경제적 생활의 재료이다. 따라서 경제에서 제도가 수행하는 역할에 대한 연구는 사회과학의 중심주제로 남아 있을 것이다. 선진국에서는 제도설계의 문제가 매우 중요하다. 그것은 정부정책에 영향을 미치며 기업조직이 발전하는 과정에서 핵심적 역할을 한다.

빈곤국의 경제발전 또한 중요한 문제이다. 제도경제학자들은 이미 이 분야에서 크게 기여한 바가 있지만 아직 해야 할 일이 훨씬 더 많이 남아 있다. 우리는 경제적·정치적·합법적·관행적 제도가 상호작용해 경제발전에 기여할 방법을 더 잘 이해할 필요가 있다.

많은 제도적 요소들이 모델링되기 어렵고, 제도경제학이 수학적 수준에선 주류 경제학을 따라가지 못하지만, 그것은 경제정책을 설계하고 구현하려는 현실의 시도와 관련된 상세한 규칙체계를 연구하는 데 중점을 둔다.

연구 목록에 오른 다른 핵심 연구의제는 다음과 같다.

1. 21세기의 제도경제학에서 성공적으로 수행된 연구의 많은 부분은, 각기 다른 유형의 제도가 경제성과에 어떤 영향을 미치는지 진술하는 다양한 명제를 검증하기 위해 경험적 데이터베이스를 사용했다. 제도적 특성을 측정하는 경험적 데이터베이스의 개발·가공·사용은 제도경제학에서 중요한 활동으로 남을 것이다.

2. 제도경제학 내 논쟁의 많은 부분과 결론에 이르지 못한 논점 중에는 제도·재산·거래비용 등과 같은 주요 개념에 대한 상이한 정의나 이해가 포함돼 있다. 이러한 핵심 개념에 대해 합의하고 공통된 이해를 넓히기 위해 철학과 사회이론의 통찰력을 활용하면서 개념적 명료화에 더 많은 노력이 기울여져야 한다.

3. 제도경제학자들은 다른 분야를 배우기 위해 교류를 넓힐 필요가 있다. 인간의 동기를 더 깊이 이해하기 위해 베블렌과 노스를 포함하는 많은 제도경제학자들은 심리학적 탐구의 중요성을 강조했다. 정치학의 중요성은 광범위하게 인정되고 있지만 사회학과 인류학에 대한 관심은 이에 미치지 못한다. 우리는 또 커먼스와 다른 이들을 배워 경제에서 법이 차지하는 역할에 더 주의를 기

울여야 한다. 마지막으로 역시 중요한 것은 철학이 규칙과 제도에 관한 우리의 이해에 지대하게 공헌했으며 개략적으로 보아 철학은 제도경제학에서 계속 중요성을 지닐 것이라는 점이다.

4. 베블런에서 노스에 이르기까지 제도경제학자들은 제도 변화의 메커니즘에 대한 이해를 발전시키는 것이 중요하다는 걸 알았다. 이 중요한 의제는 미완결의 과제로 남아 있다. 제도경제학자들은 진화론과 복잡계의 연구로부터 통찰력을 가져옴으로써 더 많은 진전을 이룰 수 있다.

5. 제도와 여타 경제적 요인, 특히 기술 간의 상호작용을 더 잘 이해할 필요가 있다. 이 분야에서 몇 가지 진전이 있었지만, 기술 연구와 제도 연구 사이에는 더 많은 대화와 협력이 필요하다. 이 두 영역의 유사점과 차이점 그리고 이 둘 사이에서 일어나는 진화의 상호작용을 이해할 필요가 있다.

6. 제도경제학 내에서 공유된 정책 접근법은 없지만 제도경제학자들은 항상 정책에 강력한 영향을 미쳐왔다. 특히 시장·재산권·기업·국가와 같은 주요 제도의 성격과 역할에 관한 더 깊은 통찰력을 얻음으로써 제도 분석의 정책적 함의가 발전될 필요가 있다.

마지막으로, 제도 분석의 학제적 성격은 여러 접근법과 학문 사이의 상호교류를 증진하기 위해서 대학 내에 제도 연구에 관한 부서와 연구소를 설립하려는 노력이 더 많이 필요하다는 것을 암시한다. (말하자면) 비즈니스 연구와 기술혁신 부문에 잘 자리 잡은 학제 간 연구소가 있는 것처럼, 학계는 제도 연구를 위한 공간을 만들 필요가 있다.

이 짧은 글은 20세기 초 시작된 후 광범위하고 다양한 분야에서 논의되고 있는 제도경제학을 살펴보았다. 그 과정에서 경제발전과 같은 영역에서 제도의 중요성에 관한 인식이 커지고 있음을 확인했다. 제도가 개인의 성격 및 역할은 물론 사람들의 동기와 관련이 되는 방식을 논의하고, 재산권 및 거래비용과 같은 핵심적 제도 개념을 강조했다. 그리고 향후 제도경제학이 어떻게 발전할 것인지에 대한 몇 가지 생각을 제시하면서 글을 마무리했다.

📖 더 읽을거리

Acemoglu, D. and Robinson, J. A. (2012), *Why Nations Fail: The Origins of Power, Prosperity, and Poverty*, New York: Random House and London: Profile.(국내 번역 『왜 국가는 실패하는가』)

Furubotn, E. G. and Richter, R. (1997), *Institutions in Economic Theory: The Contribution of the New Institutional Economics*, Ann Arbor: University of Michigan Press.

Hodgson, G. M. (2004), *The Evolution of Institutional Economics: Agency, Structure and Darwinism in American Institutionalism*, London and New York: Routledge.

Hodgson, G. M. (2015), *Conceptualizing Capitalism: Institutions, Evolution, Future*, Chicago: University of Chicago Press.

Ostrom, E. (1990), *Governing the Commons: The Evolution of Institutions for Collective Action*, Cambridge: Cambridge University Press.(국내 번역 『공유의 비극을 넘어』)

Rutherford, M. H. (2011), *The Institutionalist Movement in American Economics, 1918 – 1947: Science and Social Control*, Cambridge and New York: Cambridge University Press.

페미니즘경제학

왜 모든 경제학자는
페미니즘경제학자가 돼야 하는가

집필자
수전 히멜웨이트
_ 영국 개방대학 명예교수

이 장에서 나는 페미니즘경제학Feminist Economics의 핵심 특징으로 여겨지는 것을 소개하려 한다. 이 모든 특징은 페미니즘경제학의 근본전제로부터 출발한다. 곧 어떤 경제든 남성과 여성의 역할 차이가 그 운영방식을 본질적으로 결정하기 때문에 경제학은 남성과 여성의 젠더gender 관계를 고려해야 한다는 것이다. 경제의 변화는 젠더관계에 영향을 미칠 수 있으며 그 반대의 경우도 마찬가지다. 그러므로 페미니즘경제학은 여성의 경제학이 아니라 정말로 더 나은 경제학이며, 모든 경제학자들은 페미니즘경제학자가 되어야 한다.

정의

페미니즘경제학자들은 그 주요 원칙의 목록을 작성하는 것에 반대하고 있으며, 페미니즘경제학의 의미를 명시적으로 정의한 학자들도 거의 없다. 그렇지만 주류 경제학에 대한 비판에 내포된 세 가지 정의가 있다.(Schneider and Shackelford, 1998)

먼저 페미니즘정치학의 암묵적인 정의처럼, 양성평등을 이루기 위해 필요한 사항들에 초점을 두는 경제학으로 규정될 수 있다. 추구하는 정치적 변화를 중심으로 경제학의 분야를 정의하는 것은 부적절해 보일 수 있다. 어떤 주류 경제학자는 틀림없이 다음과 같은 질문을 던질 것이다. 비록 더 평등한 사회를 증진시키는 데 관심이 있다 할지라도, 경제학을 공부할 때는 가능한 한 객관적이어야 할 의무가 있지 않겠는가? 하지만 페미니즘경제학을 정치적으로 정의하는 사람들은 주류 경제학이 이데올로기 그 자체라고, 남성의 삶을 정상적인 것으로 보는 대신 여성이 하는 일 대부분을 무시함으로써 성불평등을 영구화하는 이데올로기라고 주장할 것이다.(Strassman, 1997)

주류 경제학 모델의 전형적 개인인 '경제적 남성economic man'은 시장교환에 참여하고, 고용되어 소득을 벌어들이며, 번 돈을 소비재 구입에 지출함으로써 자신을 부양한다. 이 개인은 집안일을 하지 않으며, 다른 사람을 돌보지 않는다. 물론 출산하지 않는 것도 확실하다. 따라서 경제적 남성은 여성의 삶에서 중요한 의미를 갖는 많은 것들이 생략된 삶을 살고 있다. 그러므로 이를 기반으로 한 모델로는 수많은 성불평등을 이해할 수 없거니와 심지어 그것을 인식할 수도 없으며 그에 대한 해결책을 발전시킬 수도 없다. 물론 실제로 그러한 모델은 남성의 삶에 영향을 주는 것들 또한 불완전하게 묘사할 뿐이다. 왜냐하면 남성의 존재 역시 (직접사용을 위한 생산과 돌봄이라는) 무급노동에 의존하며, 많은 남성들이 이런 활동에 관여하고 있기 때문이다. 그렇기에 이런 사안들을 지적하는 일이 여성과 페미니즘경제학자들에게 과제로 남겨져 있다!

페미니즘경제학은 마찬가지로 그 연구 대상에 따라 모든 형태의 조달활동provisioning에 대한 연구로 정의될 수도 있다.(Nelson, 1993) 이는 인간의 생존과 번영에 필요한 모든 것을 마련하는 활동을 의미한다. 이 조달활동 개념의 사용은 주류 경제학이 이해하는 '경제'가 불완전한 시스템이라는 인식에서 출발한다. 불완전한 시스템incomplete system이란 지속적으로 존재하기 위해서는 자신의 범위를 벗어나는 많은 활동에 의존하는 시스템을 말한다. 사람과 전체 사회가 생존하고 재생산되기 위해서는 유급노동뿐 아니라 무급노동이 필요하고, 시장에 판매하기 위해 생산되는 재화와 서비스는 물론 가족과 공동체 내부에서 직접 사용하기 위해 생산되는 것들이 필요하다. 더욱이 물질적 재화뿐 아니라 돌봄care을 비롯해 인간의 성장과 번영에 필요한 모든 것이 제공되어야 한다. 이에 따라 인간이 생활하기 위해 스스로를 조직하는 방식이 상호의존적 사회 과정이라는 점을 강조하기 위해 "사회적 조달활동social provisioning"이 경제학의 주제를 보다 잘 표현하는 용어로 제안되어왔다.(Power, 2004, p. 6)

마지막으로 이것이 내가 이 장에서 채택할 정의인데, 방법론적으로 우리는 어떤 경제든 젠더관계gender relation를 구조적 특성으로 인정하는 경제학으로 페미니즘경제학을 정의할 수 있다.(Sen, 1990) 우리는 이제까지 전통적 견해에 따라 경제를 시장관계로만 구성되는 것으로 좁게 봐왔지만, 젠더관계는 경제적 변화에 영향을 받을 수 있으며 그 반대도 마찬가지라는 의미에서 경제의 구조적 요소다. 인과관계가 단지 한 방향으로만 진행되는 것이 아니므로 젠더관계의 변화를 무시하면서 경제를 설명하는 모든 방식은 사실 불완전하다. 페미니즘경제학을 방법론적으로 이렇게 정의하면, 이 주장은 페미니즘 경제학의 근본가정이 된다. 물론 이 주장은 보다 정당화되어야 한다. 그러나 일단 사실이라고 가정하면, 경제에 대한 모든 이해에서 젠더를 고려할 필요가 있다.

이와 반대로 많은 주류 경제학은 물론 꼭 주류에 속한다고 할 수 없는 대다수의 경제학도 젠더에 대해서는 '눈이 먼' 것과 다름없다. 그들은 자기 연구 주제의 젠더적 측면을 인식하지 못한다. 문제를 제기하면 경제학자들은 대개 젠더가 자신의 특정 주제와 관련이 없다고 주장하며, 그런 주장이 자명하다고 여긴다. 그에 대해 페미니즘경제학자들은 도리어 모든 것이 젠더적 차원과 관계된다고 가정한 후 시작해야 한다고 제안할 것이다. 페미니즘경제학이 여성을 위한 경제학이나 특정 주제를 연구하는 경제학의 한 분야가 아니고, 젠더관계를 고려하는 것이야말로 더 훌륭한 경제학이며, 그러므로 모든 경제학은 페미니즘경제학이어야 한다고 주장하는 것은 바로 이 방법론적 근거에 기반하고 있다. 이 장의 나머지 부문은 바로 이 주장을 입증하는 일로 채워질 것이다.

주류 경제학과의 차이

이 장에서 나는 페미니즘경제학의 다섯 가지 주요 특징들에 관해 논의하면서 그것들을 느슨하게 정의된 '주류 경제학'과 비교할 것이다. 여기에는 신고전주의경제학과 함께 적어도 몇 가지 면에서 스스로를 이단적 경제학으로 분류하는 여타 경제학파들이 포함된다. 페미니즘경제학의 이 다섯 가지 주요 특징은 다음과 같다.

1. 페미니즘경제학은 시장관계만을 분석하지 않는다. 그 대신, 사람들이 가족과 공동체 내에서 사랑, 의무, 지배, 권력, 호혜 및 상호의존성의 관계를 포함해 많은 다른 방법으로 서로 연관되어 있음을 인정한다. 자기중심적인 독립적 개인, 곧 '경제적 남성'은 기본모델(여기서 벗어나는 것은 따로 해명될 필요가 있는)로도, 추구되어야 할 이상으로도 취급되지 않는다. 사람들 사이의 상호의존성interdependence에 대한 인식이 사회를 개선하고자 할 때, 보다 정확하고 더 나은 근거로 여겨진다.

2. 페미니즘경제학은 가계household를 경제의 기본적 개별단위로 취급하지 않는다. 그 대신 동일 가계구성원의 선호·관심·선택이 다를 수 있다고 생각한다. 그러므로 '의사결정'을 내리는 주체는 가계가 아니며, 속해 있는 공동체와 가족의 맥락 속에서 결정을 내릴지라도 바로 그 개인individual이 주체가 된다.

3. 페미니즘경제학은 사람들이 독립적이고 변함없는 개인적 선호를 갖는다는 개념을 거부한다. 그 대신 사회규범social norm이 사람들의 욕망과 행동에 영향을 미치고, 이 규범들이 분석 가능한 방식으로 변화한다는 점을 인식한다.

4. 페미니즘경제학은 제조업을 표준으로 삼아 그에 기초해 노동과 생산을 모델화하는 방법을 거부한다. 특히, 돌봄care을 제공할 때 사람들이 수행하는 일들은 대안적인 노동 및 생산 모델을 제안하는데, 이 모델은 많은 유급노동을 비롯해 수많은 다른 목적 활동과 어느 정도씩은 연관된다.

5. 페미니즘경제학은 개인적 차원이든 사회적 차원이든 웰빙well-being을 폭넓게 정의하며, 기반시설 및 투자에 대해서도 그렇다. 여

기서 투자에는 사회적 인프라에 대한 투자가 포함된다.

이 장의 나머지 부분에서 나는 페미니즘경제학의 이러한 특징들을 하나씩 확장해 설명할 것이다. 일부 경우에서 주류 경제학자들이 그 암시된 비판에 대응하긴 했지만(심지어 그들 스스로 비판하기도 했지만), 그들은 특수한 사례에서 이런 특징 중 한두 개를 수용하기 위해 주류 경제학의 기본 틀에서 몇 가지 가정들이 어떻게 바뀌어야 할지 보여주는 것에 만족할 뿐이었다. 이들은 이러한 특징들은 특수한 경우만이 아니라 일반적으로 적용되어야 하기 때문에 전체 분석틀을 바꾸어야 할 수도 있다는 걸 인정하지 않는다. 물론 그렇게 한다면 그들은 이미 페미니즘경제학자일 것이다!

시장관계를 분석하는 것만으로는 충분하지 않다

페미니즘경제학자들은 많은 활동이 시장 외부에서 일어나고 있으며, 특히 가정 내에서 일어나고 있는 돌봄 활동과 여러 무급노동이 경제의 운용방식에 영향을 주고 있음을 인식한다. 게다가 사람들은 시장 외부에서는 꼭 그 내부에서처럼 행동하지는 않기 때문에, 비시장적 활동non-market activity의 동기는 시장관계를 조사할 때 활용되는 것과 같은 수단으로 분석될 수 없다.(앞으로 보겠지만 시장 내부의 행동방식을 분석하는 주류 경제학의 표준적인 방식이 과연 옳은지에 관해서도 질문을 던질 것이다).

특히 비非시장적 활동시간에 대한 설명을 주류 경제학이 생략하고 있는 것은, 거기에 지출된 시간이 무시되거나 단순히 '여가'로 취급되는 경향이 있다는 걸 의미한다. 그러나 그러한 비시장적 시간이 소비되는 방식은 사람들이 살아가면서 무엇을 할 수 있을지에 영향을 미친다. 특히 의무적으로 시간을 소비해야 하는 비시장적 활동은 고용과 기타 시장적 활동에 지출될 시간을 제한한다. 이것은 남성에게도 해당되지만 여성에게는 특히 확연하게 나타난다. 세계 전역에 걸쳐 발견되는 가장 큰 젠더 차이들 중 하나는, 무급가사노동unpaid household work 과 돌봄노동caring work 을 수행해야 할 의무가 (남성의 경우보다 훨씬 더) 여성의 삶과 기회를 결정하는 구조적 요인이라는 것이다.

결과적으로 우리는 모든 노동자가 임금노동자라고 가정할 수 없으며, 분명히 그들의 모든 삶에 대해서도 그렇게 가정할 수 없다. 남성들의 삶에서 비시장적 활동은 보통 시장적 활동에 맞춰서 이뤄지지만 여성들에게는 반대되는 일이 일어난다. 돌봄과 여타 비시장적 의무가 생애에 걸쳐 달라지듯이 노동시장에 대한 여성들의 참여도 전형적으로 그렇게 달라지는 경향이 있다. 그로 인해 여성들의 고용 이력履歷은 남성들보다 훨씬 다양해지는 경향이 있다.

이것은 자기중심적이고 독립된 개인, 즉 '경제적 남성'이 일반적 기준이고 여기서 벗어나는 건 설명이 필요한 일탈로 취급하는 것이 부적절한 이유를 보여주는 한 가지 사례다. 신가계경제학New Household Economics 으로 알려진 가계생산household production 에 대한 주류의 분석이 몇 가지 유용한 결과를 내놓긴 했지만, 그것은 비시장 영역에 시장논리를 적용하여 연구를 진행한다. 따라서 그 대답은 어느 정도 부분적일 수밖에 없다. 그들은 부부 중 한쪽이 가계생산을 하고 다른 한쪽은 소득을 창출하는 방식으로 역할을 특화하는 것이 왜 합당하며, 왜 평균적으로 더 많은 수입을 벌어들일 수 있는 여성이 그렇지 않는 여성보다 시장적 노동에 더 많은 시간을 쓰고 비시장적 노동에 덜 쓰는지를 설명할 수 있다. 그러나 여성들이 왜 가계생산에 특화하며 남성들이 시장노동에 특화하는지에 대해서는 생물학적 이유를 넘어서는 그 어떤 이유도 거의 말하지 않고 있다. 특히 여성과 남성이 누가 무엇을 하는지를 놓고서 서로 다르게 느끼는지에 대해 전혀 설명이 없다.

페미니즘경제학자들은 여성과 남성 사이의 이러한 차이와 그들의 서로 다른 느낌은, 상황에서 비롯되었든 또는 성격에서 비롯되었든 개인적 특성의 문제로만 설명될 수 없으며, 사회에 존재하는 젠더규범gendered norm의 한 측면으로 보아야 한다고 주장한다. 더 나아가, 실제로 우리 모두는 상호의존적이기 때문에 독립적인 개인이 경제모델의 기반으로도, 달성되어야 할 이상으로도 되어서는 안 된다. 사람들의 상호의존성과 사회적 힘에 대한 광범위한 의존성을 인식하는 것은, 사회를 개선하고자 할 때 더 정확하고 나은 기반이 된다. 그러므로 정책 면에서 볼 때, 예를 들어 보육서비스를 제공하여 여성들이 더 나은 보수를 주는 자리를 놓고 남성과 경쟁할 수 있게 하는 식으로 개별 여성들의 취업전망을 개선하는 것보다, 어떻게 사회를 전체적으로 조직할지 더 깊이 고민하는 것이 나을 수도 있다. 여기에는 현재 여성이 하고 있는 돌봄노동을 공동의 책임으로 보다 공평하게 나누는 것과 일자리를 재설계하여 돌봄에 대한 책임이 더 이상 누군가의 고용전망을 제한하지 않도록 하는 것이 포함된다.

무급가사노동은 GDP에 들어가지 않는데, GDP는 시장을 경유하는 산출물만 측정하기 때문이다. 국민계정은 가정용 소비를 위한 식품 및 기타 농산품의 비시장적 생산이 포함되도록 수정되었지만 이런 GDP 측정 관행은 지금까지 계속되고 있다.(United Nations, 2008) 그러나 [그림 5.1]에서 보이듯이, 한 측정 방식으로 전세계를 조사한 결과, 가계 안에서 수행된 무급노동의 가치는 GDP 대비 약 15%에서 43% 사이에 해당한다고 추정된다.(Folbre, 2015) 이러한 무급노동에 정책의 초점이 맞춰지게 되었는데 이는 그 자체의 권리를 인정해서라기보다 여성고용의 증가가 정부수입을 늘리는 방법으로 여겨졌기 때문이다. 최소한 긴축정책 시대가 도래하기 전까지 특히 유럽에서는 보육서비스 제공으로 여성의 고용률을 높이는 것이 늘어가는 정부의 사회복지 비용을 마련할 수 있는 주요방법으로 여겨졌다.(Lisbon European Council, 2000)

기본적으로 무급노동의 가치를 측정할 수 있는 두 가지 방식이 있는데 첫번째는 무급노동으로 나온 산출물을 평가하고 시장에서 유사한 생산물을 구매하는 데 비용이 얼마 들지 추정하는 방식이다. 이 '산출' 접근법은 영국가계통계청ONS에서 가계위성계정* Household Satellite Account을 위해 사용된다.(ONS, 2016) 다른 방식인 '투입' 접근법은 무급노동에 지출된 시간의 가치를 평가하는데, 돌봄 노동을 하는 어떤 사람이 그 일을 하지 않고 다른 일을 했을 때 벌어들였을 임금을 사용하거나('기회비용' 방법), 다른 사람이 돌봄노동을 할 때 받을 것으로 예상하는 금액('대체비용' 방법)을 사용한다. 킬리언 물란

● 위성계정Satellite account이란 우리에게 익숙한 국민계정의 틀 속에서 세부내용을 반영하기에는 내용이 너무 많거나 본 계정 체계와 구조가 맞지 않는 특정분야를 집중적으로 분석하기 위하여 작성되는 계정이다. 위성계정에는 가계위성계정, 관광위성계정, 환경위성계정, 보건위성계정 등이 있다. 이 가운데 '가계위성계정'은 주로 가내활동에 많은 시간을 보내는 주부를 비롯한 여성들의 위치와 역할을 고려하는 젠더적 통계에 해당한다. 이 계정은 무보수로 이루어지고 있는 여성들의 가사노동의 경제적 가치를 체계화함으로써 그 중요성을 인식시켜준다.

[그림 5.1] 2008년 전통적 GDP 대비 가계생산 가치의 비율(대체비용 방법)

출처: Ahmas and Koh(2001)

Killian Mullan(2010)은 이러한 다양한 접근방법들을 모두 설명한 후 이를 이용해 영국에서 보육의 가치를 평가한다.

모든 조달활동을 포함하는 전체경제total economy의 관점을 취했을 때 경제는 GDP로 측정된 것보다 빠르게 성장할 수도 있고 더 느리게 성장할 수도 있다. 일반적으로 전체경제는 경기침체기에 일반적인 'GDP 경제'만큼 침체하지 않을 것이다. 왜냐하면 일자리를 잃은 다수의 사람들이 무급노동에 시간을 할애하기 때문이다. 즉 돈을 아끼기 위해 조리되지 않은 식료품을 구입하거나 자녀들을 보육기관에서 데려와 집에서 돌보기 때문이다. 다른 한편, 유급고용 수준이 높아지면 무급노동이 줄어들어 경기침체로부터의 회복은 GDP경제보다 전체경제에서 더 느릴 것이다.(Wagman and Folbre, 1996)

가계는 개인이 아니다

남녀는 성별 역할이 서로 다르기 때문에 삶이 다르며 관심사도 다르다. 사람들은 살아가면서 여러 가정家庭을 거치며 생활하곤 하며 같은 가정의 구성원이라도 이해관계가 서로 다를 수 있다. 따라서 가계household*가 경제의 기본단위로 취급되어서는 안 되는데, 경제학은 집 안으로는 들어가지 않고 있다. 이를테면, 자원이 반드시 가정 내에서 균등하게 공유되는 건 아니기 때문에 같은 가정에 속해 있더라도 서로 다른 생활수준과 이해관계를 가질 수 있을 것이다. 하지만 주류 경제학은 가계가 '의사결정을 내린다'고 가정함으로써 이 복잡성을 회피하는 경향이 있다. 하지만 실제로 모든 결정을 내리는 것은 사람people이다. 어떤 일을 할 것인가, 어떤 집을 임대할 것인가, 어떤 음식을 살 것인가와 같은 두세 가지 시장지향적인 구체적 결정만 예를 들어도 알 수 있다. 어쩌면 그들은 다른 가계구성원의 의향을 고려해서 결정을 내릴 것이며, 구입한 음식이나 임대한 주택 또는 벌어들인 소득을 다른 가계구성원과 공유하기도 할 것이다. 그러나 그러한 결정들을 실제로 내리는 것은 개인이다. 심지어 부부가 공동으로 집을 구매하는 경우도 두 구매자가 개별적으로 동의해야 가능하다.

이것은 개인의 합리성에 대한 가정이 주류 경제학이 기반하는 합리적 선택의 공리를 이끌어내기 때문에 중요하다. 그러나 그들은 그 공리를 사용하여 가계가 시장에서 행동하는 방식에 대한 결론을 곧바로 도출한다. 하지만 같은 가계에 속한 두 개인은 서로 다른 이해관계를 가질 수 있으므로 일반적으로 동일한 선호를 가진 것처럼 행동하지 않을 것이다. 따라서 개인이 합리적 선택의 공리를 따른다 할지라도(나중에 왜 이것조차 의심해야 하는지 살펴볼 것이다), 가계가 통일된 이해관계를 가지고 합리적인 개별 의사결정자처럼 '행동'한다고

● 문맥에 따라 household를 '가계' 또는 '가정'으로 옮겼다.

가정할 이유는 어디에도 없다.

주류 경제학은 이를 잠재적 문제로 인식하고 둘 이상의 개인으로 구성되는 가계를 설명하는 복잡한 '집단' 행동모델을 구축했다. 그러나 이것이 비록 신고전주의경제학의 특별한 한 분야로 발전해나 왔기는 했지만, 여전히 가계가 통일된 이해관계를 가지면서 합리적으로 행동한다고 가정하며 그것을 기본 분석단위로 취급하는 다른 분야들에게까지는 큰 영향을 미치지 못하고 있다. 앞에서 언급한 주류 '신가계경제학'의 창시자인 게리 베커Gary Becker도 가계가 통일된 이해관계를 가진다는 가정이 매우 특별한 환경 아래서만 유지된다는 점을 보여주었다. 그런 가정은 가계에 어떤 한 구성원, 곧 "우두머리"가 있을 때만 유지된다. 이 우두머리는 '그'(원문 그대로다!)가 바라는 대로 모든 가족구성원들이 행동할 정도로 충분히 관대하고 강력한데, 그가 너그럽게 이익을 재분배해주는 한편 바라는 대로 행동하지 않는 "못된 아이Rotten Kid"를 "처벌"하기 때문이다.(Becker, 1974; Bergstrom, 2008) 이런 가정에 따르면, 그 상황에서 모든 가족구성원은 동일한 이해관계를 가지므로 가계는 합리적 의사결정자의 역할을 할 수 있다. 그러나 그런 가정생활 모델이 유지될 수 있는지 여부와 관계없이 오늘날 세계의 많은 지역에서 그 정도까지 가정생활을 지배하는 가계책임자가 있다고 가정하는 것이 더 이상 합리적이지 않으며, 대부분의 다인 가구에서는 소비를 하는 사람이 여럿인 것과 마찬가지로 돈을 버는 사람도 한 명만이 아니다.

따라서 페미니즘경제학은 그처럼 명백히 낡아빠진 모델을 만들기보다, 가계의 통일된 이해관계와 자원의 평등한 공유를 가정하고 가계의 현재 환경에 지나치게 초점을 맞추는 정책 및 경제 이론에서 여성이 적합한 대우를 받지 못한다는 사실을 인식한다. 이것은 여성이 보통 다른 가족 구성원의 이익을 위해 자신의 장기적 이익을 희생하고 있으며, 현재 속해 있는 가정보다 더 오래 살기 때문이다. 대신 여성들은 개인적 웰빙에 중점을 둔 정책을 통해 더 많은 혜택을 얻으며, 그렇게 해서 인생 전체에 대한 장기적 관점을 세울 수 있다. 예를 들어, 가족소득이 아니라 개인소득을 기준으로 한 누진세는 일반적으로 여성에게 더 공평한데, 대체로 더 높은 경향을 보이는 배우자의 소득이 아니라 여성 자신의 소득을 기반으로 세금을 부과하기 때문이다. 가족과세인 경우에 배우자와 함께 사는 여성들은, 취업으로 어느 정도 소득이 늘어도 세율 증가와 아이를 맡기는 비용을 감안하면 일하는 의미가 없다고 생각할 것이다. 그러나 노동시장으로부터의 이런 이탈은 장기적으로 그들의 향후 소득과 연금에 대단히 해로운 결과를 가져올 것이다. 이것은 물론 여성의 이익이 항상 개인 차원에서 운영되는 정책에서 가장 잘 보장된다는 것을 의미하지는 않는다. 뒤에서 나는 실제로 여성과 남성 모두가 더 집단적인 웰빙 개념에 맞춰진 정책에서 더 유리해진다고 주장할 것이다. 그러나 일반적으로 여성은 자신의 개인적 이해관계를 가계구성원들의 이해관계보다 뒤에 두는 행위에서 이익을 얻지 못하고 있다.

사회규범은 사람들의 욕구와 행동에 큰 영향을 준다

신고전주의경제학은 모든 사람들이 무엇을 할지 결정할 때 무엇이든 자신의 선호를 가장 잘 충족시켜주는 것을 선택함으로써 효용을 합리적으로 극대화하는 동일한 방법을 따른다고 가정한다. 또 신고전주의경제학은 일반적으로 그러한 선호가 변하지 않고 사회로부터 독립적이라는 가정 위에서 작동한다. 더욱이 사람들이 특정한 선호를 가지는 이유에 대해서는 연구하지 않는데, 그 이유는 이런 연구는 경제학의 주제를 벗어나기 때문이라고 한다. 이들은 선호를 주어진 것으로 취급한다. 페미니즘경제학은 이러한 가정을 거부한다. 첫째, 행동경제학자 리처드 탈러Richard Thaler가 지적했듯이 사람은 "인간human"이지 "이콘*econ"이 아니므로 반드시 이런 효용극대화 원리에 따라 행동하지는 않는다.(Thaler, 2015) 여기에 더해 페미니즘경제학은 개인적 선호를 주어진 것으로 다루는 관점을 비판하면서, 그 대신 사람들이 원하고 선택하는 것은 사회규범social norm에 좌우된다고 생각한다. 그리고 사회규범은 사회적으로 형성되며 그 형성 과정은 분석 가능하다.

사회규범은 신고전주의의 합리적 의사결정이 요구하는 선호와 제약조건constraints의 이분법과 맞아떨어지지 않는다. 이 견해에 따르면 합리성은 자기중심적 개인들이 자신을 둘러싼 세계의 주어진 제약조건 아래에서 자신이 가장 선호하는 일을 하기로 결정하는 것으로 구성된다. 이런 견해에서 선호와 제약조건은 완전히 별개이며 서로 영향을 주지 않는다. 그러나 사회규범은 제약이 아닌데, 절대적이지 않기 때문이다. '대개' 사람들은 사회규범을 준수하지만 항상 그렇게 하지는 않는다. 또 사회규범은 선호도 아닌데, 사람들은 원하지 않을 때에도 사회규범을 따라야 하기 때문이다. 사람들은 그저 사회규범을 지켜야 한다고 생각하거나 지키지 않을 경우 맞닥뜨릴 사회

● 'econ'은 계산과 자신의 이익에만 전념하는 냉정하고 합리적인 경제적 존재를 의미한다.

적 반감을 두려워해서 그렇게 한다.

이를 보면 개인은 신고전주의경제학이 주장하는 것과 달리, 자신과 바깥세상이 명확하고도 선명하게 구분되는 "분리된 자아separative selves"(England, 2003)가 아니라고 할 수밖에 없다. 페미니즘경제학자들은 우리가 누구며, 어떻게 선택하며, 무엇을 하는지가 실제로는 그저 완전히 외부적인 세계의 제약을 마주한 개인의 특성으로 결정되지 않는다는 것을 인식하고 있다. 오히려 사회규범이 우리가 누구인지를 결정하는 동시에 우리가 무엇을 선택할 수 있을지를 제한한다.

그리고 이 경우에서 인과관계는 단지 한 방향으로만 진행되지 않는다. 사회규범은 사람들의 행동으로부터 영향을 받는다. 예를 들어, 아이가 어릴 때 직장에서 일하는 어머니에 대한 일반대중과 아이 어머니의 태도는 1990년대 동안 [그림 5.2]와 같이 상당히 변화했다. 1990년대 말쯤에는 일반대중의 40% 미만이 취학 전 아동의 어머니가 취업하면 이 아동들이 어려움을 겪는다는 주장에 동의했다. 이 수치는 1991년 일반대중의 50% 이상이 그렇게 생각한다고 응답한 것과 대비된다. 취학 전 아동의 어머니들도 자신들의 견해를 바꾸었다. 1990년대 초에는 취학 전 아동의 어머니가 유급노동을 하면 아이가 어려움을 겪을 거라는 응답에 30% 이상의 어머니들이 동의했지만 1999년에는 단지 20%만이 그렇게 생각했다.

그러나 [그림 5.2]에서 정말 놀라운 건 실제로 취업한 취학 전 아동 어머니 비율의 변화다. 그 기간 중 이 비율은 40%를 약간 웃돌다가 50%를 훨씬 상회하는 값으로 급증했다. 1990년대에 걸쳐 실제 취업 비율과 그에 대한 태도의 변화가 동시에 일어났다는 건 태도(여기서는 규범을 나타낸다)와 행동 사이에 양의 피드백positive feedback이 존

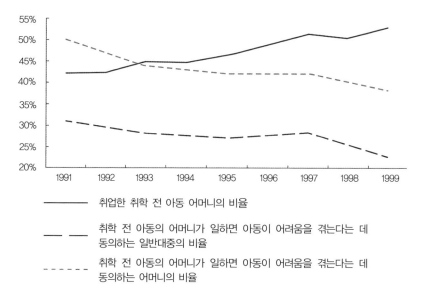

[그림 5.2] 어머니의 취업에 관한 사회규범의 변화: 1991~1999년 영국

출처: 영국 가구패널조사와 노동력조사(Himmelweit and Sigala, 2004)

─────── 취업한 취학 전 아동 어머니의 비율

── ── 취학 전 아동의 어머니가 일하면 아동이 어려움을 겪는다는 데
동의하는 일반대중의 비율

- - - - - 취학 전 아동의 어머니가 일하면 아동이 어려움을 겪는다는 데
동의하는 어머니의 비율

재함을 보여준다. 취학 전 아동의 어머니가 더 많이 고용되면서 규범
이 바뀌자, 일반 대중과 더 중요하게는 어머니들 스스로가 '일하는
어머니'라는 생각을 더 잘 받아들이게 된 것이다. 이러한 규범의 변
화가 역으로 행동에 영향을 미쳐 더 많은 어머니들이 취업을 선택하
게 되었고, 그렇게 계속 변화가 꼬리를 물고 일어났다. 이렇게 양의
피드백으로 진행되는 변화는, 시작은 어렵지만 일단 일어나면 점점
더 많은 변화를 가져온다. 그렇게 되면 처음 어디서 변화가 시작되었
는지 돌이켜 확인하기도 어렵다.

규범과 행동 사이의 이러한 양의 피드백은, 왜 표면적으로 유사
한 경제들이 규범에 큰 영향을 받는 어떤 행동으로 인해 쉽게 다른
경로로 갈라져 나가는지 그 이유를 설명해준다. 양의 피드백은 또한

한 경제가 다른 경제의 경로를 좇아서 따라가는 것이 왜 어려운지를 설명해준다. 동일한 정책이라 할지라도, 규범이 다른 국가에서는 매우 상이한 효과를 가질 수 있기 때문이다. 더구나 어떤 정책이 채택될지는 기존 규범에 달려 있는데, 이것은 다시 현재 실행되는 정책에 영향을 받는다. 즉 규범과 행동과 정책 사이에는 양의 피드백 관계가 있기 때문에, 이 세 가지 모두는 경로 의존적path-dependent이며, 따라서 우리가 현재 어디에 있는지를 설명할 때 역사가 중요한 것이다.

이는 사회변화에 대한 분석이 주류 경제학자가 사용하는 비교통계법이 제시하는 것보다 더 복잡하다는 사실을 의미한다. 이 방법에서 외생변수의 변화 효과, 예를 들면 정책의 변화로 인한 효과는 그 결과 나오는 균형가격 및 균형수량을 토대로 분석된다. 예를 들어, [그림 5.2]에서 조사된 기간 동안 영국에서 육아 보조금 변화는 어린 자녀를 둔 어머니 집단에서 취업을 늘린 것으로 분석되며, 그 결과 이 어머니 집단의 균형취업율을 상승시켰다. 그러나 규범과 행동 사이의 피드백을 고려하면, 고용에 미치는 영향이 점차 커질 것이라는 예측도 가능하지만 반대로 그 영향이 훨씬 적어서 용두사미로 끝나고 말 것이라고 예측할 수도 있다. 육아 보조금으로 인해 소수의 어머니들이 적극적으로 취업하려 한다면, 규범이 취학 전 아동 어머니의 유급노동이 좀 더 잘 받아들여지게끔 바뀔 것이며, 그러면 취업을 택하는 어머니들이 추가로 증가하며, 그로 인해 다시 규범이 바뀌는 식으로 계속 변화가 진행될 것이다. 반대로, 기존의 규범이 너무 강해서 육아 보조금으로 인해 취업하겠다는 생각을 품는 어머니들이 거의 없다면 규범에 미치는 보조금의 효과는 미미할 것이다. 그러므로 규범은 변화가 시작되는 걸 어렵게 하지만, 일단 변화가 일어나면

규범은 변화를 더욱 촉진한다. 규범만으로 돌봄 제공 패턴이 설명되지는 않는다. 보육비와 같은 경제적 요인들도 중요하다. 그렇지만 경제 변화의 속도는 규범에 의해 올라갈 수도, 내려갈 수도 있다.

돌봄은 일과 생산의 대안모델을 제공한다

아마도 페미니즘경제학의 가장 눈에 띄는 기여는 돌봄care에 대한 이론적 분석일 것이다. 이는 아이들과 일부 성인들이, 보살펴줘야 할 그들의 구체적인 욕구에 따라, 다른 이들은 도움 없이 할 수 있는 일을 하기 위해 필요로 하는 밀착된 서비스다. 페미니즘경제학은 거의 예외 없이 돌봄을 여성에게 배분하는 강력한 젠더규범이 직장과 가정생활 모두에서의 젠더 불평등을 설명해주는 결정적인 요소로 보기 때문에 돌봄의 이론화 작업에 특별히 역점을 두어왔다.

주류 경제이론과 많은 정책 입안자는 돌봄을 다른 것들과 똑같은 상품commodity으로 취급하는 경향이 있다. 그래서 돌봄의 제공도 다른 생산과정과 똑같이 동일한 분석도구로 분석할 수 있다고 본다. 그래서 그들은 공산품 생산에 기초하는 모델을 가져온다. 물론 그들은 이 모델이 더 일반적인 경우에도 적용 가능하다고 주장한다.

이와 반대로 페미니즘경제학자들은 돌봄이 경제학의 전형적인 상품 개념과는 다른 특성을 얼마나 갖는지 보여주었다. 그중 첫번째는 돌봄에 대한 수요와 공급 모두 사회규범에 영향을 받는데, 이 사회규범은 돌봄에 대한 사람들의 욕구와 더불어 어떻게 그리고 누가 돌봄을 제공해야 하는지를 관장하며 성별에 따라 매우 다르게 적용된다는 것이다. 많은 페미니즘경제학자들은 남성보다 여성에게 더 큰 돌봄 책임을 부과하는 규범을, 사회의 젠더별 차이를 설명하는 근본적인(유일하지는 않지만) 요소로 보았다.

어떤 젠더가 돌봄을 제공하는지에는 차이가 없지만, 우리는 어떤 조건 아래에서 누가 돌봄을 받고, 누가 돌봄을 주는지에 관해서 여러 문화 간에 거대한 차이가 존재함을 발견한다. [그림 5.3]의 '돌봄 다이아몬드care diamond'는 유급 및 무급 돌봄을 제공할 수 있는 여러 영역을 보여주는데, 그중 일부는 시장을 통해 배분되며 일부는 가정과 공동체가 더 직접적으로 제공한다.

돌봄이 제공되는 방식에는 거대한 비교문화적 다양성이 존재한다. 하지만 여성들에게 무급 돌봄을 맡기는 거의 보편적 경향처럼 일부 일반적인 경향이 관찰될 수 있다. 산업생산력의 상승으로 여성이 제공하는 무급 돌봄노동의 기회비용이 증가함에 따라, 돌봄노동에 매여 있는 여성들이 직업을 가질 수 있게끔 많은 나라에서 돌봄정책이 도입되었다. 그러나 동시에 정치인들은 (아마도 유권자의 견해를 반영해서) 돌봄을 완전히 공공서비스로 제공하기에 충분한 자금을 쓰려고 하지 않았다. 그 결과 가족 내 돌봄이 계속해서 지배적인 방식으로 기능하는 동안 영리 목적의 사적 돌봄 부문이 미래 성장산업 중 하나로 될 가능성이 높아졌다. 예를 들어 영국에서는 돌봄을 시장에서 영리 목적으로 제공하기 시작하고 동시에 공적기금이 늘어나는 수요를 감당하지 못하면서, 돌봄을 필요로 하는 대다수가 사적 영역에서 돌봄을 구매하거나 가족과 친구들에게 의지하거나 그렇지 않으면 아예 필요를 충족시키지 못하게 됐다.(Age UK, 2014)

페미니즘경제학자들이 지적한 돌봄의 두번째 특징은 그 제공자와 수혜자 사이에 인격적인 관계personal relationship를 수반한다는 것이

[그림 5.3] 돌봄 다이아몬드
출처: Rasavi(2007, p. 21)에 다소 근거한 Himmelweit(2011, p. 263),

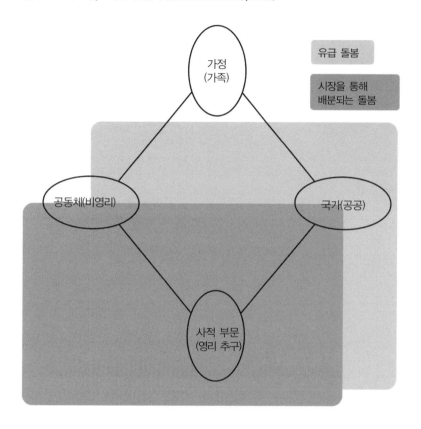

다. 직접적으로 맞닿는 인격적 서비스로서 돌봄은 제공과 동시에 소비되기 마련인데, 그러면서 제공자와 수혜자가 서로 관계를 맺는다. 이는 생산자와 소비자가 대개 결코 만날 수 없으며 소비가 그 생산으로부터 공간적·시간적으로 분리될 수 있는 공산품과 크게 다른 점이다. 그 결과 돌봄의 질은 적어도 부분적으로는 제공자와 수혜자 사이에 발전된 관계의 질quality of relation에 달려 있다. 제공자가 돌봄 수혜자에게 아무런 관심도 보이지 않으면 돌봄의 질은 매우 낮다고 볼 수 있다.

돌봄이 공급자와 수령자 사이의 관계를 수반한다는 것은 그 생산성을 높이기가 본질적으로 어려우며 여러 문제가 잠재적으로 발생할 수 있음을 의미한다. 경제학자 윌리엄 보물William Baumol은 어떤 산업에서는 생산성이 지속적으로 증가하지만 다른 산업에서는 생산성이 거의 증가하지 않는 이유에 관심을 기울였다. 그는 "의료, 교육, (…) 빈곤한 사람들의 돌봄"을 포함하는 후자의 산업을 "인간의 감성이 결정적이어서 노동생산성 증가에 저항하는 산업"으로 분류했다.(Baumol, 1993, pp. 17, 19)

이러한 유형의 산업에서 산출량은 소비된 그 시간 자체로 측정되는 경향이 있다. 한 시간의 보육에는 한 시간이 필요하다. 곧 그 속도를 높일 수 없다는 것이다. 그런 의미에서 누군가를 돌보는 것은 현악 4중주를 연주하는 것과 같은데, 연주자 수를 줄이거나 더 빠르게 연주한다고 해서 노동생산성이 증가하지 않기 때문이다.

물론 각 보육사가 돌보는 아동 수를 늘릴 수 있다. 그러나 어느 정도를 넘어서면 이는 돌봄의 인격적 본질을 손상시킬 수 있다. 노동을 적게 사용하면서 품질을 낮추는 것은 전혀 실질적인 생산성 증가가 아니다. 관계에 영향을 미치지 않으면서 관계를 확산시킬 수 있는 인원의 수에는 한계가 있다. 이 한계는 돌봄 욕구의 종류에 따라 다르겠지만 특정 정도 이상으로 많은 사람에게 돌봄을 확대하는 이후부터 그 품질은 낮아질 수밖에 없을 것이다. 실로, 돌봄의 영역에서는 분명히 높은 생산성 측정값이 낮은 질의 지표라고 볼 수 있다. 좋은 보육센터는 아동 대비 직원의 비율이 높은 센터로 이해되어야 한다.

이렇게 돌봄의 생산성을 높이는 것이 어렵다는 사실은 돌봄 노동자의 급료 및 조건에 영향을 미치며, 그 결과 해당 교육과 인정받는 기술을 습득할 능력에도 영향을 미친다. 이익을 증가시키려는 고용주는 임금을 삭감하나 저급한 서비스를 제공하는 식으로 노동자와 고객 둘 중 하나 혹은 둘 모두를 희생시킨다. 그 결과 돌봄 종사자의 임금은 낮아지는 경향이 있으며, 모두는 아니더라도 세계의 많은 국가에서 돌봄 영역의 노동자들에게는 돌봄 '페널티'가 부과된다.(Budig and Misra, 2010) 많은 돌봄 노동자들이 돌봄 전문적인 기술을 발전시켜왔고, 많은 국가에서 보통 사람들보다 더 훌륭한 교육을 받았지만, 그들은 임금 면에서 최악의 노동자에 속하며 가장 취약하고 가장 불안정한 조건에서 일하는 경향이 있다.

돌봄의 관계적 성격이 낳는 결과 중 하나는 제공의 연속성continuity of provision이 중요해진다는 것이다. 곧 돌봄 노동자는 특정인을 돌보는 법을 배우므로 아무렇게나 교체될 수 없다. 돌봄을 받는 사람은 자신을 보살펴주는 사람과 인격적 관계를 맺기 때문에 돌봄 노동자를 바꾸는 건 정서적으로나 건강상으로나 큰 대가가 따른다. 또 다른 결과는 돌봄 노동자의 동기부여 정도가 돌봄의 질에 담겨 있다는 것이다. 다른 숙련된 기술을 보유하는 것에 더해서 훌륭한 돌봄 노동자는 자신이 보살피는 사람과 인격적 관계를 맺을 필요가 있다. 이 때문에 그 관계에 속해 있지 않고서는 돌봄의 질에 대한 측정과 평가를 하는 게 필연적으로 어려울 수밖에 없다. 그 결과 잠재적인 구매자가 쉽게 품질을 평가할 수 있고 공급자의 변화가 특별히 나쁜 영향을 미치지 않는 일반적인 상품의 경우와는 달리, 돌봄의 수준과 효율성을 향상시키기 위한 메커니즘으로 시장이 잘 작동하지 않는다. 시장이 소비자의 이익을 위해 효율적으로 운영되기 위해서는, 품질을 쉽게 평가할 수 있어야 하고 거래 상대를 옮길 때의 거래비용은 거의 제로에 가까울 필요가 있다. 이것은 분명히 일관성consistency이 성인과 아동 모두에게 많은 이로움을 보는 돌봄의 경우에는 해당되지 않는다.

주장컨대 돌봄에 대한 분석은 페미니즘경제학의 가장 특별한 기여라고 할 수 있다. 그것은 돌봄의 특수한 측면을 이해하기 위해 발전되었지만 더 일반적인 경제 분석에도 의미가 있다. 많은 유형의 업무에서 관계가 중요하고, 질에 대한 평가가 어려우며, 공급자를 바꾸면 비용이 많이 든다. 사실, 이러한 특징들이 몇몇 유형의 일에서만 특정하게 나타나는 것이 아니며, 정도의 차이는 있지만 보다 일반적으로 적용된다고 말할 수 있을 것이다. 만일 그렇다면, 돌봄의 이론은 페미니즘경제학이 그야말로 더 나은 경제학이라는 주장을 뒷받침하는 또 다른 사례가 된다. 이는 전통적인 주제에 관심이 있는 사람들에게도 해당되는 이야기일 것이다.

웰빙, 투자 및 인프라에 대한 폭넓은 정의

위의 논의에서 나오는 한 가지 결과는 페미니즘경제학자들이 점차 개인과 사회 두 차원에서 모두 웰빙well-being을 폭넓게 정의해 사용하자는 주장의 옹호자로 되고 있다는 것이다. 그들은 여성들이 다른 사람을 돌보기 위해 자신들의 물질적 생활수준을 기꺼이 양보하려는 것에서 입증되듯이, 기존의 경제지표가 여성들이 분명히 관심을 가지고 있는 것 대부분을 포착하는 데 실패하고 있다고 주장한다. 앞에서 주장한 바와 같이, 사회에서 돌봄노동을 보다 총체적이고 공평하게 조직하는 접근법이 여성 개개인에게 이익이 되겠지만, 여성들은 돌봄노동을 더 가치 있게 평가하는 보다 평등한 사회에 있을 때도 다른 모든 이들과 더불어 이익을 얻을 것이다. 더 평등하고 더 많이 돌보는 사회에 사는 삶이 주는 이점은 단지 개인적 차원에서 측정된 웰빙 개념만으로는 잘 포착되지 않는다.

페미니즘경제학은 그러한 폭넓은 웰빙 개념과 일관되게 투자를 정의한다. 페미니즘경제학은 투자를 미래에 편익을 얻기 위해 들어간 지출로 정의하면서, 그러한 편익을 화폐적 이득으로 국한하지 않고 모든 형태의 웰빙을 거기에 포함하고자 한다. 따라서 교육·보육·건강을 위한 지출은 미래에 대한 투자인데, 왜냐하면 투자에 따른 편익(더 많은 교육, 보다 나은 보살핌, 더 건강한 사람들, 여성을 위한 더 많은 기회 등)들이 현재에만 발생하지 않고 미래에서 지속되기 때문이다. 인프라에 대한 지출도 그러한 투자에 해당되는데, 이로부터 개인들의 건강·돌봄·교육이 향상될 뿐 아니라 사회 전반의 편익이 커진다.

이론상 주류 경제학은 이에 동의하지 모르나, 현실에서 그들은 지출에 대한 미래의 편익을 화폐적 측면에서 평가할 수 있을 때만 '투자'라는 용어를 제한적으로 사용하는 경향이 있다. 이런 사실은 특히 인프라 투자에서 두드러지는데, 국민계정체계 작성에 활용되는 국제적 체계에서 인프라 투자는 물질적 인프라로만 제한된다. 따라서 건설노동자를 고용하여 학교를 세우는 데 들어가는 비용은 인프라 지출로 잡히지만 교사를 채용하는 비용은 제외된다. 이것은 공공지출에서 젠더 편향성을 일으키는데, 이로 인해 인적자본·돌봄·의료·교육에 대한 투자가 외면되는 대신 물적자본·교통·건물에 대한 투자가 선호된다. 젠더 편향성은 투자의 결과로 누가 편익을 얻는지에만 있지 않고 투자를 통해서 누가 고용되는지의 문제에 도 나타나는데, 왜냐하면 거의 모든 나라에서 물질적 인프라physical infrastructure가 남성을 더 많이 고용하는 반면 사회적 인프라social infrastructure는 자주 여성을 더 많이 고용하기 때문이다.

결론

이 장은 페미니즘경제학의 주요 공헌에 대해 간략히 설명했다. 특히, 다음과 같은 점들을 알아보았다.

1. 사람들은 시장을 통하는 것 말고도 다른 여러 가지 방식으로 서로 관계를 맺는다. 이때 상호의존성이야말로 사람들이 서로 관계하는 방식의 성격을 더 정확하게 나타낼 수 있으며, 사회를 개선하고자 구상할 때 자기중심적인 독립적 개인에 기초하는 모형보다 더 알맞은 기반을 제공한다.
2. 동일한 가족구성원이라도 선호, 관심 및 선택은 다를 수 있다.
3. 사회규범은 사람들이 원하고 행동하는 것에 영향을 미치며, 이러한 규범은 분석될 수 있는 방식으로 변화한다.
4. 돌봄의 특성은 공산품 생산에 기초한 모델에서 벗어나 제공을 설명할 수 있는 대안적 모델을 제시할 수 있다. 그 대안적 모델은 여러 가지 많은 유형의 일에도 적용된다.
5. 웰빙, 인프라 및 투자에 대해 폭넓은 정의가 필요하다. 그것은 사회적 인프라에 대한 투자를 포함해야 한다.

주류 경제학뿐 아니라 많은 이단적 경제학도 이러한 특성을 인식함으로써 개선될 것이다. 그런 의미에서 페미니즘경제학은 단지 경제학의 또 다른 학파, 곧 여성만을 위한 경제학이 확실히 아니며 간단히 말해 더 나은 경제학이다. 그러므로 경제학자들은 페미니즘경제학자가 됨으로써 어떤 주장이든 더 잘 설득할 수 있을 것이다.

📖 더 읽을거리

Agarwal, B. (1997), ' "Bargaining" and Gender Relations: Within and Beyond the Household', *Feminist Economics*, Vol. 3, No. 1, pp. 1 –51.

Beneria, L. (2003), *Gender, Development & Globalisation. Economics as If All People Mattered*, New York: Routledge.

England, P. (2003), 'Separative and Soluble Selves: Dichotomous Thinking in Economics', in: Ferber, M. and Nelson, J. (eds.), *Feminist Economics Today*, Chicago: University of Chicago Press, pp. 33 – 55.

Folbre, N. (2015), 'Valuing Non-Market Work', UNDP Human Development Report Office, retrieved from: http://hdr.undp.org/sites/default/files/folbre_hdr_2015_final_0.pdf [accessed 9/6/2016].

Himmelweit, S. (2002), 'Making Visible the Hidden Economy: The Case for Gender-Impact Analysis of Economic Policy', *Feminist Economics*, Vol. 8, No. 1, pp. 49 –70.

Himmelweit, S. (2007), 'The Prospects for Caring: Economic Theory and Policy Analysis', *Cambridge Journal of Economics*, Vol. 31, No. 4, pp. 581 –599.

Nelson, J. (1995), 'Feminism and Economics', *Journal of Economic Perspectives*, Vol. 9, No. 2, pp. 131 –148.

Nelson, J. (2008), 'Feminist Economics', in: Durlauf, S. and Blume, L. (eds.), *The New Palgrave Dictionary of Economics*, Second

Edition, London: Palgrave Macmillan, retrieved from: www.
dictionaryofeconomics.com.gate2.library.lse.ac.uk/article?id=pde2008_
F000286&edition=current&q=julie%20nelson&topicid=&result_
number=1.

Office of National Statistics (2016), Output approach to gross domestic
product(GDP), retrieved from: https://www.ons.gov.uk/economy/
grossdomesticproductgdp/methodologies/outputapproachtogrossdomes
ticproductgdp.

Rai, S. and Waylen, G. (eds.) (2014), *New Frontiers in Feminist Political
Economy*, London: Routledge.

Rubery, J. (2005), 'Reflections on Gender Mainstreaming: An Example of
Feminist Economics in Action?', *Feminist Economics*, Vol. 11, No. 3, pp.
1-26.

Rubery, J. and Karamessini, M. (eds.) (2013), *Women and Austerity: The
Economic Crisis and the Future of Gender Equality*, London: Routledge.

또한 『페미니즘경제학』 저널에서 많은 자료를 참조할 수 있다.

필자는 이 리스트를 작성하는 데 도움을 준 점에 대해, 두 개의 훌륭한 페미니즘경제학 석사과정을 맡고 있는 선생들에게 감사를 표하고 싶다. 하나는 런던정치경제대학교의 '페미니즘정치학과 정책 입문'으로 나일라 카비어Naila Kabeer, 다이안 페론스Diane Perrons, 애니아 플로미엔Ania Plomien이 가르치고 있다. 다른 하나는 런던대학교 동양·아프리카학교에서 한나 바르가위Hanna Bargawi가 가르치고 있는 '젠더 경제학'이다. 만약 이 장이 페미니즘경제학에 대한 독자의 관심을 자극했다면, 이 과정들이 향후 관심을 발전시키는 데 최고의 선택이 될 것이다.

행동경제학

집필자
스티븐 영
_ 영국 브라이턴대학교 부교수

행동경제학Behavioural Economics은 인간이 왜, 언제, 그리고 어떻게 대부분의 경제학 교과서에 등장하는 표준 경제학 모델로 설명되지 않는 방식으로 흔히 행동하는지 설명하기 위해 심리학의 통찰력을 이용한다. 어떤 이들은 행동경제학이 표준 경제학 모델의 지배에 대한 중대한 도전을 대표한다고 주장하지만, 다른 이들은 표준 경제학 모델이 행동경제학적 요소를 통합하여 조정됨으로써 한층 더 강력하고 유용해질 수 있다고 생각한다. 둘 중 어느 쪽이든 행동경제학은 리처드 탈러Richard Thaler와 캐스 선스타인Cass Sunstein의 『넛지』, 댄 에리얼리Dan Ariely의 『상식 밖의 경제학』, 대니얼 카너먼Daniel Kahneman의 『생각에 관한 생각』과 같은 책의 인기에 힘입어 실천적으로 적용되면서 빠르게 성장하고 있으며, 지금은 학계를 넘어 경영계와 정책 분야에서 주류로 자리 잡았다. 행동경제학은 (2010년 영국 정부가 설립했으며 2014년에 일부 민영화된) '넛지 유닛'이라 알려진 행동통찰력팀Behavioral Insight Team, BIT과 같은 조직이 행동경제학을 포함하는 행동과학의 아이디어를 정책결정 과정에 도입함으로써 대중들 사이에서 더욱 유명해졌다. 이 장에서는 표준 경제학 모델과 행동경제학 사이의 주요 차이점을 검토하고, 경제학에서 심리학이 차지하는 위치에 관한 역사를 간략히 보여줄 것이다. 그리고 행동경제학의 핵심 원리를 개략적으로 보여주며, 이 원리들이 전세계적으로 공공정책에 어떻게 영향을 미쳐왔는지를 서술한다.

'표준' 경제학에서의 의사 결정

표준 경제학 모델

대부분의 경제학교과서들이 거의 다루지 않는 표준 경제학 모델의 가장 근본적인 가정을 닉 윌킨슨Nick Wilkinson과 매티어스 클레이스Klaes은 『행동경제학입문Introduction to Behavioral Economics』에서 서술하고 있다. 그들이 지적하길, 표준 경제학 모델에서 사람들은 다음과 같은 특성을 지녔다고 가정된다. 곧 합리적이며, 기대효용극대화에 따라 동기부여되고, 이기심에 지배되며, 다른 사람들의 효용을 고려하지 않는다. 그리고 (예컨대 베이지언 확률* 연산처럼) 가정이 참일 확률을 계산해 부여할 수 있고, 시간이 흘러도 선호도가 일관되며 할인된 효용에 따라 시간선호를 표현하고(일반적으로 나중의 만족보다 즉시 얻을

● 확률론은 크게 빈도론과 베이지언 추론으로 나뉜다. 우리가 통상적으로 알고 있는 것은 빈도론으로, 이는 주사위 던지기처럼 어떤 일이 일어날 확률을 경험적으로 검증할 수 있는 객관적 지식에 사용된다. 반면 베이지언 추론은 가령 한국인이 김치를 좋아할 확률처럼 충분한 데이터나 실험으로 검증할 수 없는 경우에 사용된다. 간단히 말하면, 우리가 가진 지식이나 판단이 참일 확률을 계산하는 경우에 베이지언 추론이 활용된다.

수 있는 만족을 선호하는 것으로 나타난다), 모든 소득과 자산을 대체 가능하거나 치환될 수 있는 것으로 취급한다. 따라서 표준 경제학 모델의 세계에서는 사회와 환경에 동떨어져 나온 계산적이고 냉정한 효용극대화주의자, 때로 호모에코노미쿠스라고 불리는 존재들이 가득하다. 모아놓고 보면, 표준 경제학 모델의 공리들은 인지심리학자 및 사회심리학자들이 연구한 인간행동의 많은 부분에서 한참 멀리 벗어나 있다. 표준 경제학 모델에서 상정하는 '반反 행동적unbehavioural' 경제행위자로 경제이론을 더 쉽게 형식화할 수는 있겠지만 그것이 실제 인간행동을 포착하는지는 논쟁의 여지가 있다.

표준 경제학 모델의 난점: 교과서 밖의 진실들

"경제학교과서를 쓸 수 있다면 나는 누가 국가의 법을 기록하는지, 뛰어난 논문을 공들여 쓰는지 신경 쓰지 않는다"라는 노벨상 수상자 폴 새뮤얼슨의 말이 자주 인용되고 있다. 그러나 새뮤얼슨은 교과서에서 누락된 것이 거기에 포함된 내용만큼 중요할 수 있다는 점을 빼먹고 언급하지 않았다. 대부분의 경제학교과서는 실제 행동의 근간을 이루는 중요한 많은 요소들을 고려하지 않는다. 이 목록에는 다음과 같은 단어와 개념이 포함된다. 이를테면 이타주의, 기준점 효과anchoring, 편향, 제한된 합리성, 제한된 의지력, 제한된 자기이익, 소유효과, 감정, 공정성, 프레이밍효과, 휴리스틱, 손실기피성향, 호혜성, 사회규범이 그런 것들이다. 리처드 탈러는 이것들과 더불어 훨씬 더 많은 것들이 표준 경제학 모델에서는 "겉보기에 무의미한 요소들"이라고 묘사한다. 불행히도 겉보기에 무의미한 요소들은 인간행동의 핵심 요소를 포함하고 있으며, 이들 모두는 '경제적' 의사결정에 강력한 영향을 미칠 수 있다.

우리가 항상 최소한의 투입물로 결과를 극대화하는 방법을 고려하면서 각 결정의 비용과 편익을 신중하게 계산하는 합리적 의사결정자라는 가정은, 인간이 초합리적인 로봇hyper-rational robot처럼 행동하는 비현실적 모델로 우리를 이끈다. 실제 세계에서 표준경제학은 많은 현상들을 설명하는 데 어려움을 겪고 있다. 예컨대 우리는 더 이상 쓸모가 없어진 것들에 집착하고, 복권을 사며, 이기기를 좋아하는 것보다 지는 것을 싫어하는 정도가 더 크며, 유혹에 굴복하는 등등의 모습을 보인다. 반대로 행동경제학은 보다 현실적인 접근방식을 취하면서 우리가 경제행위자economic agent이자 인간human being이라고 가정하는데, 이 가정은 우리의 모든 의사결정에서 의미를 가진다.

의사결정과 선호, 현시된 것과 그렇지 않은 것들

폴 새뮤얼슨이 개척한 현시선호이론theory of revealed preferences은 개인의 선택을 분석하는 방법이다. 이 이론은 사람들의 실제 구매결정을 중요하게 다루는데, 사람들은 보통 다양한 대안을 놓고 선택해야 한다. 경제행위자는 표준 경제학 모델의 합리적 선택 가정에 입각해 신중한 의사결정 과정을 거친다. 이 개념에서는 우리가 실제로 하는 선택으로 드러나는 선호가 중요하다. 그러나 이 이론은 사람들이 내리지 않은 결정과 그들이 그런 결정을 내리지 않는 이유를 밝혀줄 수 없다. 이제 심리학과 행동경제학으로 들어가자.

우리는 매일 결정을 내린다. 수십, 수백, 수천, 얼마나 많은지는 아무도 모른다. 각각의 결정은 많은 요인의 결과다. 몇몇은 논리에 근거하지만 다른 것들은 습관적이다. 대부분은 맥락과 우리 주변 사람들의 영향을 받는다.

의사결정의 전통적인 개념은 다음 단계로 이루어져 있다. 상황을 판단하고, 취할 수 있는 행동들을 생각하고, 어떤 행동이 가장 이익이 되는지 계산하고, 행동을 실행한다. 행동을 계산하는 세번째 단계가 표준경제학의 핵심인데, 여기서 행위자들은 이기적 효용의 극대화를 목표로 합리적 계산에 들어간다. 불행히도, 이것은 우리를 인간답게 만드는 동시에 우리의 의사결정에 중대한 영향을 미칠 수도 있는 행동 특성들을 무시한다. 이것을 이해하는 한 가지 방법은, 신고전주의의 가정과 달리 우리의 의사결정이 두 가지 행동체계의 상호작용에서 비롯된다는 사실을 인식하는 것이다.

행동경제학의 의사결정

행동경제학의 토대로서 경제학과 심리학

우리가 현재 경제학으로 알고 있는 학문의 창시자로 여겨지는 애덤 스미스는 인간이 두 가지 생각을 가질 수 있다는 것을 알았다. 글래스고대학의 도덕철학과 교수(경제학과 교수가 아니다!)인 스미스는 『국부론The Wealth of Nations』(1776)으로 가장 유명하지만, 그보다 앞서 다른 저작인 『도덕감정론Theory of Moral Sentiments』(1759)을 저술했다. 여기에서 호혜성, 동정심, 위험 및 확률과 같은 개념을 다루면서 심리작용으로 추동되는 개인의 행동에 대한 설명을 하고 있다. 비록 경제학의 아버지로 여겨지지만 그는 인간이 합리적 계산기계가 아니라는 것을 알고 있었고, 그의 생각에는 손실기피와 같이 현대 행동경제학에 반향을 일으킨 개념이 깊이 담겨 있다.

스미스를 따라 공리주의 철학자 제레미 벤담Jeremy Bentham은 효용의 심리학적 기초에 관한 생각을 광범위하게 저술했다. 심리적 요인들이 프랜시스 에지워스Francis Edgeworth, 빌프레도 파레토Vilfredo Pareto, 어빙 피셔Irving Fisher, 특히 존 메이너드 케인스의 저술에서 발견되지만 심리학은 신고전주의경제학의 부상과 함께 경제학에서 사라졌다. 앨프레드 마셜의 『경제학원리Principles of Economics』(1890)에 따라 경제학자들은 이 분야를 자연과학으로 재구성했는데, 그 결과 근본적으로 합리적인 심리 작용에 기초하는 '경제적 인간'이 등장했다. 이것은 행동경제학의 현대적 발전을 예고한 심리학이 재등장할 때까지 경제학의 지배적 패러다임으로 되었다. 1930년대 무렵 존 메이너드 케인스는 경제침체의 원인과 더불어 '야성적 충동'의 형태로 투자결정을 이끄는 인간 심리의 역할에 대해 숙고했다. 1950년대 허버트 사이먼은 의사결정에 관한 경제학과 심리학의 설명을 비교한 후 합리적인 의사결정이 실현 가능성이나 시간에 제한을 받기 때문에 '제한적 합리성'이 나타난다는 생각을 발전시켰다. 1960년대에 이르자 인지심리학cognitive psychology은 뇌를 정보처리장치로 묘사하기 시작했다.

심리학자인 아모스 트버스키Amos Tversky와 대니얼 카너먼Daniel Kahneman은 위험과 불확실성의 조건 아래서 이뤄지는 인지적 의사결정모델과 경제학의 합리적 행동 모델을 비교한 후 인간의 실제 의사결정이 표준 경제학 모델의 기본 가정을 자주 위반하고 있음을 보여주었다.*

● 행동경제학은 심리학으로부터 출발한다. 심리학은 크게 '행동심리학'과 '인지심리학'으로 분류될 수 있는데, 전자는 외부로 표현된 인간의 행동과 외적 동기에 역점을 두는 반

두 가지 행동 시스템: 빠른 것과 느린 것

행동경제학을 떠받치고 있는 '두 시스템two system' 모델은 고대 그리스로 거슬러 올라갈 수 있다. 플라톤은 『국가』에서 특정 범주의 사물에 대한 근시안적인 이끌림이라 할 수 있는 욕망desire 의 직접성을, 인간 영혼에서 "전체 영혼을 대표해 지혜와 선견지명으로 다스리는" 역할을 맡은 이성reason 의 폭넓은 시야와 대조시킨다.

현대로 들어와서 이 두 가지 행동양식의 특징은 2010년에 출판된 대니얼 카너먼의 '빠르게 생각하기와 느리게 생각하기Thinking Fast and Slow' 라는 책 제목*으로 잘 표현됐다. 카네만 등은 행동경제학의 이해에 중요한 두 가지 시스템의 특징을 다음과 같이 정리한다.

시스템 1은 빠른 생각Fast Thinking 이다. 빠르며 격렬한 이 시스템은 뇌의 변연계limbic system 의 작용이라고 할 수 있는데, 무의식적이고 감정, 고통, 식욕 및 성적 반응을 통제한다. 우리는 이 시스템에 의식적으로 개입할 수 없으며, 우리가 해야 할 많은 일들은 이 시스템에 의해 무의식적으로, 흔히 직감과 직관에 따라 통제된다. 그것은 연상적associative 인 작용이며 노력 여하와 무관하다. 그것은 인내심이 없는 경향이 있고, 단기 지향적이며, 즉각적인 만족을 추구한다. 우리의 모국어가 이 시스템으로 작동한다. 한 대상이 다른 대상보다 더 멀리 있다고 탐지하는 것도 이 시스템이다. 그것은 '빵과…'라는 말 뒤에 자연스럽게 '장미'라는 말을 연상하고, '2+2=?'에 대답한다. 그것은

면, 후자는 그러한 행동을 유발한 인간의 내부적 요인, 곧 본성(마음)과 문화적 맥락에 주목한다. 행동심리학은 행동경제학에 심리학적 근거를 제공하는 반면, 제도경제학은 사회심리학과 인지심리학의 전통에 가깝다.

● 국내에는 『생각에 관한 생각』이라는 제목으로 출간되었다.

'난기류가 심해서 우리 모두 죽을 거야!'라고 생각한다. 실제로는 복잡한 과정을 거쳐 나오는 이 시스템 1의 행동은 만화 주인공 호머 심슨Homer Simpson처럼 단순하고 욕망대로 행동하는 캐릭터로 희화화되곤 한다. 혹은 원한다면 호모사피엔스가 그렇다고 할 수도 있다.

시스템 2는 느린 생각Slow Thinking이다. 느린 시스템은 냉정하고 사려 깊으며 복잡하고 성찰적인 사고의 본거지다. 시스템 2는 계획, 합리성, 통제와 노력의 중심지이며 느리고, 참을성이 있고, 자각하며, 침착하고, 논리적이다. 장기적으로 판단하기 때문에 시스템 2는 만족을 지연시킬 수 있다. 그것은 세금 양식을 작성하고 전화번호를 기억하는 우리의 의식적 사고인 동시에 우리의 제2의 언어를 맡는다. 그것은 '이 난기류가 나쁘긴 하지만 통계는 비행이 안전하다는 것을 보여준다'고 생각한다. 시스템 2에서 생각은 복잡하지만 사람들은 그렇지 않다. 곧 우리는 직면하고 있는 제약 아래서 목적함수(대체로 효용이 이 함수에서 구하고자 하는 값이다)를 극대화할 수 있는 선택을 한다. 우리는 세계의 서로 다른 상황에 대한 예상 확률을 계산함으로써 우리의 기대효용expected utility을 극대화한다. 결정에 직면해 우리는 모든 이용 가능한 정보를 고려하고, 각 선택의 기회비용을 비교하며, 한계편익이 한계비용에 도달할 때까지 활동을 해나간다. 시스템 2의 생각은 때때로 〈스타트랙Star Trek〉의 냉정하고 논리적인 캐릭터인 스팍과 비교되며, 혹은 '호모에코노미쿠스'라 부를 수도 있다.

수많은 연구와 실험에 따르면 실제로 빠르거나 격정적인 시스템이 자주 합리적 경제인의 냉정한 성찰을 뒤엎어버린다. 심리학자 월터 미셸Walter Mischel은 아이들에게 마시멜로를 먹지 않고 참는다면 마시멜로 두 개를 보상으로 주겠다고 제안했다. 많은 아이들이 유혹을 이겨내지 못했는데, 이는 우리의 관심사가 우리의 실제 행동으로 언제나 가장 잘 성취되지는 않는다는 걸 보여준다.

전망이론, 손실회피 및 소유효과

카네만과 트버스키의 전망이론Prospect Theory에 대한 논문은 사회과학에서 가장 많이 인용되는 논문 중 하나가 되었다. 전망이론은 불확실성 아래서 이루어지는 의사결정을 설명하는 모형이다. 돈이나 지위를 대상으로 한 목적함수를 사용하며, 수평축은 이익이나 손실을 나타내고 수직축은 개인의 주관적인 심리반응을 나타낸다. 두 축 모두 자신의 현재 상태에서 이동할 수 있다. 이 이론은 이익과 손실의 한계가치가 점차 줄어들 뿐 아니라 이익보다 손실의 경우에 그 기울기가 더 가파르다는 것도 보여준다. 이는 같은 양의 이익보다 손실을 더 크게 느낀다는 것을 의미한다. '손실회피loss aversion'라 불리는 이런 성향 때문에 사람들은 손실을 이익의 두 배와 같은 값으로 평가하는데, 이는 경험적 연구로 뒷받침되었다. [그림 6.1]은 100달러를 잃어버리는 것의 비효용(만족감의 상실과 분노)이 100달러를 얻는 효용(만족과 기쁨)의 두 배와 같다는 사실을 보여준다.

전망이론은 사람들이 손실회피적일뿐만 아니라 최종 상태보다 변화에 민감하며, 선택이 다른 형태로 제시될 때는 선호가 일관성을 잃고, 낮은 확률을 과대평가하는 동시에 높은 확률을 과소평가할 수 있다는 걸 보여준다. 전망 이론의 함의는 다음과 같다. (a) 위험에 대한 우리의 자세는 비대칭적이다. 곧 선택이 이득에 초점을 둔 프레임으로 제시되면 위험을 기피하지만, 반대로 우리가 이미 손실을 본 상태라면 위험을 추구한다. (b) 이익이든 손실이든 부富의 변화가 미치

[그림 6.1] 전망이론

출처: Kahneman&Tversky(1979)에 근거함

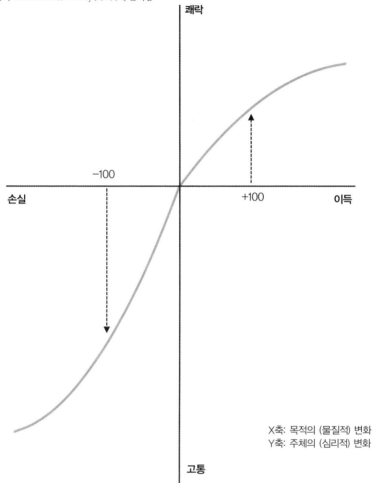

는 영향력은 장기적인 상황의 영향력보다 더 크다. (c) 각각의 기댓값이 같을지라도 우리는 덜 확실한 이득보다 확실한 이득을 더 높게 평가하는 경향이 있다. (d) 비록 나중에 더 큰 위험에 처하게 될지라도 우리는 확실한 손실을 피하기 위해 지푸라기라도 잡으려 할 것이다.

상당한 (실험) 문헌들이 사람들 사이에 자신이 소유한 것에 더 높은 가치를 두는 손실회피가 일반화되어 있으며, 그로 인해 소유한 물건들을 그와 동등한 가치의 돈을 받고도 포기하지 않으려는 '소유효과endowment effect'가 나타난다는 점을 보여준다. 우리는 손실을 이득보다 더 예민하게 느끼는 경향이 있는 동시에 최종 결과와는 별개로 이익과 손실의 영향을 느낀다.

손실회피는 경제학을 넘어 사회현상을 설명할 때 신념과 아이디어의 경우에도 적용될 수 있다. 즉 손실회피는 일단 우리가 어떤 명분이나 신념에 많은 시간이나 에너지를 투여하면, 실수를 저질렀다는 걸 인정하기가 훨씬 더 어려워진다는 것을 의미한다.

시간과 관련된 편향

개인, 기업 또는 정부는 종종 단기적 보상과 장기적 편익 중 하나를 선택해야 한다. 이런 시점 간 선택inter-temporal choices은 서로 다른 시간대에 발생하는 비용과 편익을 저울질하는 문제를 포함하고 있다. 표준 경제학 모델의 할인효용모델Discounted Utility Model은 이 모든 변수들을 할인율 안에 녹여낼 수 있다고 가정하며, 예상 사건의 가치를 지연의 함수function of delay로 나타낸다.* 이 곡선은 각 지연 시간 단위마다 일정한 비율을 남아 있는 가치에서 공제한 것에 기반하는데, 이를 고려하면 우리는 사람들이 비슷한 가치의 두 보상에 대해서 나중에 주어지는 것보다 더 일찍 주어지는 것을 선호한다는 사실을 확

● 한 재화의 소비에 대한 효용이 시간에 따라 감소하는 것을 나타내는 함수. x라는 재화를 소비했을 때의 효용을 $u(x)$라고 하고, 시간에 따른 효용의 할인율이 r(단, $0<r<1$)이라고 하면, 특정 시점 t에서 x를 소비했을 때 얻을 수 있는 효용은 $r^t u(x_t)$로 나타낼 수 있다. 따라서 t가 0일 때의 현재 소비가 언제나 미래 소비보다 크다.

인할 수 있다. 우리는 지연의 길이에 따라 증가하는 비율로 나중 보상의 가치를 할인한다. 이 시간일관적 할인모델time-consistent model of discounting은 의사결정이 모든 시간에 걸쳐 일관성을 가진다고 가정한다. 즉 우리는 마음을 바꾸지 않는다는 것이다.

그러나 우리는 시간이 지남에 따라 일관성을 잃으며, 우리의 선호가 바뀔 수도 있다는 걸 인식해야 한다. 마치 의사결정을 할 때 우리는 수많은 상이한 '자아'를 가지게 되며, 각 '자아'는 상이한 시점의 서로 다른 의사결정자를 대표하는 것과 같다. 심리학자 조지 에인슬리George Ainslie에 따르면 호모에코노미쿠스와 달리 호모사피엔스는 흔히 더 안 좋은 결과를 가져오지만, 더 빨리 달성되는 목표를 일시적으로 선호하는 경향이 있다. 목전의 쾌락은 빠른 시스템 1에서 즉시 보상을 지급하지만, 만족을 연기하고 미래의 비용과 편익을 계산하려면 우리는 시스템 2의 느린 합리성에 의식적으로 몰두해야 한다. 그리고 현재의 즉각적인 비용과 편익은 미래의 것들보다 더 선명하고 눈에 잘 띈다. 우리는 이러한 인지구조를 대체로 알지 못하며, 이런 이유로 우리 자신이 거기에 굴하게 될 것인지 예상할 수 없다. 그래서 내일이 오면 우리는 아마 바로 비용과 편익을 다시 계산함으로써 우리의 결정을 바꿀는지도 모른다. 하지만 어쨌든 내일 무슨 일이 일어날지 누가 알겠는가?

너무 많은 정보와 너무 많은 선택?

교과서에 나오는 완전경쟁모델에서 균형은 공급과 소비자 수요가 만나는 지점에서 이루어진다. 경쟁적 시장의 공급자는 제품을 차별화하지 않고, 가격만 다를 뿐인 동종제품을 판매한다. 어떤 기업도 시장지배력을 가지지 못하기 때문에 모두가 시장이 결정하는 가격으로 판매해야 한다. 이윤이 높으면, 새로운 기업이 시장에 진입해 공급을 늘리고, 따라서 가격이 하락하므로 초과이윤이 사라진다. 만약 너무 많은 기업이 시장에 진입했다면, 가격이 하락해 몇몇 기업들이 사업을 접을 것이고, 가격은 지속 가능한 수준으로 상승할 것이다. 완전경쟁 아래서는 어떤 회사도 장기적으로 잉여이윤을 만들 수 없다.

정보는 완전경쟁의 교과서식 모델을 위한 윤활유다. 모든 참가자는 관련된 모든 정보에 동등하게 접근할 수 있으며, 그에 따라 가격은 모든 가능한 정보를 반영해서 정해질 것이다. 완전경쟁은 완전한 정보를 필요로 한다. 즉 표준 경제학 모델에는 '너무 많은 정보too much information'와 같은 개념은 존재하지 않는다. 하지만 현실은 극히 드문 경우에만 관련된 모든 정보를 이용할 수 있으며, 심지어 그런 경우라도 우리가 처리할 수 있는 정보량에는 한계가 있다. 그래서 우리는 종종 중요한 세부사항을 걸러내게 되며, 그로 인해 값비싼 비용을 치르기도 한다. 이콘econ이 아닌 인간human은 정보의 과부하로 괴로워할 수 있다. 그 때문에 인간은 생각이 마비돼 의사결정을 내리지 못하고 나쁜 선택을 해버릴 수 있다.

심리학자 T. D. 윌슨T. D. Wilson은 다음과 같이 말한다.

어떤 순간에도 우리의 오감은 1100만 개가 넘는 정보를 취하고 있다. (…) 우리의 눈만으로도 초당 1000만 가지 이상의 신호를 수신하여 뇌로 전송한다. (…) 가장 후한 추정치에 따르면 사람들은 대략 초당 약 40개의 정보를 처리할 수 있다. 한번 생각해보자. 우리는 초당 1100만 건의 정보를 받

아들이지만 그중 40건만 처리할 수 있다.(윌슨, 2004, 24쪽)

공급 측면과 수요 측면 모두에서 참여자가 다수인 표준 경제학 모델의 최적 시장구조는 선택의 가짓수를 최대화하며, 선택이 증가함에 따라 권력이 분산된다는 주문呪文을 외운다. 한때 경제학과 시장 운영에 국한되던 이 주문이 이제 정치적 담론으로 들어가 정책에도 중대한 영향을 미치고 있다.

그러나 선택권이 증가하는 건 의사결정을 내릴 때 시간과 자원이 제약되어 있는 인간에게 문제가 될 수 있다. 쉬나 아이엔가Sheena Iyengar와 마크 레퍼Mark Lepper는 실험참가자들에게 제한된 수의 선택지를 제시하는 실험과 많은 선택지를 제시하는 실험을 각각 실시해보았다. 잼이든 초콜릿이든 종류에 관계없이 더 적은 수의 선택지를 놓고 선택하는 참가자들이 더 많은 선택지가 주어진 사람들에 비해 더 만족했으며 재구매 의사를 더 많이 나타냈다.

이런 실험들과 유사한 연구들은 선택지가 증가할수록 선택에 대한 불만족이 커진다는 사실을 보여준다. 사람들은 압도되거나 우물쭈물거리며, 나중에 선택을 후회할 가능성을 걱정하다가 의사결정 과정이 마비되는 결과가 나올 수 있다. 사람들은 결정에 대한 자신감을 잃고, 아무것도 하지 않거나 최소만 함으로써 선택을 포기할 수도 있다. 관성편향inertia bias에 빠지는 것이다. 이는 후회를 피하고자 하는 본능이 선택에서 감지되는 이득보다 더 클 때 악화될 수 있으며, 손실회피로 이어진다. 심리학자 배리 슈워츠Barry Schwartz가 주장한 바와 같이, "선택의 수가 증가함에 따라 선택지가 다수일 때의 부정적 측면이 등장하기 시작하는데, (…) 궁극적으로 과부하가 된다. 이

지점에 이르면 선택은 더 이상 자유를 주지 않으며 오히려 심신을 약화시킨다."(Schwartz, 2004, p. 2)

인터넷과 같은 기술은 사람들에게 정보와 선택의 폭을 성공적으로 넓혀주었지만, 현재 슈퍼마켓 업계를 비롯한 경영계에서는 선택 과부하 문제를 놓고서 여러 생각과 고민을 하고 있다. 평균적 영국 가정은 매년 300~400개의 제품을 구입하는데, 그중 150개는 정기적으로 구매하는 품목으로, 매주 약 40개의 품목을 산다. 상품 범위가 제한된 알디Aldi 및 리들Lidl과 같은 유럽 대륙의 할인점이 최근 몇 년 동안 영국에서 급속도로 성장했는데, 이들은 약 2000개의 제품을 보유하고 있다. 이는 약 8만 개의 품목을 갖춘 영국의 빅5 슈퍼마켓과 비교된다. 2015년 영국 슈퍼마켓 테스코Tesco의 새 사장은 비용을 절감하고 일상의 쇼핑을 간소화하기 위해 9만 개 제품 중 30%를 삭제하겠다는 계획을 발표했다.

휴리스틱과 편향

표준 경제학 모델은 사람들이 시장의 효율적인 운용을 용이하게 해주는 정보에 적절히 반응한다고 가정한다. 하지만 실제 현실에서는 많은 경우에 사람들에게 적절한 인지능력, 필요한 연산능력, 그리고 자제력이 부족하다. 그러므로 인지능력을 경제적으로 사용하기 위해 휴리스틱heuristics이라고 알려진 경험법칙rules of thumb을 적용한다. 휴리스틱이란 일종의 정신적 지름길이거나, 상황에 신속히 반응할 때 두뇌가 이용하는 의사결정 규칙이다. 그것은 대부분의 환경에서 잘 작동하지만, 특히 확률과 관련된 복잡한 상황 아래서 적용할 때는 규칙적 오류와 함께 부정확한 답을 내놓을 수 있다

카너먼과 트버스키는 의사결정에서의 휴리스틱을 발견하고자 하는 많은 저술을 허버트 사이먼이 본래 도입한 개념에 입각해 썼다. 1974년의 논문 「불확실성 아래에서의 판단: 휴리스틱과 편향」에서 카너먼과 트버스키는 의사결정에 사용되는 세 가지 유형의 경험적 방법을 확인했는데, 이것들은 "매우 경제적이며 일반적으로 효과적이지만 (…) 규칙적이고 예측 가능한 오류를 발생시킨다." 첫번째가 대표성representativeness의 유형인데, 우리는 자주 가장 관련성이 없는 자료에 기초해서 작은 표본으로부터 큰 결론을 이끌어내는 경향이 있다. '도박사의 오류*', 곧 행운과 불운의 연속에 대한 믿음이 하나의 사례가 된다. 가용성availability이 두번째 유형인데 의사결정을 내릴 때 우리는 연관성 있는 자료보다 잘 기억해낼 수 있는 자료에 근거한다. 테러리스트의 공격에 당할지 모른다는 과장된 두려움이 이에 해당된다. 기준점과 조정anchoring and adjustment이 세번째 유형인데, 적절하지 않을 수도 있는 초기값에 기초해서 추정하는 것을 말한다. 우리는 세일 가격이 '정상' 가격보다 낮기 때문에 잘 샀다고 생각하곤 한다.

프레이밍효과

우리의 결정은 선택과 선택지가 우리에게 어떻게 제시되는지에 크게 영향을 받기 때문에 더 많은 오류가 발생할 수 있다. 앞에 놓인 정보 자체에 반응하고 있다고 생각하고 싶겠지만, 우리는 의사결정

● 도박에서 계속 잃기만 한 사람이 다음번에는 자신이 딸 것이라고 생각하는 경향을 이른다. 동전 던지기에서 연속으로 5번 앞면이 나왔을 때 다음번에는 뒷면이 나올 것이라 생각하는 것도 그런 오류의 하나다.

문제가 프레이밍되는 방식에도 매우 민감하다. 사실 질문이 제기되는 프레임frame은 제시되는 실제 자료만큼 결과에 영향을 줄 수 있다. 한 예는 1리터짜리 주전자에 0.5리터의 맥주가 들어 있는 경우다. 이 상황은 절반이 남은 것으로 표현될 수도 있고, 절반이 빈 것으로 표현될 수도 있다. 종종 우리의 결정은 데이터뿐 아니라 선택한 프레임에 따라서도 좌우된다. 손실에서 이득으로 프레임을 변경하면 의사결정을 변경할 수 있으며, 항목의 순서를 다르게 제시할 때도 그렇게 할 수 있다. 한 실험에서 피험자는 암치료를 위해 두 가지 유형의 치료법을 선택해야 한다고 들었다. 피험자 중 절반은 다음과 같은 말을 들었다. "외과수술을 받은 환자 90%가 살아남아, 34%가 최소 5년을 더 살았다. 방사선 치료를 받은 환자들 모두는 치료 후 생존했지만 5년 후에는 22%만이 살아남았다." 나머지 절반은 다음의 설명을 들었다. "외과수술을 받은 환자의 10%는 수술 중 사망하고 66%는 5년 안에 사망했다. 방사선치료를 받은 환자 가운데 0%가 치료 중 사망했지만 78%가 5년 안에 사망했다."

당신은 무엇을 하겠는가? 통계는 두 경우가 다 동일하다. 방사선 치료 대신 수술을 받았을 때 더 많은 사람이 더 오래 생존한다. 데이터를 기반으로 하면 수술이 올바른 선택이다. 그렇지만 '생존' 프레임(첫번째 집단)으로 자료가 제시되었을 때는 25%만 외과수술보다 방사선치료를 선호한 반면, '사망' 프레임(두번째 집단)으로 데이터가 제시되었을 때는 42%가 방사선치료를 선택했다. 이는 수술 중 사망의 가능성이 강조되었을 때 사람들이 방사선 요법을 선택할 확률이 높다는 것을 보여준다. 그로 인해 장기적으로 생존율이 감소하는 대가를 치르게 되겠지만 말이다. 이 연구에서 더욱 주목할 점은 전문적인 훈련과 경험을 거친 의사라 할지라도 이러한 프레이밍편향framing bias의 결과로 잘못된 선택을 하기 쉽다는 것이다.

행동경제학과 및 공공정책

무명의 학문에서 영향력 있는 학문으로

공공정책은 전통적으로 표준 경제학 모델에서 파생된 전제 위에 서 있었다. 곧 소비자는 합리적이고, 정보를 효과적으로 사용하며, 자신의 이익을 추구하며, 선택에 일관성이 있다는 것이다. 개인이 합리적인 기계처럼 행동할 수 없다는 것을 입증하면서 행동경제학은 의도한 결과를 보다 성공적으로 이끌어낼 수 있는 실용적인 정책과 개입을 제안할 수 있다.

영국 총리 산하 전략실에서 수석 전략가로 있었던 데이비드 핼펀David Halpern의 『국가의 숨겨진 부Hidden Wealth of Nations』가 2010년 출간된 후 행동경제학은 영국 공공정책의 중심 무대로 옮겨갔다. 제목에서부터 이 책은 의식적으로 애덤 스미스의 1776년 저작에 대응하고 있다. 장래의 영국 총리에게 핼펀이 추천하는 것 중 하나는 "행동경제학을 받아들이라"는 것이었다. "행동경제학이 정책 입안자와 시민들에게 오늘날의 도전과제에 응하고 삶의 질을 향상시키는 강력하고도 새로운 도구를 제공할 것"이라는 근거에서였다. 핼펀은 규제와 과세, 인센티브와 처벌, 정보와 설득을 사용함으로써 사람들의 행동을 바꾸려는 전통적인 개입방식이 항상 효과 있는 것은 아니라는 점을 인식했다. 영국 정부는 이후 행동경제학을 포함한 행동과학에서 도출된 기법을 적용하는 것을 목표로 행동통찰력팀BIT을 설립했다.

BIT는 '넛지 유닛'이라고도 불렸다.

마음을 바꾸지 말고 행동을 바꾸기: 넛지

학계 외부의 대중을 목표로 겨냥한 최초의 행동경제학 서적을 들라면 단언컨대 2008년 탈러와 선스타인이 저술한 『넛지』다. 이 책은 신고전주의경제학의 교과서식 가정과 실제 인간행동의 불일치를 검토한 후 공공정책의 결과를 개선하고 행동변화를 유발하기 위해 이용될 수 있는 개입방식을 제안했다. 탈러와 선스타인이 말하는 '넛지'는 어떤 선택지도 금지하거나 경제적 인센티브를 크게 변화시키지 않으면서 예측 가능한 방식으로 사람들의 행동을 변화시키는 선택 설계의 모든 측면이다. 넛지는 "우리의 관심을 사로잡고 우리의 행동을 변화시키는 우리 환경의 작은 특징"이다. 구내식당에서 과일을 눈에 잘 띄는 곳에 두는 것은 넛지에 해당되지만 정크푸드를 금지하는 것은 넛지가 아니다. "넛지가 마음을 바꾸지 않고 행동을 바꿀 수 있다"는 것을 생각하면, 대니얼 카너먼이 『넛지』를 "행동경제학을 정책에 적용하기 위한 기본 매뉴얼"로 표현한 것도 그리 놀라운 일이 아니다.

넛지, 작고도 크다

넛지는 자유지상주의적 온정주의libertarian paternalist를 위한 선택도구로 볼 수 있으며, 행동경제학이 공공정책에 가장 두드러진 영향력을 준 사례가 되었다. 넛지는 '선택 설계자choice architect'가 만든 의사결정에서 나오는데, 선택 설계자는 사람들이 의사결정을 내리는 프레임을 설계한다. 환자에게 치료의 범위를 설명하는 의사든, 저녁을 준비하는 부모든, 새 식당을 설계하는 요리사든 모든 사람은 잠재적으로 선택 설계자일 수 있다. 이들의 선택 설계는 특정 제품을 구입할 것인지와 같이 비교적 사소한 일이나 장기기증 절차처럼 죽느냐 사느냐의 문제와 연금 가입의 의사결정에도 영향을 줄 수 있다.

연금은 복잡하고 사람들을 혼란스럽게 만든다. 사람들은 대개 연금을 위해 저축을 해야 한다는 건 알지만, 구체적인 부분에까지는 관심을 갖지 않는다. 행동경제학은 이 문제를 해결하기 위해 기본값의 힘power of default 을 사용했다. 기본값default 은 사람들이 아무런 조치도 취하지 않으면 적용되는 것으로, 때로 묵시적 동의silent consent 라고 불린다. 사람들은 종종 '선택하지 않는 것을 선택'하며, 기부 여부를 미리 정해놓거나 연금기금이 선택한 기본 투자 계획을 따르는 것처럼 기본값을 고수한다.

기본값을 바꾸는 것은 행동에 큰 영향을 줄 수 있다. 한 연구에서 회사 A는 신입사원 연금플랜의 가입 정책을 자동비가입 방식(옵트인)에서 자동가입 방식(옵트아웃)으로 변경했다. 자동가입 방식으로 변경한 결과 60% 미만이던 참여율이 거의 100%로 증가했다.

이러한 연구는 영국의 정책에 영향을 미쳤는데, 지금까지 (영향을 받은 사람들의 수로 측정했을 때) 가장 큰 넛지가 2012년 10월 1일 시행되었다. 이 날짜 이후로 소득이 7500파운드를 초과하는 모든 노동자들 중 아직 적격한 연금제도에 가입하지 않은 이들은 자동으로 연금제도에 가입되었다. 이 정책은 위의 연구자료에 기반해 가장 큰 사업체부터 적용되었다. 고용주 또한 연금을 납부해야 하며, 연금제도에 가입하기를 원하지 않는 노동자의 경우 직접 탈퇴해야 했다.

고용연금부Department for Work and Pensions, DWP는 다음과 같이 기록한다.

자동가입정책의 목적은 현재는 아무 행동도 하지 않으면 저축이 생기지 않지만, 이제는 자신들이 똑같이 아무 행동도 하지 않아도 연금 저축이 발생한다는 걸 보장함으로써 자신들의 연금을 위해 저축하는 사람들의 수를 증가시키려는 것이다.(DWP, 2010)

행동경제학에서 공공정책으로 이 원리를 전환함으로써 어쩌면 수백만 명의 사람들의 삶이 바뀔 수 있다. 2013년에 고용연금부가 자동가입 방식을 사용하는 50개의 대규모 사업체를 대상으로 한 연구를 발표했는데, 그에 의하면 고용주가 직장연금에 가입시킨 사람들의 90% 이상이 그대로 머물러 있었다.(그전에 모든 사업 규모를 대상으로 수행한 DWP의 연구에서는 30%가 탈퇴할 의사를 보였다.)

세계로 퍼져나간 행동경제학

넛지는 세계로 뻗어 나갔다. 마크 화이트헤드Mark Whitehead 등의 2014년 보고서는 (행동경제학과 넛지형 정책을 포함하지만 그에 국한되지 않는) 행동과학을 기반으로 중앙에서 조정하는 정책이 세계의 독립국가 중 25% 이상에서 시행되고 있다고 지적했다. 행동과학을 기반으로 한 몇 가지 형태의 개입을 실시한 전체 국가의 목록은 136개국에 달했다. 이 목록은 서유럽, 북미 및 호주의 선진 서구경제를 넘어서 계속 늘어나고 있다. 세계은행도 행동과학의 부상에 주목했다. 2015년 『세계개발보고서』는 마음, 사회 및 행동을 주제로 삼았다.

한 가지 주의사항을 언급하자. 정책 및 실천에서 행동의 변화를 꾀하려 할 때 '행동경제학', '행동과학' 및 '행동통찰력'이라는 용어들을 서로 바꿔 쓸 수 있는 것처럼 사용하는 경향이 있다. 대니얼 카너먼이 2015년 회의에서 언급한 것처럼 정책 분야에서 행동경제학으로 통용되는 것 중 대부분은 '응용사회심리학'이다. 리처드 탈러가 논평한 것처럼 이러한 개입 정책들은 지금까지 약간의 심리학만 사용했고 사실상 경제학은 거의 사용하지 않았다.

행동경제학의 철학적 한계와 정책적 한계

행동경제학은 '자유지상주의적 온정주의', 곧 상대적으로 약하고 부드러우며 비간섭적인 온정주의의 철학을 내포하고 있다. 여기서의 선택은 미리 정해지거나 금지되거나 혹은 선택자에게 너무 큰 부담을 줘서는 안 된다. 때로 형용모순으로 표현되는 것처럼, 자유지상주의적 온정주의는 사람들의 행동의 자유를 줄이지 않으면서, 그들이 자기 생활을 개선시키는 선택을 하도록 도와주기 위해 고안되었다. 그러므로 기본값이나 유도하는 선택지가 아닌 다른 선택지를 선택하는 것이 아예 불가능한 경우 그것은 자유지상주의적 온정주의의 시험에 실패한 것이고, 그러므로 행동경제학도 아니다. 그것은 강압이나 규제 또는 법일 뿐이다.

일부 비평가들은 개인 자신의 선善과 공동선共同善을 위해서 개인에 영향력을 행사하고 인지적 결함을 악용하기 때문에 자유지상주의적 온정주의가 조작적이라고 주장한다. 그리고 개입을 계획하는 사람들이 그들이 도우려는 사람들보다 궁극적으로 더 잘 알고 있는지 여부에 대해 과연 누가 확실히 말할 수 있을까? 행동경제학이 전통적으로 대립되는 자유지상주의libertarianism와 온정주의paternalism 철학을 조화시키는 열쇠인지에 관한 논쟁은 계속되고 있다.

철학에서 정책 쪽으로 돌이켜볼 때, 행동경제학의 통찰력이 개입의 효과를 향상시키는 데 도움이 된다는 건 분명하지만, 행동경제학만으로는 구조적 불평등, 경제적 불이익, 곳곳에 있는 외부효과 또는 사회가 직면한 여러 가지 다른 주요 문제를 보완할 수 없다. 고도비만, 알코올중독 또는 자동차의존성과 같은 문제들은 매우 복잡하기 때문에, 행동을 바꾸기 위한 신속한 넛지가 잘 해결할 수가 없다. 행동경제학에 입각한 넛지와 개입이 여기에 기여할 수 있겠지만 인센티브·처벌·규제·법이 계속 필요할 것이다. 조지 로웬스타인George Loewenstein과 피터 우벨Peter Ubel이 지적한 바와 같이 "행동경제학은 보다 실질적인 경제개입을 보완할 수는 있겠지만, 이를 대신할 수는 없다. (…) 그 모든 통찰력을 놓고 보더라도, 행동경제학 홀로는 우리나라에 닥친 도전을 막아내기 위해 필요한 광범위한 유형의 정책에 대한 적절한 대안이 아니다".(2010)

결론

많은 논쟁의 여지가 있는 한 가지 질문은 행동경제학이 표준 경제학 모델을 보완하는지 또는 모순되는지 여부이다. 일부 평론가들은 표준 경제학 모델의 가정과 공리에 의문을 제기하면서 행동경제학이 신고전주의경제학의 모든 것에 대한 근본적인 도전이라고 주장한다. 2012년 칼레 라슨Kalle Lasn은 학계 경제학자들과 경제학과 대학생들을 대상으로 다음과 같이 썼다.

당신의 학과 밖에서 이단적 경제학이 활발하게 활동하고 있다. (…) 사회경제학자들, 페미니즘경제학자들, 학제 간 경제학자들, 행동경제학자들,

생태경제학자들 그리고 신고전주의 레짐을 공개적으로 비판하면서 그것을 전복하기 위해 싸우는 수많은 지식인들과 독립심 강한 교수들이 존재한다.(미출간)

이와 반대되는 견해도 있다. 한때 행동경제학은 이단적으로 간주되었지만 이제 주류의 일부로 되었다는 것이다. 이 견해는 행동경제학의 요소를 메인으로 다루거나 일부를 포함하면서 범람하듯 나오는 출판물의 경향이기도 하다. 규제당국, 정부부처, 기업, 마케팅 및 광고 에이전시, 컨설팅 회사 및 싱크탱크에서 이런 출판물을 내고 있다.

이 논쟁은 해결되지 않았지만, 명확한 것은 합리적인 경제인을 전제로 하는 표준 경제학 모델의 가정이 종종 잘못된 결론을 낳는다는 사실이다. 많은 사람들이 기존의 표준 경제학 모델이 실제 인간 심리를 불충분하게 설명한다고 생각하면서 (경제적) 행동이 흔히 편향된 의사결정과 인지적·정신적 결함에 빠진다는 점에 동의하고 있다. 의사결정은 자주 표준경제학이 선호하는 시스템 2의 냉정한 성찰보다 격정적이고 신속한 시스템 1의 지름길에 의존한다. 이를 인식하면서 리처드 탈러는 2015년에 "행동경제학은 상당 부분 외견상 부적절한 요소들을 통합하도록 수정된 표준경제학"이라고 논평했다. 그러나 행동경제학의 통찰력을 표준 경제학 모델에 통합하거나, 정식화된 행동경제학 모델을 생성하는 일은 아직 일어나지 않았다. 행동경제학처럼 출발점이 일련의 변칙에 근거하게 되면 표준 경제학 모델의 단순성·취급용이성·적용가능성과 맞아떨어지는 모델을 만들기가 어렵다.

행동경제학의 가장 결정적인 측면은 현재 그것이 (넛지와 선택 설계 및 기본값과 같은 아이디어를 기반으로) 공공정책과 행동 변화를 위한 개입에 어떤 식으로 영향을 미치고 있느냐이다. 이러한 기법을 현재 국가 및 비정부기구가 사용하고 있지만, 상업 부문에서는 '행동경제학'이라는 이름표가 붙든 안 붙었든지 간에 오래전부터 유사한 통찰력을 활용해왔다. 리처드 탈러가 말했듯이, "좋은 목적을 위해 넛지하는 것"이 중요하다.

결론을 내리자면, 가장 주목할 만한 것은 행동경제학의 발전을 토마스 쿤Thomas Kuhn이 말한 '패러다임 전환paradigm shift'으로 간주할 유일한 사회과학 분야는 아마도 경제학일 것이라는 점이다. 사회과학자, 기업, 마케터 또는 일반 대중이든 누구든 상관없이, '전통적인' 경제학자가 아닌 모든 사람들에게 행동경제학의 통찰력이나 표준 경제학 모델의 결론과 대조적인 내용들은 '그저 일상적이고 평범한 것'에 불과할지도 모른다.

논란은 차치하고, 논쟁의 여지가 없는 것은 콜린 캐머러Colin Camerer와 조지 로웬스타인George Loewenstein이 말했듯이, "행동경제학은 보다 현실적인 심리적 기반을 제공함으로써 경제의 설명력을 높여준다"(2004)는 것이다. 또는 버크셔 헤더웨이(워렌 버핏의 회사)의 부회장 찰리 멍거Charlie Munger가 1995년에 한 말을 인용해볼 수도 있겠다. "경제학이 행동적이지 않다면, 나는 그게 뭔지 모르겠다."

📖 더 읽을거리

Akerlof, G. A. and Shiller, R. J. (2009), *Animal Spirits: How Human Psychology Drives the Economy, and Why It Matters for Global Capitalism*,

Princeton: Princeton University Press. (국내 번역 『야성적 충동』)

Ariely, D. (2008), *Predictably Irrational*, London: Harper Collins. (국내 번역 『상식 밖의 경제학』)

Behavioural Insights Team. Various publications and blog.

Camerer, C. and Loewenstein, G. (2004), 'Behavioural Economics: Past, Present and Future', in: Camerer, C. F., Loewenstein, G. and Rabin, M. (eds.), *Advances in Behavioural Economics*, Princeton: Princeton University Press, pp. 3–53.

Kahneman, D. (2011), *Thinking Fast and Slow*, London: Allen Lane. (국내 번역 『생각에 관한 생각』)

Schwartz, B. (2004), *The Paradox of Choice: Why More Is Less*, New York: Harper Perennial. (국내 번역 『선택의 심리학』)

Thaler, R. (1994), *The Winner's Curse: Paradoxes and Anomalies of Economic Life*, Princeton: Princeton University Press. (국내 번역 『승자의 저주』)

Thaler, R. (2015), *Misbehaving*, London: Allen Lane. (국내 번역 『똑똑한 사람들의 멍청한 선택』)

Thaler, R. and Sunstein, C. (2008), *Nudge: Improving Decisions About Health, Wealth, and Happiness*, London: Penguin. (국내 번역 『넛지』)

복잡계경제학

집필자
앨런 커먼
_ 프랑스 엑스-마르세이유대학교 명예교수

소개

100년이 넘는 시간 동안 경제학은 '과학'으로 간주되기를 원했다. 그러기 위해서는 필연적으로 매우 복잡한 현실을 단순한 '모델'로 축소시켜야 하는데, 그래야 무엇이 무엇의 원인이 되는지 설명할 가능성이 생긴다.

이제 러시아워가 한창인 도쿄 중심부 기차역을 생각해보자. 위에서 내려다보면, 마치 개미둥지처럼 보인다. 사람들의 줄이 길게 형성되는데, 마치 곤충들이 어떤 목적을 가지고 자신들 일을 하는 것 같다. 이것을 어떻게 단순한 모델로 축소해야 할까? 한 가지 접근법은 개인에 초점을 맞추고 그 또는 그녀가 무엇을 하고 있으며 왜 그 일을 하는지 이해하려고 시도하는 것이다. 분명히 모든 개인을 모델링하는 것은 매우 어려울 것이다. 따라서 대신 '전형적인 typical' 또는

'대표적인representative' 개인이 무엇을 어떻게 선택하는지 이해하려고 시도해볼 수 있다. 이것이 주류 경제학이 택한 접근법인데, 이 학문이 발전하면서 이 대표적 개인은 점점 더 복잡하고 계산적인 행동을 할 수 있는 존재로 묘사되어왔다.

그러나 다른 접근법을 생각해보자. 이 '전형적인' 개인을 연구하는 대신, 우리는 우리가 다루는 것이 서로에게 영향을 주며 행동하는 개인들, 곧 (보통 매우 큰) 집단collection 이라고 인식할 수 있다. 어떻게 그걸 단순화할까? 이에 대한 답은 '복잡계complex system'에서 얻을 수 있는데, 이는 '복잡계경제학Complexity Economics'의 중심에 놓여 있다. 허버트 사이먼은 이를 다음과 같이 간략히 묘사했다.

> 대략적으로 나는 복잡계를 많은 부분들이 간단하지 않은 방식으로 상호작용하면서 구성된 체계로 생각한다. 그러한 체계에서 전체는 부분의 합 그 이상인데, 이는 궁극적이고 형이상학적인 의미에서라기보다, '부분들의 속성과 그 상호작용 법칙이 주어질 때' 전체의 성격을 추론해내는 것이 간단한 문제가 아니라는 중요한 실용적 의미에서 그렇다.(사이먼, 1962[+], 467~468쪽)

요점은 전체 경제의 행동을, 따로 떨어져 자신에게 뭐가 유익할지 궁리하는 지적이고 계산적인 개인의 행동으로 환원시켜서는 안 된다는 것이다. 오히려 개개인을 단순하면서 기본적인 경험법칙rules of thumb 을 따르는 존재로 생각하는 것이 더 현실적이다. 많은 흥미로

[+] H. A. Simon, "The Architecture of Complexity", *Proceedings of the American Philosophical Society*, vol. 106, iss. 6, pp. 467~482, 1962

운 현상들은 바로 이들의 상호작용interaction 을 통해서 생겨난다. 개미 집이 어떻게 지어지고 발전되느냐는 개별 개미들의 어떤 정교한 행동이나 그들의 조직구조보다 오히려 군락 전체적으로 일어나는 상호작용의 복잡성에 달려 있다. 이런 방식으로 보면 인류 사회 내에서도 혁명이나 주식시장의 붕괴와 같은 사회적 현상이 어떻게 일어나는지 설명하고자 할 때 고립된 개인을 연구하는 것은 거의 의미가 없다. 영국중앙은행 총재였던 머빈 킹Mervyn King 의 말에도 귀기울여보자.

> 우리가 시장을 그 장치에 맡기고 내버려두면 열반에 이른다고 생각하는 자만심을 피해야 하는 것처럼 경제가 작동하는 방식에 대해서 이해하고 있다는 오만함도 피해야 한다.(머빈 킹, 2013년 4월)

이 장에서 경제가 기능하는 방식에 대한 연구를 다룰 때 나는 두 가지 간단한 대안을 비교할 것이다. 주류 경제학에서 채택된 '표준적' 접근방식이 그 첫번째인데, 거기서는 경제를 매우 정교한 개별 단독자의 행동으로 설명한다. 다음으로 '복잡계complex system' 접근법에서 개인은 단순한 규칙들에 따라 서로서로 상호작용하는 것으로 여겨진다. 그런 상호작용이 함께 합쳐져서 결과적으로 복잡한 행동을 만들어내는데 이런 행동은 고립된 채 행해지는 개별 행동으로부터 직접 연역될 수 없다.

이 장에서 나는 표준적 접근방식이 가지는 몇 가지 문제를 간략하게 살펴보면서 복잡성 비전이 보다 현실적이고 유용한 대안을 제공한다고 주장할 것이다.

균형

중요한 사실은 이러한 두 가지 접근방식 사이의 핵심적 차이 중 하나가 '균형'으로 귀착된다는 것이다. 모든 소비자가 현재와 미래의 모든 상품의 가격을 알고 있으며, 자신의 현재 및 미래 소득마저 알고 있는 경제를 생각해보자. 이 정보가 주어질 경우 그들은 구매하려는 상품이 전체적으로 소득을 초과하지 않아야 한다는 유일한 제약에 따라 구매 상품을 결정한다. 상품가격과 임금 수준을 알고 있는 기업들은 각 재화의 생산량을 결정한다. 이제 문제는 이러한 모든 선택이 맞아떨어질지 여부다. 어떤 상품가격과 임금 수준에서 모든 회사가 생산하는 각 상품의 총량과 모든 소비자가 선택하는 각 상품의 총량을 정확히 똑같을 때, 우리는 각 상품의 총공급량은 각 재화에 대한 총수요와 같고 경제는 균형상태에 있다고 말한다.

균형상태에 대한 이러한 분석은 표준적 접근법의 본질적인 관심사다. 부분적으로 그 이유는, '후생경제학의 제1정리*'로 요약된 것처럼, 앞에서 묘사한 균형상태의 완전경쟁 경제가 다른 사람의 상황을 악화시키지 않고는 어떤 개인의 처지도 개선될 수 없다는 점에서 '효율적'이라 이야기되기 때문이다. 그러나 경제학도가 품을 수 있

● 후생경제학에는 두 가지 공리가 있는데, 후생경제학의 제1정리는 완전경쟁조건이 충족된 시장에서는 자원이 가장 효율적으로 분배되기 때문에 국가가 시장에 개입하지 않고, 시장의 자동적 메커니즘에 맡겨두어야 한다는 것이다. 이를테면 완전한 합리성, 독립적 존재, 완벽한 정보, 가격수용자(독과점가격 불가능), 동질적 행위자, 외부효과와 공공재의 부재不在와 같은 조건이 충족되면 타인에게 손해를 끼치지 않고서는 자신의 처지를 개선할 수 없는 '파레토최적 상태', 곧 더 이상의 개선이 불가능하거나 불필요한 상태에 도달하게 된다. 하지만 이런 엄격한 조건을 충족시키는 시장은 존재하지 않으므로 파레토최적 상태는 존재하지 않는다.

는 첫번째 질문 중 하나는 경제가 어떻게 그런 균형에 도달하는가 하는 것이다. 그 학생의 학습단계에 따라 대답이 달라지겠지만, 학생들은 맨 처음 애덤 스미스의 '보이지 않는 손'으로 다소 신비하게 이 균형에 도달한다는 말을 듣는다. 곧 개인들을 자기 마음대로 하게 내버려둘 때 경제는 균형에 도달하는데, 이 균형은 사회적으로 바람직한 효율성의 속성을 띨 것이다. 그러나 이것이 어떻게 일어나는지는 여전히 명확하지 않다. 이때 '시장이 작동한다'와 같은 문구가 들먹여진다. 유혹에 흔들릴 때는 몇몇 아주 저명한 경제학자들조차도 '완전경쟁' 경제가 균형에 이른다는 것을 증명할 수 있다고 주장했다. 그렇다면 과제는 이러한 균형상태를 연구하고 그런 상태가 시간이 지남에 따라 어떻게 변할지를 연구하는 것이다.

그러나 그런 증거가 실제로 제출된 적은 없었다. 이러한 맥락에서 흔히 언급되는 하나의 조정 메커니즘은 레옹 발라스Léon Walras(1877)가 처음 논의한 "경매tatonnement"과정이다. 이것은 사람들이 사고 싶어 하는 것보다 더 많은 것을 기업이 생산할 때 재화의 가격이 하락하고, 기업이 생산하는 것보다 소비자가 더 많이 원할 때 재화의 가격이 올라가는 상황을 지칭한다. 빈틈없는 학생이라면 즉시 두 가지 질문을 던질 것이다. 첫째, 왜 동일한 재화의 가격이 시장 전체에서 동일해야 하는가? 대충 둘러보기만 해도 누구나 이것이 사실이 아니라는 것을 알 수 있다. 두번째 질문은 시장을 균형에 이르게 하기 위해 **누**가 모든 가격을 조정하는가가 될 것이다. 잠시 그런 불신감을 접고 그런 인물이 실제로 존재한다고 상상해보자. 그러나 세 명의 유명한 수리경제학자—휴고 소넨샤인Hugo Sonnenschein(1972), 롤프 만텔Rolf Mantel(1974), 제라르 드브뢰Gérard Debreu(1974)—가 보여준

바는 매우 파괴적이었다. 그들은 완전히 경쟁적인 경제와 개별 경제 행위자의 행동에 대한 모든 비현실적인 가정에도 불구하고, 경매 과정이 반드시 경제를 균형으로 이끌지는 않는다는 것을 증명했다. 이 시점에서 많은 경제 이론가들이 이와 다른 조정과정을 제시하면 충분할 것이라고 주장했다. 그러나 금세 이것이 문제를 해결해주지 못한다는 점이 분명해졌다. 간단히 설명하자면 제시된 조정과정은 지나치게 많은 정보를 사용했다. 1978년 도널드 사아리Donald Saari 와 칼 사이먼Carl Simon 은 경제를 처음의 불균형가격에서 균형으로 옮기는 모든 조정메커니즘에는 무한한 양의 정보가 반드시 필요하다는 것을 보여줌으로써 논쟁에 최종 쐐기를 박았다.

그러나 이 모든 논의는 우리가 관심을 가져야 할 건 경제의 균형이라는 기본 생각 위에 서 있었다. 복잡계 접근법에 따르면, 정말로 우리가 경제 현상을 설명하고 이해하는 데 관심을 가지고 있다면, 단지 균형과 그 속성만 바라보는 것에 머물러서는 안 된다. 복잡계 접근법은 경제시스템이 끊임없이 스스로를 조직하면서 결코 균형상태로 정착하지 않는다는 생각을 진지하게 고려한다. 그렇게 함으로써 표준 경제학 이론이 범한 중대한 실패 중 하나를 해결하는 것을 목표로 삼는다. 실제로 정책 입안자들은 위기가 발생했을 때 표준적인 이론이 해줄 수 있는 말이 현저히 적다는 사실을 오래전부터 인식해왔다. 여러 나라 중앙은행의 총재들과 세계은행 및 기타 국제기구의 수석 경제학자들의 말을 인용해보면 그들 모두는 최근의 위기에서 전통적 분석이 도움이 되지 못했다고 설명한다. 왜 그런가? 이유는 간단하다. 만일 당신이 '균형상태에 있는' 경제를 연구한다면, 자연히 노동시장과 같은 몇몇 시장들이 명백히 균형상태에 있지 않으면서 일어나는 중대한 위기를 가정에 의해 미리 배제해버리기 때문이다.

대안적 접근법

이러한 문제들에 직면할 때 경제학자들이 반응하는 방식은 서로 달랐다. 어떤 이들은 데이터에 더 잘 부합하도록 가정을 약간 수정하면서 기본모델을 고수하기로 결정했다. 이것은 새로운 현상이 되는 것과는 거리가 멀다. 실제로 프톨레마이우스의 지지자들이 코페르니쿠스의 주장에 저항했던 것처럼, 많은 경제학자들은 모델을 현실에 맞추려 애써 '보정'해가면서 자신들의 모델을 고수한다.

하지만 다른 이들은 균형 분석과 개인의 최적화에 대한 확고한 가정에 기초를 둔 표준 모델에서 급진적으로 이탈할 것을 제안했다. 선도적인 일반균형이론가 중 하나인 베르너 힐덴브란트Werner Hildenbrand(1994)는 더 나아가 경제활동의 주요 행위자인 '호모에코노미쿠스'와 그의 극단적인 합리성에 대한 가정을 완전히 포기하고, 개인이 현실의 삶에서 실제로 내린 선택의 경험적 분포를 살펴봐야 한다고 말하기까지 했다. 경험적 증거 위에 우리의 이론을 세우자는, 곧 자연과학에 필수불가결한 접근방식에 대한 이러한 요구는 불행히도 소귀에 경 읽기로 끝나버렸다.

복잡계 접근법은 이 요청에 대한 응답으로 등장했으며, 이후 현재 학술계뿐만 아니라 영국 중앙은행을 비롯한 각국의 중앙은행, 경제협력개발기구OECD 와 같은 국제기구 및 미국 재무부 등 수많은 금융당국에서 정기적으로 논의되고 있는 중이다.

표준 접근법과 복합계 접근법의 비교

표준 접근법

위에서 설명한 바와 같이, 표준 접근법은 시장 내부에 있는 균형의 특성에 초점을 맞춘다. 여기서 경제는 '외생적' 충격에 대한 반응으로 하나의 균형에서 다른 균형으로 뛰어넘어가는 것으로 여겨진다. 외생적 충격이란 개인의 의사결정과 같은 경제 내부의 일이 아니라 예기치 못한 기술진보나 정부 정책의 변화처럼 전적으로 외부적인 환경 변화를 말한다.

이러한 표준 모델의 주된 요건은 '견고한 미시적 토대sound microfoundation' 위에 구축되어야 한다는 것이다. 이것은 고립된 상태로 주어진 제약조건(일반적으로 소비자 입장에서는 예산의 제약과 기업 입장에서는 생산기술의 제약) 아래서 '최적화(가능한 최선의 대안을 달성하려는 것)'를 추구하는 개인들을 중심으로 모델이 구축된다는 것을 의미한다. 이때 소비자에게 '최선'은 그들이 선호하는 바의 측면에서 정의된다.

일반적으로 표준 이론은 사람들의 선택을 언제나 '합리적'인 것으로 만들기 위해 선호preference를 이해하는 방식에 엄격한 조건을 부과한다. 예컨대, 모델에서 선호는 항상 일관성 있는 것으로 처리된다. 한 사람이 선택 가능한 두 대안 중 대안 B보다 대안 A를 선택한다면, 그는 두 가지 대안이 다 있을 때 절대로 A 대신 B를 선택하면 안 된다. 그러한 비일관성은 '비합리적'이므로, 우리는 이런 일이 현실에서 관찰될 것이라 예상하면 안 된다. 어쩌면 처음에는 이것이 합리적으로 보일 수도 있을 것이다. 하지만 일단 조금 더 주의 깊게 생각해보면 이것은 대단히 무리한 가정이다. 사람들은 대개 그저 변화를 원한다는 이유만으로 그들의 선택을 매일 바꾼다. 주류 경제학 이론가들은 여기에는 사실 모순이 없다고 흔히 주장함으로써 이 문제에 대응한다. 곧 소비자들이 바나나 대신 선택한 지난주의 물고기는, 바나나를 얻기 위해 포기하는 이번 주의 물고기와 같은 재화가 아니라는 것이다. '이번 주의 물고기' 자체가 하나의 재화인 것이다. 그러나 이러한 절묘함으로 일상 행동에서 관찰되는 명백한 '모순'은 해결되지만, 그로 인해 위에서 언급한 '일관성' 가정은 완전히 입증 불가능해진다. 왜냐하면 두 가지 선택은 항상 다른 시점에서 이루어지기 때문이다.

사람들의 선호에 대한 이런저런 가정은 1세기에 걸쳐 논쟁의 대상이 되어왔다. 사실 발라스와 함께 현대 수리경제학의 아버지로 여겨지는 빌프레도 파레토는 사회학으로 전향하면서, 개인들이 자기 시간 중 일부를 비합리적인 결정을 내리는 데 쓰며 남은 시간 동안 그 결정을 합리화하는 것 같다고 언급하기도 했다. 진실은 사람들의 합리적 행동에 대한 우리의 가정이 개인의 실제 행동을 관찰해서 나온 것이 아니라 머릿속에서 나왔다는 것이다.

사람들이 자신의 불확실한 미래에 대해 어떤 계획을 가지는지 신경 쓰는 즉시 우리는 바로 그들이 미래 환경을 어떻게 예측하는지에 대해서도 신경 써야 한다. 하지만 사람들이 미래에 대해 어떠한 기대를 품고 있더라도, 사실 우리가 해줄 수 있는 말은 많지가 않다. 전형적으로 표준 경제학에서는 사람들이 똑같은 기대를 가질 뿐만 아니라 이러한 기대가 경제의 실제 진행 경로와 일치한다는 단순한 가정이 설정된다.(이른바 합리적 기대 가설로, 뒤에서 논의될 것이다.) 하지만 당연히 개인이 어떻게 그러한 기대를 형성하게 되는지 의문이 들기 마련이며, 많은 경제학자들이 실제로 그 문제에 대해 고심해왔다.

표준적 접근방식에서 전형적인 '미시적 토대'에 대한 집착은 개인의 특성에만 의존하는 경향에서도 목격된다. 달리 말해, 이 접근방식에서 우리는 행위자가 서로 직접 상호작용하는 방식이나 그 상호작용의 구조에 대해 관심을 기울일 필요가 없다. 예컨대, 이 견해 안에서는 사회적 네트워크social network가 경제의 총체적 결과를 결정할 때 아무런 역할을 하지 못한다.

이러한 단순화는 경제이론가들의 일을 쉽게 만들어주지만, 너무 제한적인 가정 아래에서만 그들의 주장이 성립되기 때문에 현실 경제의 변화 양상을 분석할 때 아무런 도움이 되지 않는다.

더 나아가 표준적 접근법 내에서는 효율적인 결과에 초점을 맞추며, 그 결과 많은 이질적인 개인들이 각기 다른 서로의 활동들을 어떻게 조정해내는지 설명하는 경제학의 주요 과제들이 무시된다. 표준적 경제 분석에 포함된 이런 가정들의 불합리성과 특정한 수학적 도구를 사용하는 데 필요한 엄청난 시간투자는 많은 학생들로 하여금 조기에 경제학을 포기시키기에 충분하다.

복잡계 접근법

이 견해에 따르면 경제 내의 개인은 간단한 경험법칙을 따라 행동방침을 결정한다. 그리고 그들은 사용해온 규칙이 덜 성공적이라는 게 드러날 때 그것을 바꿈으로써 자신의 환경에 적응한다. 이들은 자신의 이익에 반해서 행동하지 않는다는 점에서 비합리적이지는 않지만, '최적화'를 위한 어떤 정보와 능력도 지니고 있지 못하다. 실제로 그들은 제한적이고 대부분 국지적인 정보를 가지고 있다고 가정되며, 상황을 개선하기 위해 자신들의 행동을 수정한다. 복잡계 모델의 개인은 경제가 어떻게 작동하는지 이해하고 있지 않으며 의식적으로 '최선의 선택'을 모색하지도 않는다. 주요 관심사는 총체적 성과가 효율적인지 아닌지가 아니라 어떻게 이 모든 서로 다른 개인들이 다른 이들과 상호작용하며 자신의 행동을 조정해내느냐다.

모델의 개인에게 따라야 할 간단한 규칙을 부여하고 다른 이들과 상호작용할 때 규칙을 변경하도록 허용하는 방식은 이들을 입자나 사회적 곤충에 훨씬 더 가까운 존재로 여긴다는 것을 의미한다. 주류 경제학자들은 흔히 인간은 무생물 입자나 더 저급한 형태의 생명체에서 찾아볼 수 없는 의도와 목적을 가지고 있다고 주장하면서 이 접근법에 반대한다. 그러나 이 주장은 완전히 설득력을 잃고 있다. 표준 접근법 내에서 개인의 의도는 그 선호와 기대의 측면에서 모델링된다. 대표적 행위자가 특정한 선호의 집합을 가진다고 가정하고 앞으로 발생할 일을 예측하는 규칙을 부여하면, 그는 진행되는 일에 기계적으로 반응하는 자동기계와 매우 흡사해져버린다.

경제를 복잡계로 간주할 때 중요한 점은 한 행위자가 이질적인 행위자들과 거래하고 있다는 것, 특히 주변 사람들의 행동이 변할 때 자신의 특성도 변하는 그런 사람들과 거래한다는 것이다. 복잡계 모델에서 개인은 주변 사람들과 상호작용하고, 영향을 주는 동시에 그로부터 영향을 받는다. 개인들이 주변 상황에 적응하면서 이런 상호작용으로부터 전체로서의 행동이 나타나지만, 결정적으로 중요한 점은 어느 단일한 개인에 주목해 관찰하더라도 이를 예측할 수 없다는 사실이다.

복잡계 접근법 내에서 시스템은 어떤 '외생적' 외부충격이 없어도 진화 중에 중대한 변화를 거칠 수 있다. 이 원리는 컴퓨터 시뮬레이션 게임인 존 콘웨이John Conway의 '생명게임Game of Life'에서 잘 나타난다. 그것은 개인들이 매우 단순한 규칙을 따를 때 어떻게 시스템의 전체 배열 구성이 끊임없이 변화하거나, 고정된 패턴으로 정착하는지 보여주는 초기 사례로 꼽힌다. 이 게임은 거대한 체스판과 흡사한 세포 격자들grid of cells로 구성되어 있으며, 이 격자들은 '살아 있거나' 또는 '죽어 있거나' 둘 중 한 상태에 있다. 이들은 이웃 격자들의 상태에 따라서 계속 살거나, 죽거나, 다시 태어날 수 있다.* '생명게임'의 모습을 보여주는 많은 애니메이션 삽화를 웹에서 찾을 수 있을 것이다.

이 간단한 장난감 같은 모델과 상당히 같은 방식으로 참가자들이 자신과 연결된 대다수 사람들(이웃)이 하는 행동을 따라서 주식을 사거나, 보유하거나, 판매하기로 결정하는 시장을 생각해보자. 그리고 몇 가지 추가 조건을 덧붙이자. 예를 들어, 주가가 어떻게 변화하는지는 주식에 대한 수요와 공급의 양이 어떠한지에 달려 있으며, 개인들은 매번 실수를 저지르기도 하고, 시장은 어떤 '외부적' 영향력에 의해서가 아니라 이웃들의 행동에 따라 무엇을 할지 결정을 내리는 개인들에 의해 야기되는 거대한 변동을 만들어낸다. 이 사례에는 '생명게임'과 마찬가지로 복잡계의 구성요소가 들어 있다. 참여자들

● 생명게임에서 각 격자는 상하좌우와 대각선 네 방향에 있는 총 8개 이웃 격자들의 상태에 따라 살거나 죽는 상태가 결정된다. 규칙은 두 가지다. 죽은 세포는 여덟 이웃 중에 정확히 3개가 살아 있으면 그 세포는 다시 살아난다. 살아 있는 세포의 경우, 여덟 이웃 중에 2개 또는 3개가 살아 있으면 살아 있는 상태를 계속 유지하고, 살아 있는 세포가 2개 미만이면 '외로워서', 3개 초과면 '갑갑해서' 죽게 된다.

은 자신이 포함된 상황에 영향을 미치는 요인(이 경우 보유하고 있는 주식의 양)로서 행동하며, 그들의 선택은 이웃 사람들이 무엇을 선택하는지에 따라 전개된다. 이런 종류의 그림은 시스템이 균형상태로 자리 잡은 다음 외부충격에 의해 균형으로부터 벗어난다는 관점보다 시장의 변화 양상을 더 적절하게 보여줄 것이다.

인종분리의 사례

이러한 점을 설명하기 위해 중요한 사회문제인 인종분리의 문제를 살펴보자. 인종분리는 많은 나라의 많은 도시에서 여전히 지속되고 있는 현상이다. 예를 들어, 미국에서 절반 이상의 흑인이 중산층 또는 고소득층 가계에 속해 있지만, 주요 도시들에서는 주거에서의 인종분리가 지속돼왔다. 이 현상에 대한 가장 자연스러운 설명은 개개인이 인종주의자여서 다른 인종의 사람들과 같이 살고 싶어 하지 않는다는 것일 터이다. 따라서 인종분리는 사람들의 개별 정서를 일치된 방식으로 반영한 거시적 현상일 뿐이다. 그러나 지금 우리가 복잡계경제학이라고 부르는 학문에 많은 영향을 미친 2005년 노벨경제학상 수상자 톰 셸링Tom Schelling은 미시 행동과 거시 행동의 관계가 그렇게 간단하지 않다는 것을 다시 한 번 보여주었다. 그는 우리가 관찰하는 인종분리가 개별적인 견해를 반영하는 것과는 거리가 멀다고 주장했다. 1960년대 말 그는 분리모델을 도입해(모델의 변형들에 대한 좋은 요약은 셸링(1978)에 제시됨), 사람들이 자신과 같은 피부색깔의 이웃과 거주하는 것을 아주 약간만 선호해도, 선호를 충족시키기 위해 이사를 하다보면 완전한 분리가 일어날 수 있다는 점을 근본적으로 보여주었다.

여기서 어떤 작용이 일어나는지 알기 위해 셸링이 소개한 모델을 자세히 살펴볼 가치가 있다. 간단하며 직관적으로 설명될 수 있는 이 모델은 셸링이 기여한 업적 중 하나로 대단한 호소력을 갖췄으며 사람들의 경탄을 자아냈다. 분리 모델에 담긴 미시적 특성과 총체적 현상 사이의 놀라운 관계(셸링의 본래 용어를 사용하면 '미시적 동기micromotive'와 '거시적 행동macrobehaviour'의 관계)에 대한 더 풍부한 설명은 로만스 팬스Romans Pancs 와 니콜라스 브렌드Nicolaas Vriend 의 논문 (2007)에서 발견할 수 있다.

기본 아이디어는 다음과 같다. 대형 체스판을 가져다놓고 보드에 여러 개의 어두운 색 말과 밝은 색 말을 놓고 여유 공간을 남긴다. 기본 가정은 각 말이 이웃 8명 중 자기와 다른 색인 말이 많아야 4명인 칸에 있는 걸 선호한다는 것이다. 각 말을 개인으로 본다면, 자신의 피부색과 다른 피부색인 이웃이 절반보다 더 적을 때 개인은 행복하며, 혹은 주류 경제학자들의 표현을 빌리자면 높은 효용을 갖는다. 그러나 만약 다른 피부 색깔을 한 이웃의 수가 기준치보다 크면 개인은 불행해진다.

각 단계에서 개인은 무작위로 배치되는데, 이때 불만족스러운 상황이라면, 즉 효용이 낮다면 자신의 효용이 커질 가장 가까운 빈 공간으로 이동한다. '시간'이 지남에 따라(즉 말들이 수차례 위치를 옮김에 따라) 어떤 일이 일어날지 보여주는 사례가 [그림 7.1]에 나와 있다. 이 그림은 분리가 빠르게 진행되고 있음을 보여준다,

실제로 셸링은 그 결과가 일반적으로 완전한 분리라고 결론을 내렸다. 이는 분리된 결과가 각 개인들의 상대적인 관용도를 반영하

[그림 7.1] '차별적이지 않은 선호'에서 나타나는 분리

출처: Pance&Vriend(2007)

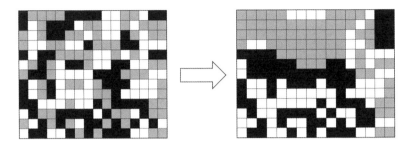

지 않는다는 점에서 상당히 놀라운 점이다. 그러나 데얀 빙커빅Dejan Vinkovic과 앨런 커먼Alan Kirman의 2006년 연구에서 지적한 바와 같이, 물리학자라면 이에 대해 별로 놀라지 않을 것이다. 즉 물과 기름은 자연적으로 섞이지 않는 경향이 있으므로 그 혼합물은 결국 두 개의 분리된 층으로 빠르게 분리된다. 그들은 셸링 퍼즐에 대한 간단한 물리학적 비유를 개발해 어떤 일이 일어나고 있는지를 명확히 보여주고 있다. 경제학자가 때때로 다른 분야에 한눈을 파는 것도 유익하다!

위의 결과는 개인들이 이런 환경에서 어떻게 행동할지 판단하는데 사용 가능한 수많은 '효용함수'들 중 하나에서 나온 것이다. 아마도 더 놀라운 것은 이 경우보다 모든 개인이 완벽하게 균형 잡힌 이웃을 선호했을 때(이 경우 개인의 효용은 이웃 중 정확히 절반이 자신의 색깔과 같을 때만 높아진다) 나타나는 결과일 텐데, 이런 유형의 개인들에 대한 실험결과는 [그림 7.2]의 하단 패널에 나타나 있다.

이 결과는 상단 패널에 표시된 원래 효용함수의 결과와 비교해볼 수 있다. 하단 패널들의 상황은 거의 비슷하게 보인다. 거의 완전히

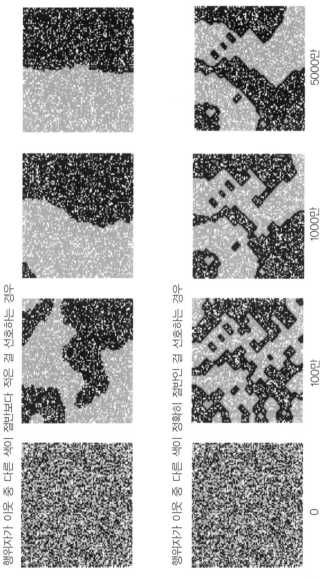

[그림 7.2] 서로 다른 효용함수로 나타나는 분리

출처: Pance&Vriend(2007)

행위자가 이웃 중 다른 색이 절반보다 적은 걸 선호하는 경우

행위자가 이웃 중 다른 색이 정확히 절반인 걸 선호하는 경우

0   100만   1000만   5000만

시간

분리되어 있다. 그렇지만 미시적 수준에서는 상황이 이보다 더 다를 수 없다. 원래 효용함수를 사용하면 특정 시점 이후부터는 거의 움직임이 없다. 대다수 개인은 행복하기 때문에 이동할 동기를 갖지 않는다. 그러나 새로운 효용함수가 도입되면 집단 내 개인들은 계속해서 이동한다. 멀리서 보면 상황이 원래 실험에 비해 정적인 것처럼 보이지만, 두번째 실험에서는 거의 아무도 행복하지 않아 사람들은 더 나은 구역을 찾아 끊임없이 이동한다. 그 이유는 분명하다. 두 색깔 사이의 정확한 균형이 쉽게 흐트러지기 때문이다. 한 사람이 움직이자마자 괜찮았던 균형이 깨져 모든 이웃에게 움직일 유인이 생기는 것이다. 따라서 두 모델의 유사성은 환상에 불과하다. 거시적 유사성은 미시적 유사성과 동일하지 않은 것이다.

복잡계경제학의 핵심 교훈 중 많은 것들을 이 간단한 모델과 그 변형들을 분석함으로써 배울 수 있다. 우리는 상호작용하는 입자나 '행위자들agents'의 시스템이 자기조직화self-organizing하는 경향을 가질 수 있으며, 따라서 예상한 것과는 매우 다른 결과가 나올 수 있고, 그 결과가 총체적인 관점에서 사회적으로 만족스럽지 않을 수도 있다는 것을 알게 된다.

시장

시장이 본질적으로 안정성을 갖는다는 생각은 표준적 접근방식의 경제학에서 탄생한 핵심 신화다. 영국의 금융감독청Financial Services Authority 책임자였던 어데어 터너Adair Turner 는 다음과 같이 말했다.

그러나 나 역시 그렇게 생각하지만, 나쁘거나 지나치게 단순하고 자만한 경제학이 위기를 만드는 데 일조했다는 강한 믿음도 존재한다. 시장은 항상 합리적이고 스스로 균형을 유지하며, 시장의 완성 자체만으로 경제적 효율성과 안정성을 보장할 수 있고, 금융혁신과 무역활동 증가는 공리적으로 유익하다는 통념이 지배적이다.(2009년 9월 22일, 런던 맨션하우스, 런던금융특구시장 주최 연회 연설)

시장을 그 자신의 장치에 맡기면 스스로 안정적이 된다는 생각은, 금융시장 규제를 완화하고 은행 활동에 대한 많은 통제를 없애는 것을 정당화하는 논리로 사용돼왔다. 이 뒤에 있는 기본적 논거는 이른바 효율적 시장 가설Efficient Market Hypothesis인데, 이는 1900년에 루이 바슐리에Louis Bachelier가 처음으로 개발한 것이다. 그의 주장은 간단하다. 각 개인은 독립적으로 비공개 정보를 얻어 그에 따라 행동한다. 행위의 결과, 자신의 비공개 정보는 다른 사람들에게 공개된다. 이러한 방식으로 모든 이용 가능한 정보는 자산가격을 통해 전달된다. 따라서 아무도 현재 시장가격 이외의 것을 볼 필요가 없다.

여기에는 두 가지 문제가 있다. 첫째, 스탠포드 그로스만Sanford Grossman과 조지프 스티글리츠Joseph Stiglitz가 오래전 지적했듯이(1980), 시장가격 말고 아무것도 볼 필요가 없다면, 아무도 비공개 정보를 보지 않을 것이고, 그 결과 가격에 결코 포함되지 않을 것이다. 둘째, 이 이론은 '무리herd' 행동의 가능성을 무시한다. 19~20세기를 살았던 유명한 수학자 푸앵카레(바슐리에의 논문을 심사한 사람이기도 하다)가 나중에 한 말을 인용해보자.

서로 긴밀하게 접촉할 때 사람들은 더 이상 무작위로 결정하거나 서로 독립적으로 결정하지 않는다. 많은 요인들이 작용하여 사람들을 혼란에 빠뜨리고 우왕좌왕하게 만들지만, 그 요인들이 파괴하지 않는 것이 하나 있는데, 그것은 바로 양떼처럼 행동하는 사람들의 경향이다. 그런 경향은 항상 지속될 것이다.(앙리 푸엥카레, 1908, 「과학과 방법」, 46쪽)

푸엥카레가 보기에 이렇게 무리 짓고자 하는 자연적인 성향은 바슐리에의 이론을 뒤흔드는 것이었다. 그럼에도 불구하고 바슐리에의 이론으로부터 발전된 효율시장가설은 현대 금융이론뿐 아니라 그러한 시장을 규제하는(또는 규제하지 않는) 정책 상당 부분의 기초가 되었다.

이 이론을 흔드는 무리화herding가 어떻게 일어나는지 알아보기 위해서 행위자가 높은 가격을 기대할 때 가격이 실제로 높아지는 그런 시스템이 있다고 가정하자. 이것은 양의 피드백이나 조지 소로스의 용어를 빌면 '재귀성reflexivity'으로 불린다. 이런 종류의 자기강화self-reinforcement는 한 식량원에 몰려 있는 개미떼의 행동과 같다. 개미들이 식량원을 찾아서 갈 때마다 더 많은 페로몬을 뿌려 더 많은 개미를 끌어들이는 것이다. 그러나 이런 무리 행동은 표준경제학에서 흔히 사용되는 협소한 의미로 비이성적이거나 '비합리적'인 것이 아니라는 사실에 유의하자.

이러한 종류의 행동이 금융시장에서는 어떻게 나타날까? 튤립버블, 남해버블, 그리고 최근에는 '닷컴'버블, 미국의 주택버블, 파생상품버블, 그리고 아주 가까이는 비트코인버블을 포함하여 금융버블에 대한 길고 잘 정리된 역사가 남겨져 있다. 개미떼 행동에서 얻은 아이디어를 사용하면 개미떼가 한 식량원에서 다른 식량원으로 전환할 때와 마찬가지로 개인들이 하나의 예측 규칙에 주목하고 나서 또 다른 규칙에 주목하면서 버블을 생성하는 모델을 쉽게 만들 수 있다.(Föllmer et al., 2005) 복잡계에서는 이와 관련된 일련의 상호작용과 양의 피드백이 전형적인 일인데도 표준적 거시경제모델에는 이런 것이 거의 존재하지 않는다. 이런 모델들의 주요 특징은 다음과 같다. (a) 총체적 행동은 개인 간 상호작용에서 나오므로 홀로 떨어진 개인만 바라봐서는 예측할 수 없다. (b) 이러한 시스템들은 스스로 조직되지만 끊임없이 진화하기 때문에 균형에 결코 이르지 못할 수도 있다. (c) 시스템 안에서 개인은 매우 단순하게 행동할 수도 있지만 개인 간 상호작용은 다시금 전체의 복잡한 행동을 만들어낸다. (d) 개인 간의 이런 직접적 상호작용은 본질적인 특징이며 마찰의 일종이 아니다.

이 아이디어가 글로벌 금융위기를 이해하는 데 어떻게 도움이 되될까? 그걸 알려면 시스템의 핵심 부분을 살펴보는 게 좋다. 주택저당증권MBS 시장에서 수수께끼는 주택시장이 악화되어 점점 많은 주택담보대출이 연체되는데도 가격이 점차 낮아지지 않았다는 것이다. 이러한 상황에서 개인과 은행은 왜 이 증권들을 사들였으며, 왜 가격은 하락하지 않았는가? 간단하게 설명해보자. 증권의 기반이 되는 주택담보대출을 확인하는 데는 비용이 많이 든다. 그리고 시장 참가자들은 주변 사람들이 잘 확인하지 않는다는 것을 관찰하고는, 높은 확률로 다른 구매자에게 확인 과정 없이 증권을 되팔 수 있다는 걸 알고서 스스로 구매에 나선다. 그러나 이런 상황은 매우 불안정하다. 파생상품 중 상당수가 불량하다는 정보가 퍼져나가면 마침내 일부 참가자들이 확인할 것이다. 이런 일이 벌어지는 걸 보면 다른 사람들도 확인하기 시작하고 자산의 불량성이 분명해지면 시장은 붕괴될 것이다. 이것은 적어도 부분적으로는 MBS 시장의 붕괴를 합리적으로 설명해준다고 보인다. 유의할 점은 이러한 붕괴가 몇몇의 주요한 외부충격(예를 들어 주택가격의 하락은 MBS 시장의 붕괴보다 어느 정도 앞서 일어났다)으로 촉발된 것이 아니라는 사실이다. 붕괴는 오히려 상황에 대한 인식의 변화와 구매자 네트워크에서의 확산이 결합되면서 일어났다고 봐야 한다. 이것은 모든 행위자가 실제 상황을 잘 알고 있으며 충분한 정보를 바탕으로 합리적인 결정을 내린다는 표준 경제학의 세계관과는 거리가 멀다. 여기에는 의심의 전염병과 같은 것이 존재한다. 우리는 여기서도 개인 수준에서의 작은 충격이 전체 수준의 중대한 위기로 전화轉化될 수 있다는 점을 보게 된다.

기대

미래가 불확실한 경제에서는 개인의 기대expectation 가 중요한 역할을 한다. 거시경제학이 균형을 정의할 수 있으려면, 기대를 포함시켜야 한다. 불확실한 세계에서 사람들이나 기업의 공급과 수요는 현재 가격에 근거할 뿐 아니라 미래의 예상 가격에도 근거할 것이 분명하다. 그러나 개인이 미래의 가격에 대해 어떤 기대라도 품게 되면 현재의 균형가격이 무엇일지가 분명하지 않게 된다. 이런 난점에서 빠져나오는 한 가지 방법으로 표준 접근법에서 채택한 것은, 모든 참여자가 경제의 작동 과정과 진행을 완전히 이해한다고 가정하는 것이다. 그 결과 그들 모두는 미래에 대해 똑같이 예상하게 된다. 이러한 예상은 '합리적 기대Rational Expectations'로 불린다.

이 장의 시작 부분에 인용된 머빈 킹의 글을 되새겨보면, 이것은 실로 불가능에 가까운 가정처럼 보인다. 게다가 사람들의 기대가 똑같지 않다는 걸 보여주는 증거는 어마어마하게 많다. 더욱이 그들의 기대는 독립적이지 않으며 오히려 푸앵카레가 제안한 것처럼 타인의 기대에 강하게 영향을 받는다. 따라서 그 기대들은 '평균적' 관점의 주위에 무작위로 분포되는 것으로 취급될 수 없다. 시티은행의 수석경제학자인 윌럼 비터Willem Buiter는 다음과 같이 말했다.

> 우리들 가운데 제한적으로 합리적인 시장참여자들의 상호작용에서 발생하는 내생적 불확실성endogenous uncertainty에 대해 걱정하는 사람들은 모든 불확실성이 외생적이고 부가적인 것이라는 주류모델의 주장에 대해 그저 머리를 긁적일 뿐이다.(비터, 2009)

많은 경제학자들이 현실에서 표준모델을 다루기 쉽게 만들어주는 편리한 방편에 불과한 합리적 기대 개념에 의심을 표해왔다.[+] 우리는 행위자들이 왜 그러한 기대를 갖게 되는지 말해주는 어떤 설명도 접하지 못하고 있다. 따라서 보다 실용적인 접근법은 기본으로 돌아가서 실제로 경제행위자가 어떻게 그들의 기대를 형성하는지 연구하는 것이다. 허버트 사이먼의 말을 들어보자.

경제학의 자연스런 다음 단계는 기대를 지금 맡고 있는 전략적 역할에 유

[+] 이러한 현상에 대한 설명과 모델을 위해 Anand et al.(2013)을 참조하라.

지시키면서, 그에 더해 사회적 시스템 내에서 실제로 어떻게 관심이 환기되고 기대가 형성되는지에 대한 경험적으로 입증된 이론을 개발하는 것이다. 그러한 다음 단계를 수행하려면 경제학의 경험연구가 새로운 방향을 취할 필요가 있는데, 행동주의가 제안하는 미시 수준의 연구방향이 그에 해당될 것이다.(사이먼, 1984)

이러한 단계는 의심할 여지없이 경제학의 중대한 변화를 의미할 것이다. 이 방향으로의 몇 가지 진전이 실험실 실험을 통해 이루어져 왔다. 그리고 자산에서 창출되는 미래 소득에 대해 완벽하게 알고 있음에도 불구하고 여전히 자산가격에 버블이 생길 수 있다는 증거가 상당히 많다. 이런 것들은 합리적 기대 가설과 모순을 이룬다. 다시 말하지만, 우리가 보는 것은 다른 사람들의 행동을 관찰하는 개인 간의 상호작용으로, 그것은 양의 피드백을 생성할 수 있다. 바로 이런 측면들은 복잡계의 고유한 특징으로, 그 때문에 그러한 버블이 생성된다.✚

결론

종합해서 미연방준비제도이사회 의장이었던 벤 버냉키가 제시한 실용주의적이고 현실적인 견해를 듣는 것이 현명할 것이다.

나는 인간이 가능한 모든 상호작용과 복잡한 발전을 완전히 예상할 수 있

✚ Cars Hommes(2013)는 그러한 실험을 매우 잘 설명하고 있다.

다고 생각하는 것이 현실적이지 않다고 생각한다. 이 불확실성을 다루기 위한 최선의 방법은 시스템이 근본적으로 탄력적인지 점검하고 최대한 많은 안전장치와 백업장치를 갖추고 있는지 확인하는 것이다.(벤 버냉키, 『인터내셔널 헤럴드 트리뷴』인터뷰, 2010년 5월 17일)

이는 규제가 철폐된 금융부문의 환경에서, 그 어떤 보이지 않는 손이나 시스템 행위자들의 자기조직화도 사회적으로 만족스러운 해결책으로 시스템을 인도하지 못하리라는 점을 인정하는 것이다. 실제로 여러 나라의 중앙은행과 국제통화기금IMF 및 경제협력개발기구OECD와 같은 조직의 정책입안자들은 경제시스템에 대한 끊임없는 감시와 시정조치가 필요하다는 것을 인정하게 되었다. 시스템의 복잡성과 더불어 다양한 기대를 가진 사람들을 함께 다뤄야 한다는 점을 감안할 때 이것은 불가피하다.

이 짧은 장에서 나는 표준 모델, 특히 거시경제 모델이 전하는 경제의 비전이 경제시스템이 어떻게 발달해가는지를 잘 설명하지 못한다고 주장했다. 경제를 사회적으로 만족스러운 상태로 자기조직화하는 시스템으로 보는 견해는, 자유주의를 향한 지난 2세기 동안의 사회적·정치적 발전이 낳은 철학적 결과다. 경제학은 이 철학적 입장에 부합하는 모델을 도출하기 위해 그 이론을 발전시켜왔다. 그러나 우리의 모델들이 수학적으로 정교해짐에 따라, 그 이론들은 우리가 살고 있는 경제현실로부터 점점 더 멀어져가고 있다.

우리의 기본 틀을 재검토한 후 경제 참여자들 간의 상호작용에서 거시적 행동이 나오는 복잡한 적응시스템으로 경제를 바라본다면, 우리는 수많은 측면에서 도움을 얻을 수 있다. 첫째, 그러한 모델에서는 내생적 충격이 발생할 수 있으며 우리는 경제위기의 원인을 애덤 스미스가 "주피터의 보이지 않는 손"이라 언급한 것으로 돌릴 필요가 없다. 둘째로 우리는 개인들에게 뛰어난 계산능력과 경제의 작동방식에 대한 완전한 지식(표준 모델에서 '대표적 개인'이 갖추고 있다고 여겨지는)이 있다고 가정할 필요가 없다. 마지막으로 우리는 실제 이뤄진 행동과 경제적 결과 사이에 단순한 기계적 관계가 있다고 제시할 필요가 없다. 복잡계에는 '의도하지 않은 결과'가 항상 있게 마련이다. 복잡계 접근법은 정책적 조치가 어떤 결과를 가져올지 안다고 주장하기보다는, 훨씬 덜 권위적인 주장을 하는 패러다임을 제안하면서 경제정책의 책임자들에게 정확하게 예측은 못할지라도 경제의 변화를 예상하고 조정할 것을 요구한다. 언젠가 경제학 법칙들이 천체물리학의 법칙들만큼이나 부인할 수 없게 될 것이라는 발라스의 주장에도 불구하고, 경제학은 너무도 자주 주장되는 의미의 '정확한 과학exact science'이 아니며 절대로 그렇게 될 수도 없을 것이다.

📖 **더 읽을거리**

Arthur, W. B. (2015), *Complexity and the Economy*, Oxford: Oxford University Press.

Kirman, A. (2011), *Complex Economics: Individual and Collective Rationality*, London: Routledge.

비슷한 접근 방식을 취하는 책:

Schelling, T. S. (1978), Micromotives and Macrobehavior, New York: W.W. Norton & Co.(국내 번역 『미시동기와 거시행동』)

특히 행위자 기반 모델링을 하고 있는 다른 책:

Caiani, A., Russo, A., Palestrini, A. and Gallegati, M. (2016), *Economies*

With Heterogeneous Interacting Agents: A Practical Guide to Agent Based Modelling, New York: Springer Verlag.

Epstein, J. M. (2007), *Generative Social Science: Studies in Agent-Based Computational Modeling*, Princeton, NJ: Princeton University Press.

Epstein, J. M. (2014), *Agent Zero: Toward Neurocognitive Foundations for Generative Social Science, Princeton Studies in Complexity*, Princeton, NJ: Princeton University Press.

Miller, J. and Page, S. (2007), *Complex Adaptive Systems: An Introduction to Computational Models of Social Life*, Princeton and Oxford: Princeton University Press.

초기의 글 모음:

Arthur, W. B., Durlauf, S. N. and Lane, D. (eds.) (1997), *The Economy as an Evolving Complex System II*, Redwood City, CA: Addison Wesley.

이 위기가 새로운 것이라고 생각할 때 적절한 책:

Reinhart, C. M. and Rogoff, K. S. (2010), *This Time Is Different: A Panoramic View of Eight Centuries of Financial Crises*, Princeton, NJ: Princeton University Press. (국내 번역 『이번엔 다르다』)

정책가의 반응을 다룬 책:

Turner, A. (2013), *Economics After the Crisis: Objectives and Means*, Cambridge, MA: MIT Press.

사회학적 접근을 하고 있는 책:

Granovetter, J. (1997), *Society and Economy: The Social Construction of Economic Institutions*, Cambridge, MA: Harvard University Press.

사회성곤충에게서 배울 점을 다룬 책:

Gordon, D. (2010), *Ant Encounters: Interaction Networks and Colony Behavior*, Princeton: Princeton University Press.

Seeley, T. (2012), *Honeybee Democracy*, Princeton: Princeton University Press. (국내 번역 『꿀벌의 민주주의』)

협동조합경제학

집필자
몰리 스콧 카토
_영국 로햄턴대학교 녹색경제학 교수

소개

신고전주의경제학은 자본주의 분석에 전념하는 경제사상의 학파로, 이 점은 그 이론적 가정에 반영되어 있다. 협동조합co-operative은 자본주의를 대안적으로 조직하는 형태를 대표하기 때문에 대안적 경제이론이 필요하다. 공급과 수요 간의 고전적 구분은 생산자와 소비자가 생산기준, 가격, 수량을 정할 때 협력하는 조직에서 사라진다. 또한 협동조합은 이익과 성장 같은 고전적 자본주의 동기에 의해 추진되지 않는다. 협동조합에서 이윤profit은 잉여surplus가 되는데✝, 잉

✝ 이윤과 잉여의 차이는 실질적으로 관점의 차이가 유일한 차이다. 그 둘 다 소득을 창조하기 위해 필요한 비용(임금, 설비투자, 마케팅 등)보다 많은 소득을 나타낸다. 이윤과 잉여 모두 재투자되거나 종업원에 대한 보너스와 외부 주주에 대한 배당금으로 지급될 수 있다. 일반적 주식회사는 '이윤'이라는 용어를 사용하는 반면, 협동조합과 비영리기업은 '잉여'라는 용어를 선호한다.

여는 직원과 공급업체에 공정한 조건 및 처지를 보장하는 것과 균형을 이루면서 추구되어야 한다. 성장은 특정 규모까지만 이루어지는 게 바람직한데, 이 지점을 넘어서면 관련자 수가 너무 늘어나 참여와 공동의사결정을 하기가 더 어려워지기 때문이다.

이 장에서 나는 핵심 경제문제 몇 가지를 다룰 것이다. 그러나 나는 자본주의체제에 딱 맞춰진 가정을 설정하는 대신, 자원이 공정하게 공유되어야 하고, 생산자와 소비자의 요구가 서로 경쟁하기보다 서로 균형을 이뤄야 한다는 생각으로 글을 써내려 갈 것이다. 이것은 우리를 시장과 경제조직의 최적 구조가 무엇인지에 대한 꽤 다른 아이디어로 인도한다.

그렇다면 협동조합이란 무엇인가? 국제협동조합연맹International Co-operative Alliance에 따르면 "협동조합은 공동소유인 동시에 민주적으로 통제되는 기업을 통해 공동의 경제적·사회적·문화적 필요와 열망을 충족시키기 위해 자발적으로 연합한 사람들의 자치단체"이다. '자발적autonomous'이라는 단어가 중요한데, 협동조합 가입은 스스로 원해서 하는 것이어야 하지 노동자가 거기에서 일하거나 고객이 어떤 물건을 구입하기 위해서 가입할 필요는 없어야 하기 때문이다. 기업에 대한 민주적 통제의 성격은 규모와 부문에 따라 협동조합마다 다르지만 자본주의적 기업에서 전통적으로 채택하는 위계적 관리구조를 따르지 않는다.

협동조합은 사람들이 자본주의경제에서 자신의 필요를 충족할 수 없다는 사실을 발견할 때 설립된다. 예컨대 주택을 필요로 하는 누군가가 같은 상황에 처한 다른 사람들과 힘을 합치면 재산을 구입할 능력이 향상되어 주택협동조합을 설립할 수 있다는 사실을 깨달을 수 있다. 유사한 방식으로, 여전히 영국의 전체 식품시장을 주도하고 있는 협동조합들은 원하는 천연유기농식품을 구입할 수 없다는 사실을 알게 된 소비자들의 반응으로 결성되었다. 협동조합운동은 실제로 식료품 분야에서 처음 시작되었는데, 일하는 사람들이 독점적 상점에 착취당하는 것을 피하고자 스스로 자신만의 공급망을 창조했던 것이다.

이 정의는 또한 문제를 해결하기 위해 함께 일하는 것의 중요성을 강조한다. 영국협동조합연합회Co-operatives UK의 설명에 따르면 "협동조합을 독특하게 만들어주는 것은 기관투자가나 멀리 떨어진 주주가 아니라 회원들에 의해 운영된다는 것이다. 고객·직원·주민·농민·예술가·택시운전사 등 나와 당신 같은 사람들이다". 이런 공유감정은 왜 일부 부문, 특히 금융 및 보건 부문에서 협동조합에 '상호적mutual'이라는 말이 붙는지를 설명해준다. 상호 윤리mutual ethics는 협동조합사업에 전형적인 생산자와 소비자 간의 다양하고 평등한 관계를 설명하는 데도 도움이 된다. 생산자와 소비자는 중간의 중개인을 잘라버림으로써 소비자에게는 낮은 가격을, 생산자에게는 더 높은 수익을 보장할 수 있다. 나중에 보게 되겠지만, 이것은 원래 협동조합 설립의 중심 동기였다.

이것은 단순한 이론적 논의가 아니다. 전세계적으로 오늘날 수백만 명의 사람들이 협동조합의 회원이거나 직원이다. 농업·주택업·금융업·소매업과 같은 여러 부문에서 사적 비즈니스 모델의 대안으로 협동조합이 성공적으로 운영되고 있다. 이것은 우리 삶의 거의 모든 면을 협동조합의 방패 아래 조직할 수 있다는 것을 의미한다. 협동조합은 세계 구석구석에서 발견되고 있으며, 가장 큰 사업체들 중 여러 개가 협동조합 형태다. 예를 들어, 일본의 농업협동조합연합Association of Agricultural Co-operatives은 2012년에 연간 570억 달러의 매출을 올렸으며 프랑스의 협동조합 슈퍼마켓 러클럭Leclerc의 매출액도 그에 상응한다.

이 장은 협동적 경제활동의 이론과 역사에 대한 간략한 소개로 시작한다. 그것은 자본주의경제의 기본가정, 즉 자원이 사적 이해관계에 따라 소유되고 대부분의 사람들은 자원이 없으며 자신의 일을 통해 생계를 유지해야 한다는 기본적인 가정에 의문을 제기한다. 그다음 절에서는 우리가 사회를 전체적으로 고려하고 모든 구성원이 경제의 생산과 소비 측면 둘 모두에서 역할을 수행한다고 본다면, 생산 및 분배 시스템이 어떻게 작동해야 할지 탐구한다. 후속 절에서는 기업과 국가 간의 재화교환 문제와 이것이 협동조합적 패러다임 내에서 어떻게 개념화될 수 있는지에 대해 논의한다. 마지막으로 나는 협동조합경제가 더 넓은 사회에 어떻게 영향을 미칠 수 있는지, 그리고 경제조직들이 협동조합 원칙에 따라 운영될 때 발생할 파급효과를 탐구한다.

협력의 이론과 역사에 관한 요약

협동조합운동을 성장시킨 자극은 자본주의적 생산에 대한 비판에서 나왔다. 즉 자본주의적 기업에서는 노동자가 실제 가치를 창조하는 반면 자본만 투자하고 어떤 노동도 하지 않는 소유자들이 창조된 가치의 거대한 양을 취득한다는 것이다. 협동조합의 아이디어는 직원이 자신의 회사를 소유하고 자신의 업무를 통제함으로써, 외부

소유자를 제거해 생성된 잉여가 회사에 재투자되거나 직원에게 상여금으로 지불되도록 하는 것이다.

협동조합운동의 아버지로 여겨지는 로버트 오웬Robert Owen 을 비롯한 초기 협동조합 참여자들 대부분은 '노동가치론'으로 알려진 사상의 지지자였다. 이것은 시장에서 거래되는 상품의 상대적 가치가 생산에 필요한 노동량으로 결정된다고 굳게 믿는다.(마르크스경제학자들도 이 이론에 동의한다. 2장 참조) 오웬은 자본주의적 사업체의 경영자로 있으면서 어떻게 노동 생산물이 생산비용보다 훨씬 더 높은 가격으로 팔린 결과 '잉여가치'가 이윤의 형태로 소유자에게 생기는 반면 노동자들은 최저임금을 받으며 노동에 묶여 겨우 살아가는지 목격했다. 그는 이 과정을 불의로 간주하고 전국공정노동거래소National Equitable Labour Exchange 를 설립했는데, 거기서는 재화가 그 생산에 필요한 시간에 따라 교환되었으며 시간 기반 화폐time-based money가 사용되었다.(Bickle and Cato, 2008)

이것은 그가 정의justice 에 기초한 교환제도라 생각한 것을 실험한 첫번째 사례였다. 그는 나중에 노동자가 자신의 노동을 통제하고 생산적 자원을 소유해야 한다고 제안했는데, 이것이 협동조합운동의 토대가 되는 핵심 원칙이 되었다.

협동조합 이론이 생산 측면에서 시작될 때 그 실천은 시장경제의 소비 측면에 초점을 더 맞추고 있었다. 협동조합운동의 공식 역사는 영국 로치데일에서 시작되었다. 로치데일의 선구자들은 1884년 협동조합 상점을 설립했다. 그들은 지역의 공급자에게서 구입한 밀가루, 귀리가루 및 설탕과 같은 가정에서 필요한 건조제품을 거래하기 시작했다. 그러나 상점이 번성하기 시작하자 협동조합원들은 회원들을 위해 가격을 낮출 뿐 아니라 식품이 확실하게 깨끗하고 착취 없이 생산되도록 중간상인을 배제했다.(Shaw, 2008) 도매업협동조합 Cooperative Wholesale Society(나중에 영국 소비자협동조합의 일부를 이뤘으며 오늘날 '더 코오퍼러티브The Co-operative'로 알려져 있다)의 상징적인 제품은 1860년대부터 열성 멤버들에게 판매되었던 차였다. 1902년 차협동조합Co-operative Tea Society은 자체적으로 공급을 조달하기 위해 스리랑카에서 토지를 구입했는데, 차는 공정무역 원칙에 대한 협동조합운동의 책무를 묻는 시험대가 되었다. 1973년에 스리랑카 차 농장의 착취를 폭로한 문서에는 협동조합 소유의 농장도 포함되어 있었다. 공정무역과 형평성에 대한 협동조합의 책임성을 깊게 성찰한 뒤, 글로벌 제품의 공정무역 성장을 위한 영국 협동조합운동의 신조가 발전했다.(Anderson, 2008)

생산자와 소비자의 요구를 다양한 방식으로 조정하기 위해 광범위하게 협동조합이 조직되었는데, 그중 세 가지 주요 유형으로 나눠 볼 수 있다.

1. 노동자협동조합에서는 사업에 종사하기 위해 고용된 사람들이 동시에 그 사업을 소유한다. 이는 1차 협동조합으로도 불리는데, 기본적인 재화와 서비스를 생산하고 팔기 때문이다. 그런 협동조합의 사례로 스페인 바스크 지역의 유명한 몬드라곤Mondragon 협동조합과 런던에 기반을 둔 인쇄회사인 칼버트 프레스Calvert Press 등이 있다.

2. 생산자협동조합에서는 생산자들이 자신의 제품을 팔기 위해 뭉친다. 이들은 2차 협동조합으로도 알려져 있는데, 협동조합 활동

이 생산 단계보다 마케팅 단계에 중점을 두고 있기 때문이다. 가장 큰 국제적 사례는 농업 부문, 특히 방대한 수의 유제품 협동조합에서 찾아볼 수 있다. 뉴질랜드의 아알라Arla 나 폰테라Fonterra 처럼 창의적 노동자들과 의사들이 함께 모여 일과 마케팅 비용을 공유하는 것도 이런 사례에 포함된다.

3. 마지막으로, **소비자협동조합**이나 **소매협동조합**에서 고객은 구매 클럽을 형성하거나 혹은 조직을 통해 필요한 서비스를 관리하는 식으로 소비자로서의 힘을 키우기 위해서 협동조합을 만든다. 세계 각국의 많은 주택조합뿐만 아니라 '더 코오퍼러티브'를 포함하는 많은 협동조합 상점들이 이 범주에 속하는 사례다.

앞 절에서 설명한 바와 같이 협동조합 활동은 확립되어 있긴 하지만 계속 진화하는 원칙과 가치체계로 정의된다.✚

- 자발적이고 개방적인 조합원제도: 아무리 가진 자원이 적더라도 누구나 가입할 수 있으며 누구도 가입을 강요당할 수 없다.
- 조합원들의 민주적 통제: 협동조합은 그 조합원들에 의해 통제되며, 조합원들은 정책의 설계와 결정에 적극적으로 참여한다.
- 조합원의 경제적 참여: 협동조합은 집단적 경제 기업에 해당하므로 모든 조합원은 자신의 의지를 입증하기 위해 재정적으로 공헌해야 한다.
- 협동조합 간 협력: 협동조합은 스스로를 운동의 일부로 보며 한

✚ 전체 목록은 다음 웹사이트에 수록되어 있다. www.co-operative.coop/corporate/aboutus/the-co-operative-group-values-and-principles/

협동조합이 상품 및 서비스를 구매할 때 다른 협동조합에 우선권을 주는 연대원칙에 헌신한다.

세계에서 가장 잘 알려진 협동조합 사업은 스페인 바스크 지역의 몬드라곤그룹을 구성하는 사업이다. 그들의 사례는 협동조합 이론의 여러 측면은 물론 세계경제에서 협동조합이 직면한 어려움도 보여준다. 1940년대 그 지역은 높은 실업률에 시달리고 있었다. 지역의 성직자인 호세 마리아 아리스멘디아리에타José María Arizmendiarrieta 는 지식이 경제적 성공의 열쇠라고 확신하고 기술학교를 설립했다. 1956년 이 학교를 졸업한 몇몇 학생들이 최초의 생산자협동조합 파고르Fagor 를 시작했고, 이것은 이후 가정용 전자제품 생산에서 유럽의 선두주자로 성장해왔다. 몬드라곤그룹은 현재 67개의 산업체로 구성되어 있는데, 그중 8개는 유통에 종사하고 15개는 주로 교육 분야에서 그룹 전체를 지원한다. 스페인 북부의 주요 대형체인점이면서 전국적 아울렛망을 갖춘 에로스키Eroski 와 노동자은행인 카자라보랄Caja Laboral 역시 몬드라곤그룹의 구성원이다.(Novkovic and Webb, 2014 참조)

자원에 대한 협동조합경제학적 관점

협동조합경제학에 전념하는 경제학자로서 나는 칼 폴라니Karl Polanyi가 우리에게 큰 영감을 주었다고 생각한다. 폴라니는 자본주의가 상품생산에 필요한 기초자원을 다루는 방식을 재검토했다. 신고전주의경제학에서는 '생산요소'로 정의되고 있는 이 세 가지 기본

요소는 바로 토지·노동·자본이다.(Polanyi, 1944) 폴라니는 '허구적 상품$^{+}$ fictitious commodities'이라는 용어를 창안함으로써 경제생활의 이러한 기본 구성물들을 상품화하려는 시도를 비판했다. 그는 살아 숨 쉬는 사람들이 어떻게 '노동'으로 환원될 수 있으며, 자연세계의 부가 어떻게 '토지'라는 협소한 범주로 국한될 수 있는지 의문을 제기했다. 자본은 세 가지 중에서 가장 허구적이다. 자본은 재화의 소유권이 시간과 거리를 넘어 옮겨다니게 만듦으로써, 재화를 소유한 이들이 권력을 유지해나가게 해주는 인위적 수단이다. 폴라니의 이론은 그러한 '허구적 상품'의 소유가 과연 옹호될 수 있는지, 또는 타당한 것인지 의문을 제기하기에 잠재적인 급진성이 있다. 자본주의경제 체제는 법적으로 강제된 사유재산제도에 의존하지만 이 권리는 사실 보편타당한 것이 아니다.

폴라니의 이론적 결론은 전세계의 인류사회가 핵심적 경제 질문에 어떻게 답하는지를 광범위하게 연구한 것에 기반을 두고 있다. 그가 발견한 것은 대부분의 사회에서 경제생활은 사회적 과정social process이라는 사실이다. 곧 경제생활을 일련의 시장 기반 거래관계로 환원시키는 것은 최근의 현상일 뿐이다. 우리가 속한 경제를 분석할 때 이를 기억할 필요가 있는데, 왜냐하면 우리는 이를 통해서 자신의 욕구를 직접 충족시키는 방식(흔히 자급조달self-provisioning로 지칭되는 과정)에서 벗어나 더 많은 생활영역이 시장화marketisation 되어가는 움직임이 진행 중인 현실을 더 잘 이해할 수 있기 때문이다. 판매용 도시

$^{+}$ 허구적 상품은 자본주의 시장의 맥락 안에서는 상품으로 취급되지만, 본래 그 기원과 본질은 상품으로서의 역할을 넘어서 있다. 따라서 경제조직의 시장시스템에 의해 부과된 이러한 제한 때문에 진정한 본질의 성취가 방해를 받고, 가치가 폄훼를 당한다.

락과 가정 밖 보육시설 등의 증가를 그런 시장화의 예로 들 수 있다.

많은 사회에서 사람들은 자급자족하는 농부로서 자신의 필요를 직접 조달한다. 예를 들면 필리핀에서 농민들은 토지개혁을 통해 양도받는 땅에서 일하고 있다. 또 체코공화국에서 농민들은 자라드키zahradky('작은 정원'이라는 뜻)라는 배급 토지에서 일하고 있는데 이런 특징적 제도는 공산체제로부터의 전환 이후에도 살아남은 것이다. 신흥 산업사회에서도 공장에서 일하는 사람들이 농작물을 계속 재배하고 닭이나 어쩌면 돼지도 기를 수 있도록 비슷한 토지 배급 제도가 도입되었다.

협동조합경제학은 경제에 대해 총체적 관점을 취함으로써 우리 모두를 생산자인 동시에 소비자로 바라보며, 우리의 경제생활이 더 넓은 사회공동체와 자연환경에 다시 뿌리 내리도록 노력한다. 반대로 경제학에 대한 시장주의 접근법은 소비자로서의 역할에만 치중해 낮은 가격을 추구하도록 부추긴다. 하지만 이로 인해 생산이 환경 기준이 낮고 임금이 저렴한 해외 국가로 이동해버리면서, 우리가 생산자로서 활동할 기회를 잃을 수도 있다. 말하자면 그것은 경제적인 분할지배divide-and-rule의 한 형태다. 협동조합경제학 이론은 경제에서 누가 자원을 소유할 권리가 있는지 묻고, 그 질문을 그러한 자원으로 생산된 제품의 가치가 어떻게 공유되어야 하는지에 관한 질문으로 확장한다. 시장경제에서 이윤은 압박이나 유혹 등의 수단으로 소비자가 지불하도록 만들 수 있는 가장 높은 가격을 책정함으로써 얻어진다. 이것은 공급과 수요의 '법칙'에 호소함으로써 정당화되지만 실제로는 이 둘 다 조작될 수 있다. 예를 들어, 희소성은 가격을 인상하기 위해 의도적으로 창조되고, 수요는 광고를 통해 만들어질 수 있다. 강력한 과점기업의 대표격인 애플사는 최신 모델에 높은 가격을 책정하기 위해 이러한 기법 모두를 사용한다.

경제학에 대한 협동적 접근방식을 이끌어가는 주요 질문은 이것이다. 경제에서 누가 가치를 창출하는가? 그리고 이 질문과 그에 대한 답은 그 가치가 어떻게 공유돼야 한다고 암시하는가? 새 컴퓨터나 휴대전화의 경우 공정가격 fair price 은 공장 노동자들의 임금을 포함해 제조공정에 사용된 재료의 비용과 연관될 것이다. 저임금 경제에서 생산하고 부유한 해외 시장의 흥분한 소비자에게 판매하여 이윤을 극대화하는 것, 곧 21세기 자본주의의 특성을 보여주는 바로 그시스템은 협동조합경제학이 절대적으로 배척하는 것이다. 무역에 관한 절에서 보겠지만 공정무역은 이러한 윤리적 입장을 나타내는 실천적 대응이라고 볼 수 있다.

협동조합적 기업이론

지금까지 우리는 협동조합경제학 이론이 경제활동의 산물은 공정하게 공유될 필요가 있다고 주장한다는 걸 확인했다. 이 절에서 나는 경제조직이 조직되고 관리되는 방식에 대해 이 주장이 의미하는 바를 탐구할 것이다. 자본주의경제에서 생산은 통상 회사firm 이라고 불리는 기업enterprise 이 수행하며, 기업은 서로 경쟁하면서 자본 투자자들에게 지급되는 이윤을 극대화하려고 노력한다. 기업은 위계적으로 관리되기 때문에 위계의 상층부에 포진할수록 더 높은 보수를 받는다. 협동조합경제학은 경제조직의 이 모든 특징들에 도전한다.

앞서 보았듯이 협동조합의 원칙과 가치는 공평과 평등을 추구할 것을 요구한다. 따라서 위계적 모델은 기업을 소유한 모든 구성원이 회사운영 방식에 대해 동등한 의사결정권을 가져야 하는 모델로 대체된다. 많은 결정은 민주적 투표에 기초해 이루어진다. 예를 들어, 많은 협동조합은 그날그날의 사업은 직원들이 선출한 이사회가 운영하지만, 중요한 결정은 모든 직원조합원들에게 참석 자격이 있는 연례회의에서 이루어진다. 마찬가지로 신용협동조합credit union 이나 주택금융조합building society 과 같은 금융협동조합은 연례총회AGM 에서 중요한 결정을 내리고 협동조합의 융자 또는 예금 계좌를 가진 사람은 출석하여 투표할 수 있다.

협동조합은 자본주의의 핵심인 경쟁 충동에 도전하며, 경쟁이 가격을 낮추고 소비자에게 이익이 된다는 가정에도 이의를 제기한다. 협동조합주의자는 "내가 그렇게 낮은 가격으로 살 수 있는 건 누가 대가를 부담하기 때문인지" 물어볼 것이다. 물론 그는 그 부담을 지는 것은 생산자라는 걸 알고 있다. 앞에서 설명한 바와 같이 협동경제학은 생산자와 소비자가 서로 경쟁하는 방식에 도전한다.

노동가치론을 상기하면서 협동경제학은 회사에서 창출된 가치가 모든 직원에게 동일하게 귀속되어야 한다고 요구한다. 회사에 노동을 제공하지 않고 자본만 공급하는 주주들에게 이익의 한몫을 지급하기보다 협동조합은 잉여를 창출하는데, 잉여는 다시 그것을 창출한 사람들에게 분배되거나 사업에 재투자된다. 협동조합은 또한 형평적 지급 구조equitable pay structure 를 표방하는데, 일부 협동조합은 엄격한 평등 지급equal pay 에 대한 원래의 신조를 그대로 유지하기도 한다. 어떤 협동조합에서는 다른 직원과 관리자 간 거리를 좁히기 위해 6개월 또는 1년 단위로 업무를 교대한다. 이것은 모든 직원이 서로의 업무를 이해하고 통일된 목적을 회사 전체에 명확하게 전달할 수 있다는 이점을 지닌다.

생산과 소비의 균형이라는 개념은 회사가 관리되는 방식에 중요한 영향을 미친다. 자본주의 회사의 초기 모델은 단일 소유주 또는 동업 관계를 맺은 소수 기업가들이 회사를 소유하고 운영하는 것이었다. 그러나 회사의 구조가 진화하면서 회사의 소유주인 '주주'와 회사의 경영자가 분리되었다. 이제 더 이상 그 둘의 이익이 일치한다고 가정할 수 없다. 경영자는 자신의 권력과 급여를 위해 주주의 이익에는 도움이 되지 않는 생산 또는 투자 결정을 내릴 수 있다.

이 이론은 주주 및 관리자의 이익이 충돌한다고 지적한 아돌프 벌리Adolf Berle 와 가디너 민즈Gardiner Means 의 1932년 논문에서 처음 제시됐다. 그들은 '현대' 회사가 갈등을 해결할 수 있는 방법을 찾아야 한다고 주장했는데, 양쪽 모두가 '극대화maximising'보다 '만족화satisficing'로 규정되는 해결책을 받아들여야 한다는 것이다. 서로 합의점을 찾는 협상은 기업 자체의 효율성을 향상시키는 데 더 유익하게 쓰일 수도 있는 시간과 에너지를 소진해버릴 수 있다. 금융부문의 협동조합기업에 대한 최근 연구에서 산체스바조와 롤랑(Sanchez Bajo and Roelants, 2011)은 적극적으로 회사를 위해 일하는 소유주가 외부 주주보다 회사의 기능을 더 향상시킨다는 사실을 발견했다.

우리가 이미 발견했듯이 노동자협동조합에서는 소유주와 생산자 간에 갈등이 없다. 그 둘은 동일한 사람이기 때문이다. 직원들이 회사를 소유하고 있으며, 여기에 외부 주주는 없다. 따라서 주주와 경영진 간의 갈등이 사라지며, 긴장을 해결하는 데 에너지가 낭비되지 않는다. 협동조합은 협동조합 회사가 속해 있으며 글로벌 협업 지원 및 마케팅을 조정하는 글로벌 협동조합운동의 영향 아래 설립되기 때문에 가치와 목표를 잘 설정하는 데 큰 **이점**이 있다. 이것은 적어도 이론상 그리고 실제로도 자주 협동조합이 공유된 목표에만 집중할 수 있음을 의미한다. 그러나 경영 과정에 대한 참여도가 높은 본질적 특성으로 인해 노동자-소유주가 회사의 전략과 향후 방향에 대한 결정을 내릴 때 회의에서 많은 시간이 걸릴 위험이 있다.

한 세기 전, 생산의 본질에 관한 토론은 협동조합 그 자체의 경계를 넘어 유럽의 민주주의에서 정치적 논쟁의 핵심이었다. 영국에서는 노동자들이 자신의 사업장을 통제해야 하며, 그런 협동조합이 윤리적 지역경제의 중심이 되어야 한다고 주장하는 길드사회주의자*guild socialist 들을 중심으로 논쟁이 벌어졌다. 이를 반대하는 페이비언사회주의자**Fabian 들은 국가가 강력한 노조를 결성한 노동세력의 지원을 받으며 산업을 통제할 것을 주장했다. 나중에 이들의 투쟁사를 기록한 협동조합경제학자 콜G.D.H. Cole은 길드사회주의자들을 이렇게 설명했다.

그들이 내세운 '노동자 통제'는 무엇보다 실제로 일하는 집단이 자기 스

● 길드사회주의의 기초를 이루는 사고방식은 중세 길드조직의 직능적 연합으로 이루어지는 사회 형태를 근대적으로 부활시키려고 하는 것이었다. 이들은 산업에 종사하는 모든 노동자를 산업별·직장별 길드로 편성하고 이 길드가 산업을 지배하고 경영을 담당하는 방법을 제안함으로써 관료적이고 중앙집권적인 사회주의에 맞섰다. 국가제도나 정치권력보다 생산자들의 자발적 조직에 의존한다는 점에서 무정부주의적인 특징을 보여주며, 주로 생산현장에 대한 노동자의 직접적 참여와 통제를 통해 그 이상을 실현하고자 한다.
●● 페이비언사회주의란 1884년 영국의 페이비언 협회가 주장한 점진적 사회주의 사상으로, 혁명을 일으키지 않고 의회주의를 통하여 점진적으로 모든 개혁적 정책을 실현함으로써 자본주의의 결함을 극복하고자 한다. 이런 점에서 혁명을 주장하는 기존의 마르크스주의자와 구별되며, 의회주의와 정치 참여를 통해 노동조건을 개선하고 복지를 향상시키려는 점에서는 무정부주의자에 가까운 길드사회주의와도 구별된다.

스로의 일을 관리하면서 통제하는 것을 의미했다. 이런 통제와 관리는 가능한 한 민주적으로 만들어지고 집행되는 정책이 광범위하게 통제하는 틀 안에서, 책임과 권력이 가장 넓게 분산되는 가운데 이루어진다.(콜, 1960, 246~247쪽)

전투는 페이비언사회주의자의 승리로 끝났고, 이들은 노동당에서 주류세력이 되었다. 그 후 이들은 산업의 국유화를 추진했지만 이 전략은 경제 및 정치 생활에서 자유주의적 가치가 부활하면서 좌절되고 말았다. 그리고 한때 공익을 위해 관리되었던 산업의 민영화로 이어졌다.

영국의 선도적 소매회사 중 하나인 존 루이스John Lewis는 협동조합 방식으로 소유되는 기업이 낳는 이점에 대해 흥미로운 예를 제공한다. 이 회사의 창업자 스피던 루이스Spedan Lewis는 회사 임직원의 행복을 달성한다는 임무가 정관에 명시된 신탁회사에 그의 회사를 실질적으로 맡겼다. 이 행복은 직원이 성공적인 사업에서 만족스러운 직업을 가지는 것에 달려 있다고 규정되었다. 회사는 이윤을 낼 수 없지만 생산된 잉여는 매년 배당금 지급을 통해 직원들에게로 나누어진다. 직원이 회사의 실제 소유자 또는 관리자는 아니라는 점에서 비록 존 루이스가 협동조합의 모든 요소를 갖추고 있는 건 아니지만 거기에 어떤 외부 주주도 없다는 건 확실하다. 직원은 '파트너'로 불리며, 사업에서 창출된 가치를 나눈다는 사실이 그들의 동기부여에 긍정적인 영향을 미칠 것이라 추측할 수 있다. 존 루이스의 직원은 협동조합 조합원과 동일한 권한을 갖고 있지는 않지만, 그래도 주요 의사결정기구인 파트너십협의회의 80%를 선출하는 권한을 통해 일정한 역할을 맡고 있다.

협동조합적 관점의 무역

앞에서 나는 협동조합경제학자가 어떻게 생산과 소비 측면 사이의 윤리적 균형을 찾으려고 하는지 요약했다. 글로벌 무역체제만큼 균형이 결여된 곳은 그 어디에도 없다는 점은 분명하다. 무역에 대한 신고전주의적 접근은 19세기 초 데이비드 리카도가 개발한 '비교우위론theory of comparative advantage'에 근거한다. 이것은 모든 상품 및 서비스의 생산이 거래상대국보다 효율적이지 않더라도 한 국가가 무역의 혜택을 볼 수 있음을 시사한다.[*] 이 아이디어에 대해 가장 먼저 말해야 할 것은 그것이 그저 이론이라는 점이다. 경험적 증거로 뒷받침되지 않았음에도 불구하고 이 이론은 그로부터 이익을 얻는 사람들이 지속적으로 반복함으로써 이의를 제기하기조차 힘들어졌다. 이 이론은 지난 300년 동안 세계 최빈국들이 세계무역체제에 편입됐음에도 불구하고 부자가 되지 못한 이유를 완전히 무시한다. 그들은 거래상대국만큼 결코 강력해지지 못했다. 식민주의를 통하든 세계무역기구WTO와 무역협정이 이끄는 신新식민지주의를 통하든 무역은 남반구 개발도상국global South들에 대한 착취로 이어졌다. 교역 경로와 교역 조건을 구조화하고 상품거래가 이루어지는 시장을 지배하는 서구기업들은 그로부터 이익을 얻었다.

✚ 비교우위론의 논지에 따르면 각국은 가장 효율적으로 생산할 수 있는 재화나 서비스의 생산에 초점을 맞출 필요가 있다. 각자가 그렇게 하면 교역상대국보다 모든 재화를 덜 효율적으로 생산하는 나라라 하더라도 모든 무역참가국들은 무역으로부터 이익을 얻을 수 있다.

협동조합운동의 간략한 역사가 이 장 앞부분에 제시되었다. 1980년대에 '더 코오퍼러티브'는 생산자에게 공정한 가격을 제공하고 회원과 잉여를 나누는 사업의 중요성을 강조하면서 '협동조합 차이co-operative difference' 접근방식의 일환으로 윤리적 무역ethical trade으로 나아갔다. 여러 구호개발단체가 출범시킨 공정무역 브랜드 카페다이렉트Cafédirect와 함께 그 일을 시작했는데, '더 코오퍼러티브' 상점은 1992년 5월부터 최초로 이 브랜드를 매장에 비치했다. 공정무역fair trade은 이제 널리 인정되는 대중적 개념이지만 협동조합의 원칙으로 인해 공정무역이 공정하게 된다는 사실은 그리 잘 이해되지 못하고 있다. 협동조합의 원칙은 생산자와 소비자 간의 공정성에 대한 아이디어를 압축하고 있을 뿐 아니라 협동조합 소매업체가 다른 형태의 기업보다 협동조합을 더 선호하도록 규정한다. 협동조합은 윤리적 무역을 보다 확실하게 지원할 수 있는데, 이들은 이윤을 극대화할 의무가 없으며, 제품에 생산자에 대한 정보가 담긴 라벨을 부착하고 공정무역의 목적을 설명하는 전단지를 고객에게 배부하는 등 그들의 가게를 교육 목적에 이용할 수도 있기 때문이다.(Shaw, 2008). '더 코어퍼러티브' 그룹은 미래의 책무에 대해서도 분명히 밝혀왔다. "우리의 목표는 결국 개발도상국의 모든 협동조합 제품들이 공정하게 거래되고 공정무역 원료가 우리의 일반적 제품에서 점점 더 많이 사용되는 것이다."(Anderson, 2008) 공정무역이 협동조합 생산을 기반으로 할 필요는 없지만 협동조합은 어떤 중개자도 추가 검사나 (생산정보를 표시하는) 라벨링 없이는 거래할 수 없게끔 하는 자체 구조를 통해서 공정무역을 보장할 수 있다.

협동조합과 마찬가지로 공정무역의 파급력과 영향은 자주 과소

평가되어왔다. 현실에서 공정무역은 지난 30년간 이뤄진 윤리적 성공스토리 중 하나이며, 소비자가 항상 최저가격을 찾도록 유도되고 생산자는 서로 경쟁함으로써 성공할 것이라는 기존의 경제이론에 대한 살아 있는 도전 중 하나이기도 하다. 공정무역재단Fair trade Foundation의 목록에는 바나나, 커피, 꽃 심지어 휴대폰에 이르기까지 공정무역으로 거래되는 4000개 이상의 품목이 수록되어 있다. 공정무역이라는 아이디어는 이제 공급망에 대한 책임을 요구하는 개념으로 확대되었다. 윤리적 화장품 회사인 닐스야드 레머디스Neal's Yard Remedies는 지역공동체에 기여하기 위해 케냐의 삼부루와 같은 곳에서 유향과 같은 원료를 조달받는다. 그들이 지불하는 높은 가격 덕분에 유향을 수확하는 여성들은 깨끗하고 신선한 물을 구할 수 있으며, 자녀들을 학교에 보낼 수 있다. 공급망 모니터링은 특히 휴대전화 제조에 사용되는 귀금속이나 희귀금속의 경우에서 정치적 문제로도 되고 있는데, 해당 원료가 분쟁의 자금용으로 판매되지 않았음이 입증될 필요가 있을 것이다.

협력과 사회적 선

협동조합은 효율성을 추구하고, 조합원들을 위해 일하고자 하면서도 더 넓은 사회적 선social good에 도달할 수 있는 독특한 사업 형태다. 실로, 주식회사와 달리 사회적 선의 추구는 그들의 목표에서 똑같이 중요한 부분이다. 협동조합은 이미 논의된 바와 같이 공정무역을 확대하고 지원하는 동시에 빈곤 수준을 직접적으로 감소시킴으로써 남반구 개발도상국의 빈곤을 완화하는 데 특히 중요한 역할을 할 수 있다.

유엔은 세계의 어느 누구도 극심한 빈곤을 겪거나 기초교육·보건·물의 부족을 겪지 않는 것을 밀레니엄개발목표로 제시하고, 그 목표가 2015년까지 전세계에서 달성되도록 요청했다. 처음에 기대한 것만큼 광범위하게 진전이 이루어지진 않았지만, 지금까지의 성취에서 협동조합이 중요한 역할을 수행했다는 것은 분명하다. 비록 세계은행이 무역자유화의 가치와 자유시장의 확대에 대해 끝없이 그 유혹의 노래를 불러댔지만 세계의 빈곤을 퇴치하는 데 윤리적 무역이 가장 성공적이었음은 분명하다. 앤드류 비비Andrew Bibby 와 린다 쇼Linda Shaw 는 2005년 보고서에서 이를 강조했다.

유엔과 그 기구들이 이미 여러 차례 협동조합이 할 수 있는 공헌을 인정해 온 것은 고무적이다. 유엔총회 결의안 제54/123호는 사회발전, 빈곤감소, 고용창출과 참여적 개발에 대한 협동조합의 중요성을 강조했다. 유엔사무국은 이어 사회개발에서의 협동조합을 위한 가이드라인(2001)을 발표했다. 이들은 '협동조합운동을 국내 및 국제 문제에서 뚜렷하고 주요한 이해관계자'로 인정한다. 이들은 회원국들에게 협동조합을 합법적 기관으로 인정하고 협동조합 조직 및 기관에 다른 단체 및 기관들과 동등한 권리를 부여하는 정책 틀을 채택할 것을 권고한다.(비비&쇼, 2005)

이 독특한 조직구조는 업무 수익의 공평한 분배를 보장할 뿐만 아니라 협동조합이 이윤극대화를 넘어서 사회적 및 생태적 가치를 우선시할 수 있게 한다. 예를 들어, 이윤을 추구하는 회사는 수명이 짧은 제품을 만들기 때문에 우리가 구매를 하고 또 함으로써 그들의 이윤이 늘어나게 된다. 하지만 협동조합 회사는 주주의 압력을 두려워하지 않고 오히려 자원이용의 최소화와 수리의 용이성과 같은 사회적 목적을 달성하는 제품을 설계할 수 있다.(Cato, 2012)

친환경적인 관점에서 협동조합의 또 다른 이점은 성장에 초점을 맞추지 않았다는 것이다. 이것은 경제성장이 환경에 대한 압력을 가중시키고 있는 세계에서 특히 중요하다. 자본주의적 회사의 경우 성장은 시장에 대한 더 많은 통제와 더 높은 이윤을 의미하므로 핵심 목표가 된다. 조합원 내지 노동자와 긴밀한 관계를 유지해야 하는 협동조합에게 큰 규모는 큰 도전을 안겨다줄 뿐이다. 규모가 커지면 일관성 있게 초점을 유지하면서 모든 구성원의 견해를 고려하기가 어려워진다.

시장이 공급하지 못하는 욕구를 충족시키는 협동조합의 역할은 협동조합이 녹색전환green transition, 특히 전력생산 분야에서 중요한 공헌을 할 수 있게 했다. 덴마크에서는 강력한 정부 지원 속에서 지역공동체 소유에 초점을 맞춘 풍력발전이 큰 규모로 늘어났다.(Cumbers, 2012) '에네르기벤데Energiewende'로 알려진 독일의 에너지전환 정책은 지난 10년간 10배로 늘어난 발전협동조합이 주도했다. 화석연료에 중점을 둔 대형 발전시설이 지배하는 시장에서 소비자들은 에너지협동조합으로 친환경전기에 대한 필요성을 충족시키기로 결정하여, 지속 가능한 미래에 대한 공헌을 보여줬을 뿐 아니라 그로부터 혜택도 얻을 수 있었다.

일부 협동조합경제학자들은 이러한 형태의 경제조직이 생산성과 혁신의 측면에서도 더 많은 것을 제공할 수 있다고 주장한다. 미시건대학교의 마가릿 레벤스타인Margaret Levenstein과 그녀의 동료들은 당시 첨단기술의 중심이었던 1930년대 오하이오주 클리브랜드의 투자와 혁신에 관한 역사자료를 분석했다.(Lamoreaux et al., 2004) 그들은 주식시장에서 버블이 발생하면서 혁신에 대한 투자가 투기 활동으로 전환되었다는 사실을 발견했다. 주식시장이 붕괴했을 때, 지역의 모든 투자는 회수 불가능해졌고, 지역경제는 첨단의 자리를 결코 회복하지 못했다. 협동조합이 갖는 생산성의 이점은 다음과 같이 요약된다.

> 모든 기업은 시장경제에서 기능하기 위해 직원과 고객과 투자자를 필요로 한다. 이러한 이해관계자들이 기업에 원하는 바는 경쟁적이다. 곧 직원은 더 높은 임금을, 고객은 싼 제품을, 투자자는 더 큰 수익을 원한다. 협동조합의 목표는 윤리적 가치와 원칙 내에서 운영함으로써 이해관계자들의 경쟁적 이익을 조정하는 것인데, 이 경우 각자의 이익은 사회적 공동목적에 맞춰 조정된다. 협동조합은 모든 이해관계자가 공유할 수 있는 부를 생산해야 한다. 이러한 부의 창출능력을 측정하는 가장 좋은 방법은 수익성이 아니라 생산성이다. 더 높은 생산성은 모든 이해관계자들에게 이익이 된다.(브라운, 2004, 24~25쪽)

협동조합 조직의 최종적인 사회적 파급효과는 협동조합의 조합원들이 자신의 경제적 운명을 더 많이 통제하면서 스스로의 삶에서 발견하게 되는 변화의 형태로 나타난다. 협동조합사업에서 일하게 되면 모임 운영 방식에 대한 이해와 사업계획과 스프레드시트 작성법부터 출발해 다양한 숙련을 쌓아갈 수 있다. 협동조합의 가치와 원칙은 협동조합이 공동체에서 긍정적인 사회적 영향을 미치도록 장려하기도 한다. 이것은 기업의 사회적 책임성corporate social responsibility, CSR
을 넘어, 협동조합 회사에서 일하는 사람들로 하여금 사회에서의 자기 역할을 재평가할 수 있게 해주며, 그 결과 종종 자원봉사활동이나 폭넓은 정치참여로 이어지기도 한다.

요약하면, 협동조합은 몇 가지 면에서 자본주의 기업과 뚜렷이 다를뿐더러, 진정으로 흥미진진한 경제조직의 형태이기도 하다. 그들은 생산자, 소비자 그리고 환경을 존중하는 걸 우선순위로 두고 있으며, 협동조합의 특징적인 구조는 세계경제의 많은 부분을 파괴하는 착취에 저항한다. 협동조합은 직원과 고객에게 직접적인 권력을 부여하여, 고객을 무시하고 윤리적 쇼핑에 어긋나게 작동하는 사업 방식에 영향력을 직접 행사하게끔 한다. 협동조합은 세계의 모든 나라에서, 그리고 매우 다른 정치 및 경제 체제 곳곳에서 발견되고 있다. 그것은 자본주의에 대한 근본적 전복을 요구하지 않으면서, 더 공정한 대안 경제를 성취할 조용하고 눈에 띄지 않는 방법을 대표하므로 깊이 연구해볼 가치가 충분하다.

생태경제학

자연에서 사회로

집필자
클라이브 스패시, 비비아나 아사라
_ 빈경제경영대학교 사회경제학부 교수, 빈경제경영대학교 사회경제학부 조교수

소개

생태경제학ecological economics은 경제학에서 에너지 및 환경과 관련된 사상 계통을 대표하는데, 그 기원은 1800년대로 거슬러 올라갈 수 있다.(Martinez-Alier, 1990) 보다 일반적으로, 그것은 경제학을 고대 그리스 이후 인류에게 중심적인 관심사였던 주제의 맥락 안에 위치시킨다. 여기에는 부의 창출에 주어진 한계, 좋은 삶의 의미, 개인적·사회적 웰빙의 달성 방법, 윤리와 행동, 가치에 대한 인식론, 과시적 소비의 심리적 및 사회적 영향이 포함돼 있다. 현재의 운동은 1960년대와 1970년대 초반 성장의 한계(Meadows et al., 1972)에 대한 관심, 니콜러스 조지스큐-뢰겐Nicholas Georgescu-Roegen의 작업(1971)에 기초한 경제에서의 에너지와 원재료의 흐름에 대한 연구, '외부성externality'을 만연한 사회적 비용전가와 현대 경제활동의 필수

적 부분으로서 재개념화한 것(Kapp, 1950, 1978)에 바탕을 두고 있다. 하지만 경제학에 대해 이런 종류의 사회적·생태적 비판을 표현한 과거의 글들은 집단적이면서 형식적으로 제도화된 학술적 기반을 창조해내지 못했다. 보다 공식적인 학회와 저널은 1980년대 후반과 1990년대 초반에 비로소 등장하게 되었는데, 이는 부분적으로 정통적 환경경제학에서 비판과 불화가 증가했기 때문이기도 하다.(Spash, 1999, 2011)

1987년 바르셀로나에서 호안 마르티네즈-알리에Joan Martinez-Alier가 주최한 회의에서, 국제생태경제학회ISEE가 탄생했으며, 1989년에 『생태경제학』 저널의 창간호가 출간되었다. 경제를 더 큰 생태계 내에 담겨 있는 걸로 명시적으로 인식하는 것이 현실을 바라보는 기본 개념(즉 존재론적 전제)이었으며, 참가자들을 위한 공통의 토대였다. 이 자명한 현실은 주류 경제학은 물론 모든 이단적 이론에서도 거부되거나 무시되었다. 경제는 그것이 담겨 있으며 완전히 의존하고 있는 생물물리학적 시스템biophysical system과 마치 독립적인 것처럼 연구되고 있다.

경제와 환경 사이의 관계를 연구하는 것은 경제학자에게는 추가적인 선택사항이며 소수자들의 연구목적일 뿐이다. 다양한 경제적 접근법들은 성장경제growth economy를 공통의 유토피아 비전으로 삼으며 원재료와 에너지 처리량*의 지속적인 증가를 성공을 위한 핵심 권고로 채택한다. '너희는 네 경제를 성장시킬지니라', 이것이 현대 산

✚ 처리량이라는 용어는 시스템을 재료 및 에너지의 흐름(예컨대 동물의 생물학적 신진대사)을 지칭하기 위해 사용되는데, 이는 해당 시스템의 주어진 상태를 유지시켜준다. 경제 시스템은 이 장의 뒷부분에서 논의되는 사회적 신진대사(Krausmann, 2017 참조)로 간주된다.

업사회의 중심에 신앙 교리로서 고이 간직되어왔다. 모든 종류의 경제학자들 사이에서 지배적인 기본가정은 경제시스템이 물리적으로 고립되어 있어(즉 다른 시스템과 에너지나 물질의 교환이 없어서), 그 자체만으로 의미 있게 연구될 수 있다는 것이다. 실제로는 이것이 인간이 살고 있는 생물물리학적 현실도 아니고 경제적 활동과 사회의 재생산을 가능하게 하는 조건을 연구할 때 타당한 전제도 아니다.

다른 모든 경제적 접근법과 달리 생태경제학은 생물물리학적 현실과의 근본적인 연관성을 핵심으로 삼아왔다. 그러나 경제가 또한 담겨 있는 사회와의 연관성은 적절히 다뤄지지 않았다. 이 점을 분명하게 강조하지 않은 결과는 환경문제를 경제문제와 결합시킬 때 형식주의적 접근법*formalistic approach을 채택하는 것이었다. 이로써 많은 생태경제학자들이 기본적으로 자원이 효율적으로 배분되는 것으로 간주하는 형식적 경제 개념을 유지해왔다. 이러한 접근법은 신고전주의경제학의 하위 분야를 구성하는 자원·환경경제학자resource and environmental economist들의 방식과 다를 바가 없다. 그렇게 되면 환경에 대한 주류 경제학과 이단적 경제학의 접근방식을 구별하기가 어려워지는데, 후자의 이단적 방식이 단지 동일한 모델에 더 엄격한 부수적 제약조건을 추가하는 경우에 특히 그렇다. 더욱이 기업의 권력, 가격을 설정하는 시장, 자본축적, 국가의 역할, 군산복합체와 같은 기존의 사회경제적 구조에 대한 체계적 비판도 결여돼왔다. 이것은 환경-경제의 상호작용만을 연구하는 자연과학자와 신고전주의경제

● 경제학의 '과학화'라는 이름 아래 시장관계는 물론 인간의 모든 경제활동을 수학적 언어로 형식화formalisation하려는 방식을 말한다. 경제학에서 형식화가 갖는 장점은 작지 않다. 하지만 과도하게 진행되는 형식화는 복잡하고 다양한 경제현실을 대부분 놓치게 한다.

학자가 사회현실에 거의 또는 전혀 관심을 두지 않았기 때문이다.

경제를 가격결정의 시장시스템으로 다루면서 경제학을 연역적 수학 모델링으로 통합하는 것은 모든 개체를 객체로 변환시켜버린다는 것을 의미한다. 토지·노동·자본은 상품의 형태를 취하면서 경제적 기계의 톱니바퀴가 된다. 이에 따라 경제학은 세계를 인적자본·사회자본·문화자본·자연자본으로 개념화한다. 이러한 자본으로의 전환은 과학적 분석의 전형적인 실패사례인데, 모름지기 과학적 연구라면 (인간·사회·문화·자연과 같은) 실제 연구대상의 성질quality을 고려할 필요가 있기 때문이다. 그러나 칼 폴라니(1944)가 오래전에 상술한 바처럼 이런 움직임은 현실의 사회구조를 창조하는 데 필수적인 부분이기도 하다. 그래야 그러한 사회구조 안에서 실제로 가격결정 시장경제가 운영되고 촉진될 수 있으니 말이다. 분명한 것은 경제시스템과 그 시스템의 작동을 가능하게 하는 사회구조 사이의 관계가 계획적으로 무시되고, 분석에서 의도적으로 배제돼왔다는 것이다. 가격설정 시장과 성장경제에 대한 환경적 비판은 자연의 착취에만 초점을 맞출 뿐, 사회구조에 대한 문제제기를 불러일으킬 수 있는 사회적 착취social exploitation를 인식하지 못함으로써 실패했다.

그러므로 사회생태경제학Social Ecological Economics의 목적은 주류 경제학과 이단 경제학 모두를 경제적 잠재력에 대한 공통된 밑그림과 대안체제의 가능성에 대한 묵살의 측면에서 재고해보는 것이다. 전형적으로 양자는 경제성장에 대해 유토피아적 견해를 채택함으로써 현실과 유리되어 있다는 비판에 직면하고 있다. 그러나 이것이 일부 이단적 지류(예컨대, 진화경제학, 비판적 제도경제학, 페미니즘경제학, 신마르크스경제학)들이 새로운 경제학에 대한 희망을 보다 많이 품고 있다는 것을 부인하지는 않는데, 왜냐하면 이들은 이미 현재 시스템이 일부 측면에서 실패했다는 걸 인식하고 있기 때문이다. 여기에서 중요한 관심사는 이단적 경제학이 채택한 존재론(즉 현실에 대한 견해)이다. 예를 들어, 주류로부터 분리돼 나오는 근본지점은 경제가 투입물을 얻고 산출물을 처분하기 위해 다른 계system를 필요로 하는 열린계open system라는 인식이다.그럼에도 불구하고 경제시스템이 작동하는 사회적·생태학적 현실에 대한 관심이 일반적으로 부족한 상태이며, 이러한 상황이 지속되는 한 경제학자는 왜 인류가 중대한 사회적·생태적 전환을 겪고 있는지 이해하지 못할 것이다. 실로, 그 전환은 보다 나은 세계가 아니라 더 나빠진 세계로 향할 가능성이 더 크며, 우리가 의도한 설계에 의해서가 아니라 재난에 의해서 그런 미래를 맞이할 가능성이 높다.

이 장에서 우리는 경제적 사고에 대한 생태경제학의 비판을 간략하게 설명한다. 생물물리학적 현실에 대한 이해에 기반한 비평에 더해 우리는 경제를 필수적 사회구조의 맥락에서 이해할 것을 강조한다. 그 후 우리는 생태경제학이 신자원경제학자, 신환경실용주의자, 사회생태경제학자들 사이의 내적 분열에 직면해 어떻게 지식의 경쟁장이 되었는지 알아볼 것이다. 오직 마지막 것만이 '경제학 다시 생각하기'와 관련돼 있다. 사회생태경제학은 상호작용하면서 계층화된 시스템에 대한 새로운 사고방식의 필요성을 제기한다. 그 과정에서 비판적 실재론˙Critical Realism이 새로운 사회생태경제학적 이해의

● 인식론과 존재론 분야에서 전통적으로 실재론realism과 유명론nominalism이 대립해왔다. 실재론은 이 세계에는 확고부동한 실재적 대상이 존재하며 이에 상응하는 지식을 통해 그것을 인식할 수 있다는 입장인 반면, 유명론은 확고부동한 대상이 존재하지 않으며 우리가 인식하고 있는 것은 이름으로 표현된 현상에 불과하다는 입장이다. 실재론은 보편성을

기초를 알려주는 과학철학 중 가장 적합한 철학으로 소개된다. 마지막으로 우리는 향후 연구가 필요한 방향으로 눈을 돌리면서 탈성장 운동degrowth movement의 관심사와 어떻게 연계되는지 언급하면서 인류의 민주적 열망에 대한 위협도 강조한다.

생태경제학의 내용과 의미

1970년대 초반 열역학법칙의 경제학으로의 편입은 나중에 생태경제학이 된 경제학을 이해하는 데 새로운 활력을 불어넣었다. 열역학 제1법칙은 고립된 시스템에서 질량은 에너지와 마찬가지로 생성되거나 파괴될 수 없다고 말한다. 엄밀히 말하면 지구는 열린계(물질과 에너지를 보다 넓은 환경과 교환한다)이지만 의미 있는 물질교환이 거의 없기 때문에 사실상 닫힌계closed system다. 지구는 주로 태양계와 에너지를 교환한다.

이것은 인간 활동이 물질을 변형시킬 수는 있지만 파괴할 수는 없다는 것을 의미한다. 원재료 처리량을 기반으로 하는 경제시스템은 사용하는 자원만큼의 폐기물을 발생시킨다. 이 폐기물들은 지구의 환경 시스템으로 들어가며, 환경 시스템은 할 수 있는 한 그 폐기물을 처리해야 한다. 처리가 실패할 경우, 돌이킬 수 없는 변화가 일어나며 생태계의 기능적 역량이 저하된다. 이것은 열역학 제1법칙의 직접적인 결과다. 생태경제학에서는 지금까지 처리량 활동의 규모

인정하지만 유명론은 개체만 인정한다. 이에 비해 '비판적 실재론'은 실재론에 입각하면서도 그 오류가능성을 인정하는 입장이다. 예컨대, 유명론의 입장에서 보면 '사회'는 존재하지 않고 개인만 존재한다. 하지만 비판적 실재론자들에게 사회는 실재하는 대상이지만 유명론자와 경험론자들의 비판에 의해 반증될 수 있기도 하다.

와 이에 대한 제한의 필요성(예를 들어, 정상定常상태와 탈성장)에 중점을 두었지만, 환경으로 되돌아가는 물질의 성질도 중대한 영향을 미치며 변화 양상을 결정한다. 이것은 단지 인간 활동의 규모뿐 아니라 그 유형(독성 폐기물, 방사선, 유전자조작, 전자파송출, 플라스틱 등)에 중점적으로 관심을 기울여야 한다는 것을 의미한다.

열역학 제2법칙은 에너지가 유용한 성질의 것(낮은 엔트로피)에서 덜 유용한 성질의 것(높은 엔트로피)으로 변화하며, (고립계에서) 에너지가 흩어져 평형에 이르고 모든 에너지의 성질이 같아지는 상태로 나아간다고 진술한다. 다른 시스템에서 에너지가 추가로 공급되지 않는 한, 이 과정은 되돌릴 수 없다. 이 쟁점들을 탐구하고 드러내 경제적 영향을 상세히 밝힌 이들 중에서 가장 주목할 만한 사람으로 조지스큐-뢰겐(1971, 1975)이 있다. 엔트로피법칙은 경제시스템에 대한 절대적 제약의 존재를 시사하는 것으로 이해되었다. 즉 인간이 할 수 있는 일에는 기본적으로 생물학적 한계가 존재한다는 것이다. 이용 가능한 고품질(낮은 엔트로피) 광물자원은 제한적이며, 유용한 에너지(낮은 엔트로피)는 그러한 광물과 태양 및 행성의 운동에서 나온다. 현대경제와 현대사회는 그중 첫번째 원천, 곧 화석연료에 의해 건설되고 유지된다.

조지스큐-뢰겐(1975)은 고전적 엔트로피에 대한 그의 해석으로부터, 저성장이 바람직하며 미래세대의 기본적인 식량생산에 필요할지 모를 금속들로 만들어진 사치품 사용을 피해야 한다는 추정을 끌어냈다. 사회적 신진대사social metabolism의 개념은 경제에 대한 엔트로피 관점의 연구를 진전시켰다. 사회적 신진대사는 인간시스템과 자연 사이에 이뤄지는 물질과 에너지 흐름의 생물물리학적 순환관계를 다루는 동시에, 그것이 어떤 패턴과 역학관계로 인과적 메커니즘을 구성하는지도 고려한다.(Krausmann, 2017) 인체는 생존하기 위해 산소·음식·물과 같은 물질을 지속적으로 처리해야 한다. 그런 다음 그것들은 요소·배설물·이산화탄소·메탄·열 등의 형태로 환경으로 되돌아간다. 마찬가지로 사회경제시스템은 생물물리학적 구조의 생산과 재생산을 위해 물질과 에너지의 흐름을 필요로 한다. 여기에는 식량과 물뿐만 아니라 연료·광물·원료가 포함된다. 사회가 환경으로부터 추출한 모든 물질과 에너지는 변화를 겪은 다음 폐기물을 남기게 될 것이다.

사회적 신진대사 개념은 마르크스의 저작으로 거슬러 올라갈 수 있지만, 1960년대에 다시 도입된 후 산업생태학 분야에서 발전해왔다. 개념적 기초는 1970년대의 '물질수지이론materials balance theory'에서 파생되는데, 그것은 경제시스템에 투입되는 자원을 생산과 소비 과정을 거쳐 종착지인 폐기물과 배출물 단계에 이를 때까지 추적한다. 즉 모든 자원 투입물은 그로 인해 발생하는 오염 산출물에 이를 때까지 경로가 추적된다. 물질수지가 일반균형모형과 결합돼 활용된다는 것은, 모든 것이 환경적 외부성environmental externality을 수반하고 있기에 경제의 모든 가격이 효율성 측면에서 볼 때 정확하지 않다는 것을 의미한다.

최근 수십 년 동안 진행된 사회적 신진대사의 연구는 산업화가 어떻게 이런 신진대사의 변화를 야기했는지 밝혀주었다. 신진대사율(처리속도)은 전례 없이 증가했으며, 재생 가능한 생물량biomass의 비중은 줄어들었고, 거대한 양의 물질이 완성된 기반시설의 형태로 저장되었다.(Spash and Schandl, 2009) 연구는 또한 (국민국가, 도시, 가계 등) 다양한 규모의 인간시스템이 재생산될 때 필요한 물질과 에너지 기반을 이해시켜준다.

기술낙관론자들과 현재의 경제시스템을 변함없이 유지하기를 희망하는 사람들은 물질과 에너지의 투입량은 감소하면서도 경제성장은 계속되기를 희망한다. 절대적 탈물질화*dematerialisation 또는 (경제성장이 물질소비와 분리되는 것 같은) 탈동조화decoupling는 일어나지 않고 있으며, 실제 사례라고 주장돼왔던 몇몇 경우는 (자원집약적 산업 및 오염배출 활동이 해외로 이전하는 것 같은) 생산의 탈지역화delocalisation 사례로 판명되었다. 생물물리학적 현실의 관련성을 무시하는 또 다른 유력한 방법은 전형적으로 GDP로 측정되는 산출물의 화폐적 가치가 자원사용량과 비교해서 더 증가한다고 주장하는 것이다. 그러나 생태계 및 사회적 착취의 영향을 고려하면, 이 상대적 탈동조화는 오히려 의미가 없다. 실제로 더 많은 오염으로 청소가 필요해지고 아픈 사람들이 늘어나면 GDP 수치가 증가할 수 있다. 곧 '좋은 재난'보다 GDP의 성장에 더 나은 것은 없다. 주류 경제학은 자원이 부족해짐에 따라 그 가치가 증가하리라고 예측하는데, 이는 다른 모든 조건이 같다고 가정할 때 물적 투입물이 변하지 않아도 GDP의 규모가 증가한다는 것을 의미하기도 한다.

절대적 탈동조화(달리 말하면 총산출량에 대해 단위당 투입량이 감소하는 것)가 실현될 수 없는 또 다른 이유는 리바운드 효과rebound effect 또는 (경제학자 윌리엄 스탠리 제본스의 이름을 딴) '제본스의 역설Jevons' Paradox'로 알려진 결로 설명될 수 있다. 이는 기술발전에 따라 증가한

● 경제에서 탈물질화란 생산과 소비 같은 경제적 기능을 수행하는 데 필요한 물질의 양이 감소하는 것을 말한다.

자원사용의 효율성이 동일한 비율의 소비증가로 상쇄되는 것을 일 컫는다. 기본적으로 효율성이 증가해 가격이 하락하면 소비자는 더 많이 소비할 수 있다. 예를 들어, 오늘날 자동차엔진은 1970년대보 다 훨씬 효율적이지만 자동차 소유자 수가 증가하고, 더 많이 운전하 며, 여행을 (동승자 없이) 혼자서 더 많이 하므로 전체적으로 더 많은 연료를 소비하게 된다. 더 저렴하고 연비가 높은 좋은 엔진이 도입되 었지만 전체적으로 연료는 절약되지 못한 것이다. 원재료 사용 효율 의 개선과 생산성 향상에도 불구하고, 원재료 사용량의 증가는 생산 및 소비의 경제적 확대 과정에서 일반적인 모습으로 여전히 지속되 고 있다.

생태적인 것으로부터 사회적인 것으로

경제성장의 한계를 다룬 최초의 논문(Meadows et al., 1972)은 인 구증가, 산업화의 가속, 농업생산의 적정성, 천연자원의 고갈, 오염 이라는 다섯 가지 인과적 메커니즘 분석을 결합한 시나리오 분석 형 태로 제시되었다. 매우 다양한 가정에도 불구하고 시나리오의 결론 은 붕괴로 이어지는데, 이 논문은 생물물리학적 한계에 도달하기 전 에 사회적 한계가 예상된다는 점을 간략히 언급하기도 했다. 즉 자원 이 고갈되기 전에 그보다 먼저 전쟁, 시민사회의 붕괴, 불평등 등이 발생한다는 것이다.

생태경제학 안에서 성장의 한계는 제도주의적, 진화론적, 마르크 스주의적, 사회학적, 생태페미니즘적, 과학기술연구 등 다양한 관점 의 서로 다른 사회경제학자들에 의해 강조되었다. 생태경제학자로서의 그들의 관심은 적어도 부분적으로는 칼 윌리엄 캅Karl William Kapp, 에즈라 미샨Ezra. J. Mishan과 존 케네스 갤브레이스 등 경제학 내부에서 제기된 경제성장에 대한 이전의 비판에 영감을 받았다. 그 비판의 일부는 소비자주권이라는 잘못된 생각과 풍요한 사회의 환상을 창조하는 기업자본주의corporate capitalism의 역할과 관련돼 있다. 이것은 다수의 공적인 빈곤을 대가로 소수의 사적 풍요가 구입되는 아메리칸 드림의 구현이었다. 프레드 허쉬Fred Hirsch(1977)가 강조한 바와 같이 이것은 생물물리학적 한계를 넘어서는 성장의 사회적 한계social limits to growth가 있음을 깨닫게 했다.

생태적 마르크스주의는 주요한 세 계열의 생각에 따라 표현된다.(Douai, 2017)

첫째, 인간노동의 신진대사적 특성은 산업시대 이후 '신진대사적 균열metabolic rift' 혹은 인간과 자연 간 신진대사적 교환의 균열을 만들어내고 있으며, 그로 인해 지구의 재생산조건이 유지되지 못하고 있다.(Foster, 2011)

둘째, 사용가치와 교환가치라는 상품의 이중성에서 후자가 점차 지배적으로 되고 있다. 사용가치는 근본적인 인간욕구와 관련되는 반면 교환가치는 이윤추구를 지향하는데, 이는 자본주의적 생산과 생산의 자연조건 사이에 모순을 조성한다.(Foster, 2011)

셋째, 자본주의의 생태적 모순은 자본주의 노동과정의 이중적 성격(사회적 생활의 근본적 차원이면서 자본주의의 요인 내지 생산과정이기도 한)이나, 또는 생산력 및 생산관계와 생산조건 사이의 적대적 관계에 기초한다. 여기서 생산조건은 "비자본주의적 사회 영역이며 공적으로 마련된 기반시설"로서 "상품생산, 시장교환 및 자본축적을 위해

필요한 물질적·사회적 조건을 제공한다".(O'Connor, 1994, p.106)

현재 마르크주의/사회주의와 자연의 정치경제학 사이의 관계를 논의하는 데 적극적으로 기여한 이들이 광범위하게 있으며, 일찍이 유럽생태경제학회 내부에 정치생태학 분파가 존재했다.(Spash and Ryan, 2012)

생태페미니즘Ecofeminism은 노동가치론이 재생산 차원을 무시한다는 점을 지적함으로써 그 분석에 기여했다. 즉 생산관계가 가사영역에서 젠더착취로 생성되는 노동잉여에 얼마나 의존하고 있는지를 깨닫지 못하고 있다는 것이다.(Salleh, 2017) '체화된 유물론embodied materialism'은 그것이 마르크스주의사회학의 기본 도구를 지지하기 때문에 '유물론'이며, (대부분 여성이 수행하는) '매일의 돌봄 노동'이 일상생활과 전체 경제가 작동하는 데 필요한 비화폐적 재생산 활동을 수행한다는 걸 인정할 수 있기 때문에 '체화'된 것이다. 이러한 면에서 생태충족성eco-sufficiency은 사회적 내지 체화된, 또는 생태적 부채를 만들어내지 않고 이러한 사회적 재생산노동을 제공할 수 있는 역량을 의미한다.(Salleh, 2017)

보다 일반적으로 사회경제학자들은 (조직 및 문화와 같은) 사회구조 내 인간의 동기부여와 행동을 강조한다. 생태경제학에 관여하고 있는 비판적 제도경제학자들은 공식적 규칙과 규범, 관례 또는 관행을 강조한다.(Vatn, 2017) 현재의 글로벌 환경거버넌스와 환경적 패턴은 글로벌 자원과 권력의 불평등에 좌우되는데, 따라서 권력과 갈등에 대한 연구가 필시 분석의 중심적 측면이 될 것이다. 주류 경제학은 이 지점에서 완전히 실패했으며, 자유주의적 및 신자유주의적 관념론이 신고전주의적 거시경제학으로 퍼져나가면서 개인적 자율성이라는 단일한 아이디어에 대한 몰두와 함께 정부에 의한 계획과 통치에 대한 폄하가 이어졌다.

이처럼 개인을 배타적으로 강조하고 권력관계를 소홀히 다룬 결과 경제적 분석에서 현대 기업이 누락되는 동시에 은행과 금융부문의 등장을 설명할 수 없게 되었다. 방법론적 개인주의는 개인들이 다발로 모인 것 이상인 사회, 인식론적으로 봤을 때 개인으로 환원될 수 없는 사회의 존재를 부정함으로써 분석능력을 더 빈곤하게 만든다. 사회를 창발적 성질emergent property을 가진 것으로 이해했을 때, 사회는 더 복잡하지만 더 현실적이면서 의미로 가득 차 있다. 또한 그런 이해는 경제적 제도와 사회적 제도 사이 상호작용의 역동성에 대해 깊은 관심을 불러일으킨다. 폴라니(1944)가 설명했듯이, 현대 시장경제는 특정한 유형과 조합으로 제도가 배치된 것이라 할 수 있는데, 그것은 시장사회market society를 필요로 한다.

분야별 구분

생태학과 경제학의 모델을 결합하려는 기초적인 차원에서 현대적 생태경제학이 시작되었긴 하지만, 생태적·사회경제적 상호작용에 대한 뚜렷한 방법론과 접근법을 가지고 이단적 학제 간의 연구분야를 발전시키는 것이 모든 사람의 의제는 아니었기 때문에, 애초에 갈등이 내포돼 있었다. 그 이론적 토대에 대한 관심이 부족했기 때문에, 생태경제학은 불안정한 동시에 인식론적으로 혼란스러운 위치에 놓여 있다.(Spash, 2012) 보다 구체적으로는 초학제적 연구와 방법론적 다원주의가 많은 사람들에게서 생태경제학의 핵심 아이디어로 받아들여졌지만, 그 결과 비판적인 이론적 성찰이 부족해졌다. 주류 경제학의 아이디어와 연계되고 경제적 형식주의에 통합되면서 생태경제학은 심대한 타격을 입었는데, 모든 이단적인 생각이 주변화됐고『생태경제학』저널은 정체성을 알 수 없이 혼란스러운 구성으로 논문을 게재했다. 극단적으로 이 저널은,『경제문헌저널Journal of Economic Literature』의 표준분류체계에서 발견되는 바와 같이, 생태경제학을 정통적 환경경제학의 하위 분야로 축소시키기 위한 목적으로 주류 경제학자들이 이용하기도 했다. 생태경제학은 다양한 참여자와 계열로 이뤄지는데, 이들은 이론적·이데올로기적 입장에서 크게 신자원경제학자, 신환경실용주의자, 사회생태경제학자 등 3개의 주요 캠프로 구분된다.(Spash, 2013)

신자원경제학자New Resource Economist들은 자유시장 이데올로기와 주류 경제학의 가격이론, 사실-가치의 이분법에 근거한 공리주의적 접근법, 그리고 '제대로 가격 알기getting prices right'가 환경문제를 해결하는 열쇠라는 믿음에 뿌리박고 있다. 이들은 효율적이고 최적화된 자원사용의 틀 안에서 생태계 기능을 경제모델에 포함시키려 노력 중이다. 방법론의 측면에서 볼 때 핵심적 접근방법은 수학적 형식주의를 사용하여 추상적인 모델을 만드는 것이며, 이를 이용해 현실의 측면을 설명하고 미래를 예측하여 정책적인 조언을 한다.

신환경실용주의자New Environmental Pragmatist들은 생태경제학에서 널리 퍼져왔는데, 보다 일반적으로 환경운동 전체에 확산되어온 사고방식을 대표한다고 말할 수 있다. 그들은 주로 방법과 개념을 설계하는 데 초점을 맞추고 있는데, 현재의 정치상황과 경제제도(즉 신자유주의와 자본주의의 제도)에서는 그것들이 효과적이라고 판단하기 때문이다. 이런 실용주의자들은 환경적 메시지를 정치·비즈니스·금융 엘리트들이 수용할 수 있도록 적절한 시장성이 있는 형태로 판매하기를 원한다. 그렇게 하기 위해 그들은 자연을 상품화하고, 수량화하며, 평가하는 방법론과 이데올로기를 구매한다. 이러한 형태의 실용적 기획은 다양한 작업과 생태계서비스 평가*, 자연자본natural capital, 녹색회계**green accounting, 탄소거래, 생물다양성 상쇄 및 은행***과 같은 개념의 사용에서 볼 수 있다. 신환경실용주의의 뚜렷한 특징은 이론적 엄격성이 부족하다는 점인데, 사회과학 영역에서 특히 그렇다. 또 가정된 '해결책'을 순전히 도구적 차원에서 달성하는 방향으로 방법의 우선순위를 정한다는 것이다. 그러므로 환경주의environmentalism는 실용적인 문제해결 활동일 뿐, 정치경제의 지배적 구조와 그것이 자연과 인간의 관계를 다루는 방식을 근본적으로 비판하는 것과 무관하다.

사회생태경제학은 소비자주권에서부터 기업구조 및 권력정치에 이르기까지 기존의 경제적 정통주의가 갖는 근본결함을 다루는 것을 목표로 둔다는 점에서 앞의 다른 진영과 구별된다. 한 가지 중요한 측면은 안정과 균형이 본래부터 존재한다고 생각하지 않고, 인간이 살아가고 있는 세계가 끊임없이 변화한다는 사실을 받아들인다는 것이다. 이 관점은 에코시스템, 공진화발전co-evolutionary development,

---

● 생태계를 인간에게 편익을 주는 '서비스' 개념으로 바라보고, 그 가치를 평가하는 것을 의미한다.

●● 산업활동이 환경에 미치는 비용과 편익을 과학적으로 측정하는 방식이다.

●●● 어떤 지역의 개발로 생물다양성 감소가 불가피할 때 이를 상쇄하고 보상하기 위해 다른 지역에서 자연환경을 조성 또는 복원하는 등의 조치를 취하는 제도들로, 야생동물의 대체 서식지를 조성하는 것이 대표적이다.

복잡성 등에 기반한 작업을 포함해 다양한 연구에서 발견되는 동태성, 창발성emergence, 시스템 변화에 대한 이해 위에서 세워졌다. 이 접근방식은 본질적으로 학제적인데, 사회심리학·사회학·응용철학·지리학·정치학·자연과학과 같은 다양한 학문분야와 경제학을 연결시키고 있다. 사회생태경제학은 학제 간 연구에 입각해 진보적인 사회적 환경운동의 발전을 돕는 면에서 잠재력이 있다. 학제성은 다른 학문의 내용을 피해버리는 접근법과는 거리가 멀리 떨어져 있는데, 신환경실용주의자들이 채택하는 초학제성transdisciplinarity과 관련해서는 그런 방식이 너무나 자주 나타난다.

인식론적 관점에서 사회생태경제학의 근본적인 측면은 실재론realism과 약한 구성주의weak constructivism를 종합하면서, 다원주의적 절충주의pluralist electicism를 거부하는 것이다. 이 접근법은 자연환경을 물질적 성격으로 환원하는 과학주의적 방법과 강한 구성주의strong constructivism를 거부하는데, 후자는 사회생활에 미치는 생물물리학적 제약을 부인한다. 사회생태경제학은 비판적 실재론Critical Realism과 양립하는 과학철학을 취하고 있는데, 이는 또한 물질적 시스템과 시스템 간의 상호작용을 이해할 수 있게끔 하는 것을 목표로 한다.(Spash, 2012)

비판적 실재론은 비록 우리가 진리를 알고 있더라도 그것을 다른 이들에게 결코 입증할 수는 없다는 생각(오류가능주의)을 받아들이지만, 그 바탕에 객관적인 실재가 존재한다는 생각을 거부하지 않는다. 비판적 실재론에 따를 때, 과학은 구조적 차원에서 순서에 따라 위계적으로 묘사된다. 층위들 사이에 실질적(존재론적) 차이가 존재하기 때문에 이것들이 인지적으로(인식론적으로) 간단한 것으로 간주되지 않는다. 층위 간의 진정한 차이점들과 (환원주의와 반대로) 한 층위의 다른 층위로의 환원불가능성irreducibility은 여러 학문들의 차이와 복수의 학문이 존재해야 하는 이유를 설명해준다. 그러므로 예컨대 모든 것이 물리법칙에 지배되기 때문에 모든 생물학적 구조는 물리적이지만 반대의 경우는 그렇지 않다. 따라서 생물학은 물리학에 뿌리를 박고 있고, 그와 마찬가지로 사회적인 것은 생물학적인 것에 뿌리박고 있으며, 공식적 경제는 사회적인 것에 뿌리박고 있다. 구조적 메커니즘의 수준에서는 일방향의 위계구조가 존재한다. 이 유형의 착근성embeddedness은 생태경제학이 전해주고자 노력해온 핵심 메시지 중 하나로, 특히 경제는 자연환경에 뿌리박혀 있으며 열역학법칙의 영향을 받는다는 것을 말해준다. 그러나 착근성을 환원주의reductionism와 혼동해서는 안 된다. 생물학을 물리학 연구로 이해할 수는 없고, 인간을 세포에 대한 연구로 이해할 수도 없으며, 사회적인 것이 경제적인 것에 의해 이해될 수도 없는 것이다.(Spash, 2012, 2015)

경제학을 포함하는 사회과학이 자연과학과 실질적으로 구별될 수 있는 건, (흄의 주장과 반대로) 사회과학에서는 사실과 가치가 좀처럼 분리가 불가능하다는 점 때문이다. 사회현상(예를 들면 실업)을 이해하려면 현실의 구조적 요인(금융기관, 정부정책, 세계시장 등)과 지배적 사고방식을 의제로 다룰 필요가 있다. 그 사고방식들은 사회적 태도와 정치적 행동으로 나타난다. 따라서 사회과학적 연구에서 나오는 설명은 사회의 일부 사고방식에 대한 비판을 수반한다. 더욱이 잘못된 믿음을 불러일으키는 조직과 그러한 조직에 관한 믿음 사이에는 보통 함수관계가 존재한다. 그릇된 믿음이 조직, 권력 그리고 관련 제도를 보호하기 위해 전파될 수 있다. 그러므로 자원을 착취하며 토착주민을 추방하고 환경을 파괴하는 기업과 정부가 '자유시장'의 해방적 성격과 물질성장의 이점에 대해 온갖 미사여구를 구사할 수 있을 것이다. 그럴 때 진실을 알리기 위해서는 단지 비판에 그치지 않고 그 제도적 기반을 약화시켜야 한다. 사회제도에 대한 설명은 그것들을 비판하고 변화시키기 위한 전제조건이며, 때로 비판과 함께 그 전복이 시작될 것이다. 이러한 역할을 열린 자세로 인식하고 수용하기 때문에 사회생태경제학은 다른 평범한 경제학보다 훨씬 급진적일 수 있다. 기존의 경제학은 객관적이고 가치중립적 자문을 제공하는 것처럼 행동하지만, 실제로는 기존의 제도적 구조를 뒷받침하고 있을 뿐이다.

향후 나아갈 방향

사회생태경제학은 자신이 주장한 정책의 결과에 관심을 쏟으며, 중립성을 지키기보다는 윤리적 입장을 공개적으로 주장하고, 가치는 논쟁의 여지가 많고 서로 비교될 수 없다는 사실을 수용한다. 또한 분배문제(예를 들면 불평등)를 일차적인 문제로 인식하고, 인간 활동의 규모와 질을 다루기 위해 생태적으로 기반을 둔 욕구에 관심을 가진다. 분배에 대한 우려와 성장주의의 비판은 최근 사회생태학적 전환을 구상하는 새로운 연구 분야를 등장시켰는데, 이는 특히 탈성장degrowth 비판과 더불어 성장 후 사회post-growth society의 모습을 구상할 필요가 있다는 인식이 높아진 것과 직결된다.

생태경제학에 입각한 탈성장 비판론은 성장이 생태학적으로 지속 불가능할 뿐만 아니라 장기적으로 부당하고 실현불가능하며, 인간의 행복을 더 이상 향상시켜주지 못한다고 주장해왔다.(Asara et al., 2013) 탈성장은 인간생활을 조직하는 중심 원리로서의 시장의 역할과, 산업국가에서의 생산 및 소비가 민주적으로 재분배되면서 축소되는 것으로 정의될 수 있다. 이런 변화는 그것은 환경적 지속가능성과 사회정의와 웰빙을 개선하기 위한 수단이 된다.(Sekulova et al., 2013) 탈성장은 사회적이고 생태적인 전환을 포함한다고 주장되어 왔다.(Asara et al., 2013) 정책에 대한 비판의 핵심은 다음과 같다. 즉 위기에 대응해 경제적 사회적 시스템의 미미한 조정만 건의하며, 기존의 경제적 자본축적 궤도를 유지하는 것을 변화로 묘사하고, 신자유주의적 헤게모니의 지배방식에 의문을 제기하지 않는다는 것이다. 전환의 개념은 단순히 일상적인 비즈니스에 반대하는 것을 넘어 새로운 의미와 사회적 실천을 적극적으로 창출할 필요성을 내포한다. 이를 위해서는 경제적 생산 방식, 정치제도, 이데올로기, 사회규범에 대해 대안적인 연구를 진행할 필요가 있다. 전환은 다양한 규모의 거버넌스와 마을 단위부터 지역·국가·국제사회에 이르는 시스템 단계별로 일어나야 한다.

사회생태경제학은 민주주의의 의미에 대해서도 큰 관심을 촉구한다. 탈성장을 비롯해 많은 환경운동들이 참여·제도기구의 분산, 지역적 생산, 풀뿌리 활동 중심의 민주주의적 비전을 강조한다. 이는 공간적으로 나뉘어 있는 제도와 거버넌스가 지역사회를 넘어서는 다른 단계에서 어떻게 조정될 것인지에 대해서 아직 답이 정해지지 않은 질문을 남겨놓고 있다. 자본축적 체제 없이 민주주의를 성취하는 데 필요한 조건들을 파악하기 위해서는 정치제도 분석을 포함하는 연구 의제가 필요하다. 신자유주의적 정치경제의 제도를 퍼뜨리고 있는 전지구적 과정은, (탄소배출권과 같은) 허구적 상품의 창조와 군사개입의 확대 및 '안보' 조치의 강화와 함께 진행되고 있으며, 이는 사회가 거꾸로 가고 있음을 가리킨다. 이것들은 경쟁과 지배의 제도다.

앞으로의 연구과제 안에는 인류가 현재 향하는 방향을 진지하게 고민하는 사람들에게 큰 도전도 들어 있다. 우리가 쌓아온 경제시스템은 불평등이 창출·강화되며, 소수에 의해 자원이 방대한 양으로 사용되고, 환경비용이 무고하고 무력한 사람에게 전가되는 체제이지만, 대부분의 경제학자들은 이 모든 것에 대해선 일체 이야기하지 않고 오로지 효율성만 되뇔 뿐이다. 효율성은 우리가 비교·평가해봐야 할 많은 목표들 중 하나일 뿐이며 그 자체를 경제시스템과 그 성과를 평가하는 기준으로 삼기엔 논쟁의 여지가 많지만, 이런 사유는 대다수 경제학자들에게서 전혀 보이지 않는다. 그들의 공학적 사고방식은 한때 중요한 의미가 있었던 경제에 대한 윤리적 접근방식을 말살시켜버렸다.

자원의 조달과 이전을 위한 수단으로 이해되는 경제는 효율성을 요구하지도 않거니와, 오늘날 경제는 효율성에 따라 작동하지도 않는다. 다국적기업만이 아니라 대량소비주의, 과시적 소비, 고의적 노후화built-in obsolescence, 패션사회, 경쟁, 환경훼손, 파괴 또는 자원전쟁에서 효율적인 것은 아무것도 없다. 효율성이라는 개념은 자원을 윤리적으로 사용하는 것은 물론, 무엇이 행위를 의미 있게 만드는지에 대한 판단이 전혀 없기 때문에 거의 완전히 공허하다고 할 수밖에 없다.

결론

생태경제학은 생물학, 생태학, 열역학, 복지, 소비, 미래세대, 환경적 가치와 윤리, 불확실성과 무지, 과학정책, 참여와 심의를 포괄하고 있다.(여러 저자들의 저술을 모아 2009년 스패시가 발간한 4권의 책을 참조하라.) 개요를 담은 이 글은 이 내용들을 약간씩 맛만 보게 해줄 뿐 포괄적인 설명을 시도하지 않는다.(최근 50개 논문의 모음집에 대해서는 스패시(2017)를 참조하라.)

생태경제학의 기본적 존재론은 현실의 계층화stratification of reality를 강조한다. 이것은 가장 일반적인 수준에서 모든 경제 시스템이 자연계에 담겨져 들어가 있음을 의미한다. 혁신적인 활동에도 불구하고 인간이 자연의 구조 안에 구속되어 있다는 사실은, 어떤 경제시스템이든 물질적이고 에너지에 기반한 성장에는 근본적이고 기초적인 한계가 설정되어 있다는 걸 의미한다. 이는 경제시스템의 유지와 안정성에 관심을 갖는 사람들이 경제활동의 규모와 유형 모두에 관심을 기울일 필요가 있다는 점을 강조한다.

또한 사회에 대한 경제의 관계는 사회경제학자들이 특별히 강조해온 점이지만, 그것은 환경주의자들에게 너무 자주 무시당하고 있으며, 주류 경제학과 방법론적 개인주의에 기초한 모든 접근법에서 배제되고 있다. 사회를 시장사회로 바꿔놓아야 할 시장경제의 필요는 지속적인 파장을 낳고 있다. 또 다른 경제와 사회가 실현가능하고 실행가능하다는 것이 '경제학 다시 생각하기'의 핵심적 내용이다.

📖 더 읽을거리

Georgescu-Roegen, N. (1971), *The Entropy Law and the Economic Process*, Cambridge, MA: Harvard University Press.

Kapp, K. W. (1978), *The Social Costs of Business Enterprise*, Nottingham: Spokesman.

Martinez-Alier, J. (1990), *Ecological Economics: Energy, Environment and Society*, Oxford, UK: Basil Blackwell. Ropke, I. (2004), 'The Early History of Modern Ecological Economics', *Ecological Economics*, Vol. 50, Nos. 3 – 4, pp. 293 – 314.

Ropke, I. (2005), 'Trends in the Development of Ecological Economics From the Late 1980s to the Early 2000s', *Ecological Economics*, Vol. 55, No. 2, pp. 262 – 290.

Spash, C. L. (1999), 'The Development of Environmental Thinking in Economics', *Environmental Values*, Vol. 8, No. 4, pp. 413 – 435.

Spash, C. L. (ed.) (2009), *Ecological Economics: Critical Concepts in the Environment*, 4 Volumes, London: Routledge.

Spash, C. L. (2011), 'Social Ecological Economics: Understanding the Past to See the Future', *American Journal of Economics and Sociology*, Vol. 70, No. 2, pp. 340 – 375.

Spash, C. L. (2012), 'New Foundations for Ecological Economics', *Ecological Economics*, Vol. 77, May, pp. 36 – 47.

Spash, C. L. (2013), 'The Shallow or the Deep Ecological Economics Movement?', *Ecological Economics*, Vol. 93, September, pp. 351 – 362.

Spash, C. L. (ed.) (2017), *Routledge Handbook of Ecological Economics: Nature and Society*, Abingdon and New York: Routledge.

Spash, C. L. and Ryan, A. (2012), 'Economic Schools of Thought on the Environment: Investigating Unity and Division', *Cambridge Journal of Economics*, Vol. 36, No. 5, pp. 1091 – 1121.

리씽킹 이코노믹스!
그 내용은 무엇이며 어떻게 참여할 수 있는가?

리씽킹 이코노믹스는 사회와 강의실에서 더 나은 경제학을 만들고자 하는 학생, 학자 및 전문가로 구성된 국제적 네트워크이다. 캠페인과 이벤트 그리고 매력적인 프로젝트가 혼합된 리씽킹 이코노믹스는 세계 곳곳의 사람들을 연결하여 경제학의 밝은 미래를 창출하는 데 필요한 변화를 논의하고 실행한다.

이 에필로그는 리씽킹 이코노믹스의 개요와 더불어 어떻게 참여할 수 있는지에 대해 간단히 설명한다. 최신 정보는 웹사이트 www.rethinkeconomics.org를 방문해 얻을 수 있다. 이 책에 대한 질문이나 의견이 있으면 read@rethinkeconomics.org으로 편집팀에 문의하길 바란다.

우리는 무엇을 원하는가?

교과과정의 개혁
리씽킹 이코노믹스는 경제학 학부 과정에서 배우는 것에 만족하지 못한 학생들로부터 시작되었다. 그렇다면 표준적인 경제학 커리큘럼에는 어떤 문제가 있는가?

다원주의의 부족: 경제적 관점은 경제를 단순화하여 설명하려고 하는 지도地圖와 같다. 그것들은 세계를 이해할 수 있도록 우리를 도와주지만, 정의상 부분적이고 완전하지 못하다는 것을 (오늘날 우리처럼) 망각할 때 위험할 수 있다. 좋은 교육을 위해서는 경제를 연구하는 방법에 여러 가지가 있다는 사실을 인식할 필요가 있다.

현실세계 적용 프로그램의 부족: 강의와 참고서는 일반적으로 추상적 이론모델을 다루며, 학생은 실제 데이터를 사용하도록 요구받는 경우가 거의 없다. 자신이 살고 있는 경제에 대한 기본적인 사실을 배우지 않은 채 학생들이 경제학 학위를 취득하게 해서는 안 된다.

비판적 사유의 결핍: 학생들이 강의와 교수의 지도시간에 가르쳐지는 모델에 의문을 제기하는 건 거의 상상할 수 없는 일이다. 이것은 학생의 학문적 발전을 위해 좋지 않을 뿐 아니라 향후 커리어를 위해서도 적절하지 않다. 전문 경제학자라면 회의적인 시각으로 정책과 데이터에 접근해야 하기 때문이다.

모든 사람들을 위한 경제학

경제학은 모든 사람에게 영향을 주는 분야이지만, 소수의 사람들만이 말할 수 있는 분야이기도 하다. 대부분의 사람들은 자신의 삶에 영향을 미치는 경제적 결정과 사건을 이해하고 참여하기를 원하지만, 많은 사람들은 또한 그 주제가 자신에 적합한 것이 아니거나 '전문가'들의 몫으로 두는 게 최선이라고 생각한다.

우리의 모든 정치인들이 이야기하는 주제가 경제인 지금 시기에,

이런 현상은 민주주의에 위험하다. 2015년 영국의 온라인 여론조사 전문업체인 유고브Yougov와 공동으로 영국 성인을 대상으로 실시한 조사에서 응답자의 12%만이 경제학이 이해하고 받아들이기 쉬운 방식으로 설명된다고 답했다. 또한 응답자의 39%만이 GDP를, 43%가 정부예산 적자를, 그리고 30%가 양적완화를 제대로 정의할 수 있었다. 그러나 사람들이 경제학에 대해 더 알고 싶어 하는지 물어보았을 때, 응답자의 13%만이 '아니오'라고 대답했다. 사람들이 경제학과 소통하지 못하게 가로막는 진정한 장벽이 있다. 리씽킹 이코노믹스에서 우리는 매력적인 동시에 이해할 수 있는 경제학을 만들기 위해 가능한 한 많은 장벽을 허물고 싶다.

우리는 무엇을 하는가?

지역적 조직화는 리씽킹 이코노믹스RE의 생명선이다. 지역 RE 그룹의 학생들은 행사를 열어 스스로를 교육하며, 교과과정 개혁을 위해 학과에 압력을 넣고, 마땅한 의무로서 경제학을 자신의 지역사회에 전파한다. 이 글을 쓰는 시점에 15개국에 50개 이상의 그룹이 있으며, 이 숫자는 매월 꾸준히 증가하고 있다.

리씽킹 이코노믹스는 이 책과 같은 더 큰 프로젝트를 위한 플랫폼 역할도 한다. 여기에는 학생·학자·전문가로 구성된 보다 광범위한 네트워크가 포함돼 있다. 2016년 봄에 우리는 '이해할 수 있는 경제학'의 촉진을 위한 뉴스 및 엔터테인먼트 플랫폼 'Economy'(www.ecnmy.org)를 시작했다. 그리고 2016년 말에 우리는 "경제학을 전문가에게 전가시킬 위험"과 "경제학의 영혼을 위한 투쟁"에 관해 '다시 생각하는' 학생들이 저술한 책 『이코노크러시Econocracy』를 발간했다.

우리는 경제학의 개혁을 위해 노력하는 자매단체인 '경제학 다원화를 위한 국제 학생이니셔티브International Student Initiative for Pluralism in Economics, ISIPE'의 친구들과도 긴밀히 협력한다. 프랑스 그룹PEPS Economie 이 주도하는 ISIPE는 전세계 경제학 교과과정의 실태에 대해 광범위한 설문조사를 실시하여 그것들이 실제로 얼마나 좁고 획일적인지 보여줄 수 있었다. 독일어권 네트워크Netzwerk Plurale Ökonomik도 믿기 어려울 수준의 오픈소스 학습 플랫폼 'Exploring Economics'(www.exploring-economics.org)를 만들어 독일어와 영어로 다양한 경제이론·주제·방법론에 대한 광범위한 정보를 제공한다.

당신은 무엇을 할 수 있나?

운동에 참여하라! 학생, 학자, 경제학 교사 아니면 그저 관심 있는 사람이든, 당신은 '다시 생각하는 사람'이 될 수 있다. 리씽킹 이코노믹스의 일원이 되는 일은 뉴스레터를 따르거나 우리의 선언문에 당신의 이름을 추가하면 되는 정도로 쉬우며, 또는 지역 그룹을 시작하고 적극적으로 네트워크를 운영하는 것도 가능하다. 우리는 도움의 손길이 필요한 많은 프로젝트를 가지고 있으며 항상 새로운 아이디어를 가진 사람들을 열망한다.

이제 www.rethinkeconomics.org를 찾아보고 '다시 생각하는 사람 되기Become a Rethinker' 버튼을 클릭하면서, 과감히 경제학을 다시 생각해보자.

감사의 말

이 책에 대한 아이디어는 2014 가을 런던 킹스턴대학교에서 시작되었다. 교수들은 이 제안을 가지고서 우리에게 왔다. 리씽킹 이코노믹스 네트워크는 다양한 경제학 분야에 관해 수십 회의 강연을 해왔는데, 왜 그 강의 중 일부를 책으로 내지 않느냐는 것이었다. 그 당시에는 다양한 범위의 경제학 이론을 학생들에게 소개하기 위해 고안된 책이 시중에 없었다. 우리가 그런 책을 만들기로 했다.

그때부터 이 프로젝트는 더 넓은 '리씽킹 네트워크'로 성장했다. 10명 이상의 회원들이 프로젝트의 성격과 범위에 관해 끊이지 않는 이메일들을 주고 받는 가운데 사려 깊은 의견을 주었고, 기고문을 위해 연락할 학자들의 목록을 작성하는 데 도움을 주었다. 도움의 손길을 내민 수많은 사람들의 이름을 거론하지 못할지라도 유안 양, 매튜 라이트, 재스민 루카츠, 니콜로 프라카롤리, 벤 티펫, 매브 코언, 샘 웰던-베이즈, 모븐 레스톨, 엠마 해밀턴은 이 단계에서 특별히 도움을 주었다.

포스트크래시학회(맨체스터 대학에서 경제학을 공부하는 학생들이 새로운 대안 경제학과 경제학 교육의 개혁을 주장하며 꾸린 모임)의 연례 맨체스터 '참여형 회의Unconference'에서, 우리는 존 오닐을 소개받았다. 존 오닐은 이런 종류의 책을 출판하는 데 적합한 출판사를 알았다. 우리는 루트리지에 투고했으며, 출간이 수락되었다. 이후로 오랜 작업과 학술적 검토가 이어졌고, 각 장에 대한 편집이 시작되었다.

이 시점에서 팀은 맨체스터의 카트리오나 왓슨과 제크 워드-퍼킨스, 킹스턴의 데이브 우와크웨와 크리스토퍼 프록터 등 4명의 핵심 편집자로 좁혀졌다. 마지막 달에 질 하셀과 릴리안 피셔가 합류하여 새로운 활력을 불어넣으면서 함께 프로젝트를 마무리했다.

먼저 집필자들에게 진심으로 감사드린다. 그들은 이 프로젝트를 위해 시간과 전문적 지식을 기꺼이 내어주었으며, 광범위한 지역의 여러 사람으로 이뤄진 학생-편집자 네트워크와 일하면서 겪는 좌절할 법한 과정에서도 많은 인내심을 보여주었다.

각 장의 내용을 검토하는 데 도움을 준 많은 학자들과 크리스 할리, 줄리에 넬슨, 홀프 유언, 카르스텐 쾰러, 톰 윈터스, 마이클 해밀턴, 카할 모런, 젬마 웨어링을 비롯한 학생들에게 감사드린다. 이들은 각 장의 초기 버전을 읽고 피드백을 주었다.

이 책은 윌 호르위츠의 지도력과 직업의식 없이는 존재하지 못했을 것이다. 그는 1년 동안 이 프로젝트를 수없이 조정해냈다. 엥겔베르트 스톡하머 교수도 초기에 킹스턴에서 프로젝트를 시작할 때 매우 중요한 역할을 했다. 마지막으로 우리에게 이런 놀라운 기회를 준 루트리지의 모든 분들에게 감사드린다. 우리는 이 책의 제안서를 작성하도록 응원한 기획편집자인 앤디 험프리즈와 한 권의 책이 완성되기까지 얼마나 작업이 필요한지 배우도록 무한한 인내심을 보여준 편집보조원 로라 존슨에게 특히 감사드린다.

이 책의 '들어가기' 중 일부는 독립사회연구재단Independent Social Research Foundation의 『회보Bulletin』 9호에 있는 크리스토퍼 프록터의 논문에 실렸다. '들어가기' 및 '나가기'의 일부는 리씽킹 이코노믹스의 웹사이트와 프로모션에 나타난다. 이 책의 '들어가기'에 나오는 신고전주의경제학에 대한 설명은 우리 그룹의 멤버인 카할 모얼, 조얼, 제크 워드-퍼킨스의 『이코노크러시The Econocracy』에서 인용된다.

릴리안 피셔(스코틀랜드 애버딘)

조 하셀(이탈리아 나폴리)

크로스토퍼 프록터(미국 달라스)

데이비드 우와크웨(아일랜드 더블린)

제크 워드-퍼킨스(영국 쉐필드)

카트리오나 왓슨(영국 맨체스터)

역자 후기

인간은 무엇이며, 또 무엇으로 사는가? 어떤 이는 인간이 쾌락과 물질을 추구하는 동물이나 '호모에코노미쿠스'일 뿐이라고 단언하는 반면, 다른 이는 쾌락 그 이상의 가치를 추구하는 '휴먼'이나 '호모 사피엔스'라고 확신한다. 유사 이래로 인간들은 한 번도 이 질문을 잊어본 적이 없었고, 그 결과 다양한 견해들이 제출되었다.

물론 이 질문에 대한 답을 하려는 의도로 이 문제를 거론하지 않았다. 그리고 이 책도 이 질문을 파고들지 않는다. 역자가 하고 싶은 말은 유사 이래로 그 질문에 대한 견해들이 너무나 다양하며, 지금도 그 답이 결정되지 않았다는 것이다.

우리는 하나의, 그것도 확정된 대답을 갈망하며, 이에 익숙해져 있다. 그러나 세상은 다양성과 불확정성으로 가득 차 있다. 다양성과 불확정성은 이처럼 현실일 뿐 아니라 우리의 삶을 풍요롭게 하며 발전시켜나가는 원동력이다. 유일성과 확정성보다 다양성과 불확정성이 더 아름답고 생산적이라는 말이다. 유일성과 확정성은 편의성과 위로를 주지만 인간의 사고를 도그마에 가두어버리는 동시에 새로운 변화에 창의적으로 대응할 수 없게 만든다. 도그마는 '의심'과 '연구'를 차단함으로써 인간을 미신과 몽매함에 빠뜨린다.

이 책은 오늘날 경제학계에 만연한 유일성과 확정성, 곧 도그마적 문화를 재검토하기 위해 기획되었다. 이 책에서는 현재 주류를 형성하는 신고전주의경제학이 재검토 대상으로 설정되었다.

우리에게 어느 정도 익숙하지만 여전히 낯선 마르크스경제학은 물론 포스트케인스경제학과 제도경제학이 주류 경제학을 비판적으로 검토하기 위해 전면에 나섰다. 대단히 낯선 오스트리아경제학, 행동경제학과 복잡계경제학 역시 강력한 논거로 신고전주의경제학의 문제점을 제기하면서 대안적 프레임을 설득력 있게 제기하고 있다.

낯선 경제학은 또 있다. 페미니즘경제학, 생태경제학과 협동조합경제학은 외견상 전체 경제학의 한 분야로 보일 수 있지만 사실은 경제학의 새로운 방법론을 제시하고 있다. 젠더, 생태, 협동조합을 근간으로 경제와 경제학이 재구성되어야 한다는 주장이다.

이 책의 공저자인 수전 히멜웨이트의 다음 주장은 설득력이 없지 않다. "페미니즘경제학은 단지 경제학의 또 다른 학파, 곧 여성만을 위한 경제학이 확실히 아니며 간단히 말해 더 나은 경제학이다. 그러므로 경제학자들은 페미니즘경제학자가 됨으로써 어떤 주장이든 더 잘 설득할 수 있을 것이다."

우리가 다양성과 불확정성에 주목하는 이유는 또 있다. 신고전주의 도그마가 변화하는 현실을 제대로 설명해주지 못하기 때문이다. 복잡계경제학 파트를 저술한 앨런 커먼은 이런 현실을 잘 드러내주고 있다. "경제를 사회적으로 만족스러운 상태로 자기조직화하는 시스템으로 보는 견해는 자유주의를 향한 지난 2세기 동안의 사회적·정치적 발전이 낳은 철학적 결과다. 경제학은 이 철학적 입장에 부합하는 모델을 도출하기 위해 그 이론을 발전시켜왔다. 그러나 우리의 모델들이 수학적으로 정교해짐에 따라, 그 이론들은 우리가 살고 있는 경제현실로부터 점점 더 멀어져가고 있다. (…) 언젠가 경제학 법칙들이 천체물리학의 법칙들만큼이나 부인할 수 없게 될 것이라는 발라스의 주장에도 불구하고, 경제학은 너무도 자주 주장되고 있는 의미의 '정확한 과학exact science'이 아니며 절대로 그렇게 될 수도 없을 것이다."

다양성과 불확정성의 미덕이 이처럼 찬양되어야 함에도 불구하고 역자에게 이런 미덕은 과중한 부담이었다. 무려 아홉 개 경제학파들의 특징들을 명확히 부각시켜주면서 번역해야 했기 때문이다. 모든 경제학파의 뒤에는 독특한 연구방법론이 도사리고 있다. 연구방법론의 차이를 정확히 구별해야 경제학 이론의 차이도 제대로 번역해낼 수 있다. 그렇지 않으면 번역은 피상적 수준에 머무를 수밖에 없다. 이 경우 인문학적 토대와 자연과학적 토대를 구분하는 것이 핵심이다. 솔직히 마르크스경제학, 포스트케인스경제학, 제도경제학을 제외한 것들은 역자에게 좀 낯설었다. 이 경우 '연구방법론'의 차이에 주목함으로써 이 문제를 해결하고자 했다.

이런 번역 방식이 모든 차이와 뉘앙스를 전달하기엔 역부족이다. 이 문제를 극복하기 위해 몇 가지 역주를 추가했다. 더 많은 수의 역주가 필요하겠지만 능력의 한계와 제약된 공간으로 인해 최소화했다.

읽어나가는 중 독자들은 여러 차례 등장하는 영어원어를 접하게 될 것이다. 더욱이 매우 평이한 원어마저 등장하기에 적이 당황할지도 모르겠다. 하지만 이는 의도적으로 삽입된 것들이다. 번역서이기 때문에 원문을 변경하거나 훼손시키면 안 된다. 연구방법론에 비추어 각 학파의 핵심용어를 부각시켜야 할 경우, 이런 방식을 활용했다. 원어도 알 겸, 강조도 할 겸 겸사겸사 이런 방법을 채택한 것이다.

이 책을 통해 독자들이 익숙한 신고전주의경제학을 다양한 방식

으로 낯설게 봄으로써 사고의 새로운 지평을 여는 동시에 변화된 현
실이 내놓은 난제에 대해 새롭게 대응할 수 있기를 바란다. '경제학
다시 생각하기'가 필요한 이유다.

역자 한성안

참고문헌

1장 포스트케인스경제학

Arestis, P., McCauley, C. and Sawyer, M. (2001), 'An Alternative Stability Pact for the European Union', *Cambridge Journal of Economics*, Vol. 25, pp. 113-130.

Bhaduri, A. and Marglin, S. (1990), 'Unemployment and the Real Wage: The Economic Basis for Contesting Political Ideologies', *Cambridge Journal of Economics*, Vol. 14, No. 4, pp. 375-393.

Davidson, P. (1994), *Post Keynesian Macroeconomic Theory: A Foundation for Successful Economic Policies for the Twenty-First Century*, Aldershot: Edward Elgar.

Harcourt, G. (1969), 'Some Cambridge Controversies in the Theory of Capital', *Journal of Economic Literature*, Vol. 7, No. 2, pp. 369-405.

Hicks, J. (1937), 'Mr Keynes and the Classics: A Suggested Interpretation', *Econometrica*, Vol. 5, pp. 147-159.

Kaldor, N. (1956), 'Alternative Theories of Distribution', *Review of Economic Studies*, Vol. 23, No. 2, pp. 83-100.

Kalecki, M. (1965 [1954]), *Theory of Economic Dynamics*, New York: Monthly Review Press.

Keynes, J. (1937), 'The General Theory of Employment', *Quarterly Journal of Economics*, Vol. 41, No. 2, pp. 209-223.

Keynes, J. (1973[1936]), *The General Theory of Employment, Interest and Money*, The collected writings of John Maynard Keynes volume VII, Cambridge: Palgrave Macmillan.(국내 번역 『고용, 이자 및 화폐의 일반이론』)

King, J. (2002), *A History of Post Keynesian Economics Since 1936*, Cheltenham: Edward Elgar.

King, J. (2003), *The Elgar Companion to Post Keynesian Economics*, Cheltenham: Edward Elgar.

Lavoie, M. (2009), *Introduction to Post Keynesian Economics*, New York: Palgrave Macmillan.

Lavoie, M. (2014), *Post Keynesian Economics: New Foundations*, Aldershot: Edward Elgar.

Minsky, H. (1986), *Stabilizing an Unstable Economy*, New Haven: Yale University Press.

Moss, S. (1980), 'The End of Orthodox Capital Theory', in: Nell, E. (ed.), *Growth, Profits and Property: Essays in the Revival of Political Economy*, Cambridge: Cambridge University Press, pp. 64 – 79.

Palley, T. (1996), *Post Keynesian Economics: Debt, Distribution and the Macro Economy*, London: Palgrave Macmillan.

Robinson, J. (1956), *The Accumulation of Capital*, London: Palgrave Macmillan.

Sawyer, M. (1985), *The Economics of Michael Kalecki*, Basingstoke: Palgrave Macmillan.

Stockhammer, E. (2011), 'Wage Norms, Capital Accumulation and Unemployment: A Post Keynesian View', *Oxford Review of Economic Policy*, Vol. 27, No. 2, pp. 295 – 311.

Stockhammer, E., Onaran, O. and Ederer, S. (2009), 'Functional Income Distribution and Aggregate Demand in the Euro Area', *Cambridge Journal of Economics*, Vol. 33, No. 1, pp. 139 – 159.

4장 제도경제학

Acemoglu, D., Johnson, S. and Robinson, J. A. (2005), 'Institutions as aFundamental Cause of Long-Run Growth', in: Aghion, P. and Durlauf, S. N. (eds.), *Handbook of Economic Growth*, Volume 1A, Amsterdam, The Netherlands: Elsevier, pp. 385 – 472.

Acemoglu, D. and Robinson, J. A. (2012), *Why Nations Fail: The Origins of Power, Prosperity, and Poverty*, New York: Random House and London: Profile. (국내 번역『왜 국가는 실패하는가』)

Alchian, A. A. (1977b), 'Some Implications of Recognition of Property Right Transaction Costs', in: Brunner, K. (ed.), *Economics and Social Institutions: Insights From the Conferences on Analysis and Ideology*, Boston, MA: Martinus

Nijhoff, pp. 234-255.

Allen, D. W. (1991), 'What Are Transaction Costs?', *Research in Law and Economics*, Vol. 14, pp. 1-18.

Allen, D. W. (2015), 'The Coase Theorem: Coherent, Logical, and Not Disproved', *Journal of Institutional Economics*, Vol. 11, No. 2, pp. 379-390.

Aoki, M. (2001), *Toward a Comparative Institutional Analysis*, Cambridge, MA: MIT Press.

Ayres, C. E. (1944), *The Theory of Economic Progress*, First Edition, Chapel Hill, NC: University of North Carolina Press.

Barzel, Y. (1989), *Economic Analysis of Property Rights*, Cambridge: Cambridge University Press.

Barzel, Y. (1994), 'The Capture of Wealth by Monopolists and the Protection of Property Rights', *International Review of Law and Economics*, Vol. 14, No. 4, pp. 393-409.

Camic, C. (1986), 'The Matter of Habit', *American Journal of Sociology*, Vol. 91, No. 5, pp. 1039-1087.

Carter, R. and Hodgson, G. M. (2006), 'The Impact of Empirical Tests of Transaction Cost Economics on the Debate on the Nature of the Firm', *Strategic Management Journal*, Vol. 27, No. 5, pp. 461-476.

Coase, R. H. (1937), 'The Nature of the Firm', *Economica*, New Series, Vol. 4, pp. 386-05.

Coase, R. H. (1959), 'The Federal Communications Commission', *Journal of Law and Economics*, Vol. 2, No. 1, pp. 1-40.

Coase, R. H. (1960), 'The Problem of Social Cost', *Journal of Law and Economics*, Vol. 3, No. 1, pp. 1-44.

Commons, J. R. (1924), *Legal Foundations of Capitalism*, New York: Macmillan. Reprinted (1968) Madison: University of Wisconsin Press, (1974) New York: Augustus Kelley, and (1995) with a new introduction by Jeff E. Biddle and Warren J. Samuels, New Brunswick, NJ: Transaction.

David, R. J. and Han, S. (2004), 'A Systematic Assessment of the Empirical Support for Transaction Cost Economics', *Strategic Management Journal*, Vol. 25, No. 1, pp. 39-58.

Deakin, S., Gindis, D., Hodgson, G. M., Huang, K. and Pistor, K. (2016), 'Legal Institutionalism: Capitalism and the Constitutive Role of Law', *Journal of Comparative Economics*, Vol. 45, No. 1, pp. 188 – 200.

Dequech, D. (2002), 'The Demarcation Between the "Old" and the "New" Institutional Economics: Recent Complications', *Journal of Economic Issues*, Vol. 36, No. 2, pp. 565 – 572.

Demsetz, H. (1968), 'The Cost of Transacting', *Quarterly Journal of Economics*, Vol. 82, No. 1, pp. 33 – 53.

Fogel, R. (2010), '$123,000,000,000,000: China's Estimated Economy by 2040. Be Warned', *Foreign Policy*, retrieved from: www.foreignpolicy.com/articl es/2010/01/04/123000000000000 (accessed 1/02/2012).

Galbraith, J. K. (1969), *The Affluent Society*, Second Edition, London: Hamilton. (국내 번역 『풍요한 사회』)

Gindis, D. (2009), 'From Fictions and Aggregates to Real Entities in the Theory of the Firm', *Journal of Institutional Economics*, Vol. 5, No. 1, pp. 25 – 46.

Gindis, D. (2016), 'Legal Personhood and the Firm: Avoiding Anthropomorphism and Equivocation', *Journal of Institutional Economics*, Vol. 12, No. 3, pp. 499 – 513.

Groenewegen, J., Kerstholt, F. and Nagelkerke, A. (1995), 'On Integrating the New and Old Institutionalisms: Douglass North Building Bridges', *Journal of Economic Issues*, Vol. 29, No. 2, pp. 467 – 475.

Heinsohn, G. and Steiger, O. (2013), *Ownership Economics: On the Foundations of Interest, Money, Markets, Business Cycles and Economic Development*, translated and edited by Frank Decker, London and New York: Routledge.

Hindriks, F. and Guala, F. (2015), 'Institutions, Rules, and Equilibria: A Unified Theory', *Journal of Institutional Economics*, Vol. 11, No. 3, pp. 459 – 480.

Hodgson, G. M. (2004), *The Evolution of Institutional Economics: Agency, Structure and Darwinism in American Institutionalism*, London and New York: Routledge.

Hodgson, G. M. (2006), 'What Are Institutions?', *Journal of Economic Issues*, Vol. 40, No. 1, pp. 1 – 25.

Hodgson, G. M. (2010), 'Choice, Habit and Evolution', *Journal of Evolutionary*

Economics, Vol. 20, No. 1, pp. 1 – 18.

Hodgson, G. M. (2013), *From Pleasure Machines to Moral Communities: An Evolutionary Economics Without Homo Economicus*, Chicago: University of Chicago Press.

Hodgson, G. M. (2014), 'On Fuzzy Frontiers and Fragmented Foundations: Some Reflections on the Original and New Institutional Economics', *Journal of Institutional Economics*, Vol. 10, No. 4, pp. 591 – 611.

Hodgson, G. M. (2015a), *Conceptualizing Capitalism: Institutions, Evolution, Future*, Chicago: University of Chicago Press.

Hodgson, G. M. (2015b), 'On Defining Institutions: Rules Versus Equilibria', *Journal of Institutional Economics*, Vol. 11, No. 3, pp. 499 – 505.

Hodgson, G. M. (2015c), 'Much of the "Economics of Property Rights" Devalues Property and Legal Rights', *Journal of Institutional Economics*, Vol. 11, No. 4, pp. 683 – 709.

Hodgson, G. M. and Huang, K. (2013), 'Brakes on Chinese Economic Development: Institutional Causes of a Growth Slowdown', *Journal of Economic Issues*, Vol. 47, No. 3, pp. 599 – 622.

Hodgson, G. M. and Knudsen, T. (2004), 'The Complex Evolution of a Simple Traffic Convention: The Functions and Implications of Habit', *Journal of Economic Behavior and Organization*, Vol. 54, No. 1, pp. 19 – 47.

Hodgson, G. M. and Knudsen, T. (2007), 'Firm-Specific Learning and the Nature of the Firm: Why Transaction Costs May Provide an Incomplete Explanation', *Revue Economique*, Vol. 58, No. 2, pp. 331 – 350.

Honore, A. M. (1961), 'Ownership', in: Guest, A. G. (ed.), *Oxford Essays in Jurisprudence*, Oxford: Oxford University Press, pp. 107 – 47, Reprinted in the *Journal of Institutional Economics*, Vol. 9, No. 2, pp. 227 – 255.

Knight, J. (1992), *Institutions and Social Conflict*, Cambridge: Cambridge University Press.

Lukes, S. (1974), *Power: A Radical View*, London: Palgrave Macmillan.

Marshall, A. (1920), *Principles of Economics: An Introductory Volume*, Eighth Edition, London: Palgrave Macmillan. (국내 번역 『경제학원리』)

North, D. C. (1968), 'Sources of Productivity Change in Ocean Shipping, 1600 –

1850', *Journal of Political Economy*, Vol. 76, No. 5, pp. 953 – 970.

North, D. C. (1981), *Structure and Change in Economic History*, New York: Norton.

North, D. C. (1990), *Institutions, Institutional Change and Economic Performance*, Cambridge and New York: Cambridge University Press.(국내 번역 『제도, 제도변화, 경제적 성과』)

North, D. C. (1994), 'Economic Performance Through Time', *American Economic Review*, Vol. 84, No. 3, pp. 359 – 367.

Olson, M., Jr. (1982), *The Rise and Decline of Nations: Economic Growth, Stagflation and Social Rigidities*, New Haven: Yale University Press.

Ostrom, E. (1990), *Governing the Commons: The Evolution of Institutions for Collective Action*, Cambridge: Cambridge University Press. (국내 번역 『공유의 비극을 넘어』)

Ostrom, E. (2004), 'The Ten Most Important Books', *Tidsskriftet Politik*, Vol. 4, No. 7, pp. 36 – 48.

Ouellette, J. A. and Wood, W. (1998), 'Habit and Intention in Everyday Life: The Multiple Processes by Which Past Behavior Predicts Future Behavior', *Psychological Bulletin*, Vol. 124, pp. 54 – 74.

Robbins, L. (1932), *An Essay on the Nature and Significance of Economic Science*, First Edition, London: Palgrave Macmillan.

Rutherford, M. H. (1995), 'The Old and the New Institutionalism: Can Bridges Be Built?', *Journal of Economic Issues*, Vol. 29, No. 2, pp. 443 – 451.

Rutherford, M. H. (2001), 'Institutional Economics: Then and Now', *Journal of Economic Perspectives*, Vol. 15, No. 3, pp. 173 – 194.

Rutherford, M. H. (2011), *The Institutionalist Movement in American Economics, 1918 – 1947: Science and Social Control*, Cambridge and New York: Cambridge University Press.

Schotter, A. R. (1981), *The Economic Theory of Social Institutions*, Cambridge: Cambridge University Press.

Searle, J. R. (1995), *The Construction of Social Reality*, London: Allen Lane.

Sen, A. K. (1977), 'Rational Fools: A Critique of the Behavioral Foundations of Economic Theory', *Philosophy and Public Affairs*, Vol. 6, No. 4, pp. 317 – 344.

Simon, H. A. (1957), *Models of Man: Social and Rational. Mathematical Essays on Rational Human Behavior in a Social Setting*, New York: Wiley.

Simon, H. A. (1979), 'Rational Decision Making in Business Organizations', *American Economic Review*, Vol. 69, No. 4, pp. 493–513.

Smith, A. (1759), *The Theory of Moral Sentiments; or, an Essay Towards an Analysis of the Principles by Which Men Naturally Judge Concerning the Conduct and Character, First of Their Neighbours, and Afterwards of Themselves*, London and Edinburgh: Millar, and Kincaid and Bell.

Smith, V. L. (2013), 'Adam Smith: From Propriety and Sentiments to Property and Wealth', *Forum for Social Economics*, Vol. 42, No. 4, pp. 283–297.

Solow, R. M. (1957), 'Technical Change and the Aggregate Production Function', *Review of Economics and Statistics*, Vol. 39, pp. 312–320.

Tyler, T. R. (1990), *Why People Obey the Law*, New Haven: Yale University Press.

Vanberg, V. J. (1989), 'Carl Menger's Evolutionary and John R. Commons' Collective Action Approach to Institutions: A Comparison', *Review of Political Economy*, Vol. 1, No. 3, pp. 334–360.

Veblen, T. B. (1899), *The Theory of the Leisure Class: An Economic Study in the Evolution of Institutions*, New York: Palgrave Macmillan. (국내 번역 『유한계급론』)

Veblen, T. B. (1909), 'The Limitations of Marginal Utility', *Journal of Political Economy*, Vol. 17, No. 9, pp. 620–636.

Williamson, O. E. (1975), *Markets and Hierarchies: Analysis and Anti-Trust Implications: A Study in the Economics of Internal Organization*, New York: Free Press.

Williamson, O. E. (1985), *The Economic Institutions of Capitalism: Firms, Markets, Relational Contracting*, London: Palgrave Macmillan.

Wood, W., Quinn, J. M. and Kashy, D. (2002), 'Habits in Everyday Life: Thought, Emotion, and Action', *Journal of Personality and Social Psychology*, Vol. 83, pp. 1281–1297.

5장 페미니즘경제학

Age UK (2014), Care in Crisis: What's Next for Social Care?, London: Age UK, retrieved from: www.ageuk.org.uk/Documents/EN-GB/Campaigns/CIC/ PDF%20Care%20in%20Crisis%20-%20What%20next%20for%20social%20 care%202014.pdf?dtrk=true [accessed 25/7/16].

Ahmad, N. and Koh, S. H. (2011), 'Incorporating Estimates of Household Production of Non-Market Services into International Comparisons of Material Well-Being', OECD Statistics Directorate, Working Paper No. 42.

Baumol, W. (1993), 'Health Care, Education and the Cost Disease: A Looming Crisis for Public Choice', *Public Choice*, Vol. 77, pp. 17 – 28.

Becker, G. S. (1974), 'A Theory of Social Interactions', *Journal of Political Economy*, Vol. 82, No. 6, pp. 1063 – 1093.

Bergstrom, T. C. (2008), 'Rotten Kid Theorem', in: Durlauf, S. N. and Blume, L. E. (eds.), *The New Palgrave Dictionary of Economics*, Second Edition, London: Palgrave Macmillan.

Budig, M. J. and Misra, J. (2010), 'How Care-Work Employment Shapes Earnings in Cross-National Perspective', *International Labour Review*, Vol. 149, pp. 441 – 460.

Himmelweit, S. (2011), 'The Economics of Care', in: Simonetti, R. et al. (ed.), *Doing Economics: People, Markets and Policy*, Book 2, Part I, Milton Keynes, UK: Open University, pp. 251 – 307.

Himmelweit, S. and Sigala, M. (2004), 'Choice and the Relationship Between Identities and Behaviour for Mothers With Pre-School Children: Some Implications for Policy From a UK Study', *Journal of Social Policy*, Vol. 33, No. 3, pp. 455 – 478.

Lisbon European Council (2000), 'Presidency Conclusion', (23 and 24 March), retrieved from: www.consilium.europa.eu/en/uedocs/cms_data/docs/ pressdata/en/ec/00100-r1.en0.htm [accessed 28/12/2015].

Mullan, K. (2010), 'Valuing Parental Childcare in the UK', *Feminist Economics*, Vol. 16, No. 3, pp. 113 – 140.

Nelson, J. A. (1993), 'The Study of Choice or the Study of Provisioning? Gender and the Definition of Economics', in: Ferber, M. A. and Nelson, J. A. (eds.), *Beyond Economic Man: Feminist Theory and Economics*, Chicago: Chicago University Press, pp. 23 – 37.

Power, M. (2004), 'Social Provisioning as a Starting Point for Feminist Economics', *Feminist Economics*, Vol. 10, No. 3, pp. 3 – 19.

Rasavi, S. (2007), 'The Political and Social Economy of Care in a Development Context: Conceptual Issues, Research Questions and Policy Options', *Programme on Gender and Development*, Paper no. 3, Geneva, UNRISD.

Schneider, G. and Shackelford, J. (1998), *Ten Principles of Feminist Economics: A Modestly Proposed Antidote*, Department of Economics, Bucknell University, retrieved from: www.facstaff.bucknell.edu/gschnedr/FemPrcpls.htm [accessed 25/7/16].

Sen, A. (1990), 'Gender and Cooperative Conflicts', in: Tinker, I. (ed.), *Persistent Inequalities*, New York and Oxford: Oxford University Press, pp. 123 – 150.

Strassmann, D. (1997), 'Editorial: Expanding the Methodological Boundaries of Economics', *Feminist Economics*, Vol. 3, No. 2, pp. vii – ix.

Thaler, R. (2015), *Misbehaving: How Economics Became Behavioural*, London: Allen Lane.

United Nations (2008), 'System of National Accounts', [Online] retrieved from: http://unstats.un.org/unsd/nationalaccount/sna.asp (accessed 15/7/2015).

Wagman, B. and Folbre, N. (1996), 'Household Services and Economic Growth in the United States, 1870 – 930', *Feminist Economics*, Vol. 2, No. 1, pp. 43 – 66.

6장 행동경제학

Akerlof, G. A. and Shiller, R. J. (2009), *Animal Spirits: How Human Psychology Drives the Economy, and Why It Matters for Global Capitalism*, Princeton: Princeton University Press. (국내 번역 『야성적 충동』)

Ariely, D. (2008), *Predictably Irrational*, London: Harper Collins. (국내 번역 『상식 밖의 경제학』)

Ashraf, N., Camerer, C. F. and Loewenstein, G. (2005), 'Adam Smith, Behavioral Economist', *Journal of Economic Perspectives*, Vol. 19, No. 3, pp. 131 – 145.

Behavioural Insights Team. Various publications and blog.

Camerer, C. and Loewenstein, G. (2004), 'Behavioural Economics: Past, Present and Future', in: Camerer, C. F., Loewenstein, G. and Rabin, M. (eds.), Advances in Behavioural Economics,

Princeton: Princeton University Press, pp. 3–53.

Dolan, P., Hallsworth, M., David, D., King, D. and Vlaev, I. (2010a), 'MINDSPACE: Influencing Behaviour Through Public Policy', Institute for Government/ Cabinet Office, retrieved from: www.instituteforgovernment.org.uk/ publications/mindspace.

Halpern, D. (2010), *The Hidden Wealth of Nations*, Cambridge: Polity Press. (국내 번역『국가의 숨겨진 부』)

Johnson, P., Yeandle, D. and Boulding, A. (2010), 'Making Automatic Enrolment Work', *Department for Work and Pensions*, retrieved from: www.dwp.gov.uk/ docs/cp-oct10-full-document.pdf.

Kahneman, D. (2011), *Thinking Fast and Slow*, London: Allen Lane. (국내 번역『생각에 관한 생각』)

Kahneman, D. and Tversky, A. (1979), 'Prospect Theory: An Analysis of Decision Under Risk', *Econometrica*, Vol. 47, No. 2, pp. 263–292.

Kahneman, D. and Tversky, A. (1984), 'Choices, Values, and Frames', American Psychologist, Vol. 39, No. 4, pp. 341–350.

Kuhn, T. (1962), *The Structure of Scientific Revolutions*, Chicago: University of Chicago Press.(국내 번역『과학혁명의 구조』)

Lasn, K. (2012), *Meme Wars: The Creative Destruction of Neo-Classical Economics*, London: Penguin. (국내 번역『문화 유전자 전쟁』)

Loewenstein, G. and Ubel, P. (2010), 'Economics Behaving Badly', *New York Times*.

Marshall, A. (1890), *Principles of Economics*, London: Macmillan and Co. (국내 번역『경제학원리』)

Munger, C. (1995), 'The Psychology of Human Misjudgement', Speech at Harvard Law School, Transcript, retrieved from: www.joshuakennon.com/the-psychology-of-human-misjudgment-by-charlie-munger/.

Oliver, A. (2013), *Introduction to Behavioural Public Policy*, Cambridge: Cambridge University Press.

Ormerod, P. (2005), *Why most Things Fail: Evolution, Extinction and Economics*, London: Faber and Faber.

Schwartz, B. (2004), *The Paradox of Choice: Why More Is Less*, New York: Harper

Perennial. (국내 번역『선택의 심리학』)

Sen, A. (1973), 'Behaviour and the Concept of Preference', *Economica, New Series*, Vol. 40, No. 159, pp. 241 – 259.

Simon, H. (1957), *Models of Man: Social and Rational. Mathematical Essays on Rational Human Behavior in a Social Setting*, New York: Wiley and Sons.

Sunstein, C. and Thaler, R. (2003), 'Libertarian Paternalism Is Not An Oxymoron', *The University of Chicago Law Review*, Vol. 70, No. 4, pp. 1159 – 1202.

Thaler, R. (1994), *The Winner's Curse: Paradoxes and Anomalies of Economic Life*, Princeton: Princeton University Press. (국내 번역『승자의 저주』)

Thaler, R. (2015), *Misbehaving*, London: Allen Lane. (국내 번역『똑똑한 사람들의 멍청한 선택』)

Thaler, R. and Mullainathan S. (2000), *Behavioural Economics*, Massachusetts Institute of Technology, Department of Economics Working Paper Series, Working Paper 00 – 27, retrieved from: https://papers.ssrn.com/sol3/papers.cfm?abstract_id=245828.

Thaler, R. and Mullainathan, S. (2007), 'Behavioral Economics Defined', in: Henderson, D.(ed.), *The Concise Encyclopedia of Economics, Indianapolis: Liberty Fund*, retrieved from: www.econlib.org/library/Enc/BehavioralEconomics.html.

Thaler, R. and Sunstein, C. (2008), *Nudge: Improving Decisions About Health, Wealth, and Happiness*, London: Penguin. (국내 번역『넛지』)

Tversky, A. and Kahneman, D. (1974), 'Judgment Under Uncertainty: Heuristics and Biases', *Science*, Vol. 185, pp. 1124 – 1130.

Tversky, A. and Kahneman, D. (1981), 'The Framing of Decisions and the Psychology of Choice', *Science*, New Series, Vol. 211, No. 4481, pp. 453 – 458.

Whitehead, M., Jones, R., Howell, R., Lilley, R. and Pykett, J. (2014), 'Nudging All Over the World: Assessing the Global Impact of the Behavioural Sciences on Public Policy', ESRC, retrieved from: https://changingbehaviours.files.wordpress.com/2014/09/nudgedesignfinal.pdf.

Wilkinson, N. and Klaes, M. (2012), *An Introduction to Behavioural Economics*, Second Edition, Basingstoke: Palgrave Macmillan.

Wilson, T. D. (2004), *Strangers to Ourselves*, Cambridge, MA: Harvard University

Press. (국내 번역『나는 내가 낯설다』)

World Bank (2015), *World Development Report 2015: Mind, Society, and Behavior*, Washington, DC: World Bank, retrieved from: http://www. worldbank.org/en/publication/wdr2015.

Young, S. (2013), 'The Behavioural Economics of Owning a Car', *eg magazine*, Vol. 18, No. 5, retrieved from: www.globaltolocal.com/eg%2018_5.pdf.

Young, S. (2015), 'The Behavioural Economics of Owning a Car', Economics Rockstar podcast with Frank Conway, retrieved from: www.economicrockstar. com/stephenyoung/.

Young, S. and Caisey, V. (2015), 'Behavioral Economics and Social Marketing: Points of Contact?', Chapter 4 in: Stewart, D. (ed.), *Handbook of Persuasion and Social Marketing*, Volume II, New York: Praeger, pp. 67 – 117.

7장 복잡계경제학

Anand, K., Kirman, A. and Marsili M. (2013), 'Epidemics of rules, rational negligence and market crashes', *The European Journal of Finance*, Vol. 19, No. 5, pp. 438 – 447.

Basu, K. (2010), *Beyond the Invisible Hand: Groundwork for a New Economics*, Princeton: Princeton University Press.

Buiter, W. (2009), 'The Unfortunate Uselessness of Most "State of the Art" Academic Monetary Economics', retrieved from: http://blogs.ft.com/maverecon/2009/03/the-unfortunateuselessness-of-most-state-of-the-art-academic-monetary-economics/#axzz4oLRtLrtv.

Debreu, G. (1974), 'Excess Demand Functions', *Journal of Mathematical Economics*, Vol. 1, No. 1, pp. 15 – 23.

Follmer, H., Horst, U. and Kirman, A. (2005), 'Equilibria in Financial Markets With Heterogeneous Agents: A Probabilistic Perspective', *Journal of Mathematical Economics*, Vol. 41, No. 1 – , pp. 123 – 155.

Grossman, S. J. and Stiglitz, J. E. (1980), 'On the Impossibility of Informationally Efficient Markets', *American Economic Review*, Vol. 70, No. 3, pp. 393 – 408.

Hildenbrand, W. (1994), *Market Demand: Theory and Empirical Evidence*, Princeton, NJ: Princeton University Press.

Hommes, C. (2013), *Behavioral Rationality and Heterogeneous Expectations in Complex Economic Systems*, Cambridge: Cambridge University Press.

Kartik, A., Kirman, A. and Marsili, M. (2013), 'Epidemics of Rules, Rational Negligence and Market Crashes', *European Journal of Finance*, Vol. 19, No. 5, pp. 438–447.

Lucas, R. E. Jr. (2003), 'Macroeconomic Priorities', *American Economic Review*, Vol. 93, No. 1, pp. 1–14.

Mantel, R. (1974), 'On the Characterisation of Aggregate Excess Demand', *Journal of Economic Theory*, Vol. 7, pp. 348–353.

Mas-Colell, A., Whinston, M. D. and Green, J. R. (1995), *Microeconomic Theory*, New York, Oxford: Oxford University Press.

Pancs, R. and Vriend, N. J. (2007), 'Schelling's Spatial Proximity Model of Segregation Revisited', *Journal of Public Economics*, Vol. 91, pp. 1–24.

Poincare, H. (1908), *Science et Methode*, Paris: Flammarion.

Rodrik, D. (2015), *Economics Rules: The Rights and Wrongs of the Dismal Science*, New York: W. W. Norton & Co. (국내 번역 『그래도 경제학이다』)

Romer, P. (2016), 'The Trouble With Macroeconomics', *The American Economist*, forthcoming.

Saari, D. and Simon, C. P. (1978), 'Effective Price Mechanisms', *Econometrica*, Vol. 46, pp. 1097–1125.

Schelling, T. S. (1978), *Micromotives and Macrobehavior*, New York: W.W. Norton & Co.(국내 번역 『미시동기와 거시행동』)

Simon, H. (1984), 'On the Behavioral and Rational Foundations of Economic Dynamics', *Journal of Economic Behavior and Organisation*, Vol. 5, No. 1, pp. 35–55.

Simon, H. (1962), 'The Architecture of Complexity', *Proceedings of the American Philosophical Society*, Vol. 106, No. 6, pp. 467–482.

Smith, A. (1776), *An Inquiry into the Nature and Causes of the Wealth of Nations*, London: Methuen & Co. (국내 번역 『국부론』)

Sonnenschein, H. (1972), 'Market Excess Demand Functions', *Econometrica*, Vol. 40, pp. 549–563.

Trichet, J.-C. (2010), Opening Address at the ECB Central Banking Conference,

Frankfurt, 18 November, retrieved from: www.ecb.europa.eu/press/key/date/2010/html/sp101118.en.html.

Vinkovic, D. and Kirman, A. (2006), 'A Physical Analogue of the Schelling Model', *Proceedings of the National Academy of Sciences*, Vol. 103, pp. 19261 – 19265.

Walras, L. (1877), *Elements d'economie politique pure ou Theorie de la Richesse Sociale*, First Edition, Lausanne: L. Corbaz. (국내 번역 『순수경제학』)

8장 협동조합경제학

Anderson, M. (2009), 'The British Fair Trade Movement, 1960 – 000: A New Form of Global Citizenship?', Unpublished PhD Thesis, The University of Birmingham.

Beecher, J., Cato, M. S. and Weir, N. (2012), 'The Resilience of Co-operative Food Networks: A Case-Study of Stroud', in: McDonnell, D., Macknight, E. and Donnelly, H. (eds.), *The Co-Operative Model in Practice*, Edinburgh: Co-operative Enterprise Scotland, pp. 55 – 6.

Berle, A. and Means, G. (1932), *The Modern Corporation and Private Property*, New York: Transaction.

Bibby, A. and Shaw, L. (2005), *Making a Difference: Co-Operative Solutions to Global Poverty*, Manchester: Co-Operative College.

Bickle, R. and Cato, M. S. (2008), *New Views of Society: Robert Owen for the 21st Century*, Glasgow: Scottish Left Review Press.

Brown, J. (2004), *Co-operative Capital: A New Approach to Investment in Co-operatives and Other Forms of Social Enterprise*, Manchester, UK: Co-operative Action.

Cato, M. S. (2012), 'The Green Economy: Why Ownership and Control Matter', *Journal of Co-Operative Studies*, Vol. 45, No. 1, pp. 61 – 68.

Cole, G. D. H. (1953 – 1960), *Socialist Thought*, London: Macmillan; the volumes consulted here are vol i, *The Forerunners 1789 – 1850* (1954), vol ii, *Marxism and Anarchism 1850 – 1890* (1957), and vol iii, The Second International 1889 – 1914 (1960).

Cumbers, A. (2012), *Reclaiming Public Ownership: Making Space for Economic Democracy*, London: Zed.

International Co-operative Alliance (2015), 'World Co-Operative Monitor: Exploring the Co-Operative Economy', retrieved from: http://monitor.coop/sites/default/files/WCM_ 2015%20WEB.pdf.

Lamoreaux, N. R., Levenstein, M. and Sokoloff, K. (2004), 'Financing Invention During the Second Industrial Revolution: Cleveland, Ohio 1870 – 920', NBER Working Paper 10923.

Novkovic, S. and Webb, T. (2014), *Co-Operatives in a Post-Growth Era: Creating Co-Operative*, Economics Paperback, London: Zed.

Polanyi, K. (2011[1944]), *The Great Transformation: The Political and Economic Origins of Our Time*, Boston, MA: Beacon Press. (국내 번역 『거대한 전환』)

Sanchez Bajo, C. and Roelants, B. (2011), *Capital and the Debt Trap: Learning from Cooperatives in the Global Crisis*, Basingstoke, UK: Palgrave Macmillan.

Shaw, L. (2008), 'Owen and Food', in: Bickle, R. and Cato, M. S. (eds.), *New Views of Society: Robert Owen for the 21st Century*, Glasgow: Scottish Left Review Press, pp. 14 – 28.

Smith, R. (2011), 'Boundary Rationality: Towards a Theory of the Co-Operative Firm', Unpublished Paper, Cardiff Institute for Cooperative Studies, Cardiff Metropolitan University.

9장 생태경제학

Asara, V., Otero, I., Demaria, F. and Corbera, E. (2015), 'Socially Sustainable Degrowth as a Social-Ecological Transformation: Repoliticizing Sustainability', *Sustainability Science*, Vol. 10, pp. 375 – 384.

Asara, V., Profumi, E. and Kallis, G. (2013), 'Degrowth, Democracy and Autonomy', *Environmental Values*, Vol. 22, pp. 217 – 239.

Douai, A. (2017), 'Ecological Marxism and ecological economics', in: Spash, C. L. (ed.), *Routledge Handbook of Ecological Economics: Nature and Society*, pp. 57 – 66, Abingdon: Routledge.

Foster, J. B. (2011), 'The Ecology of Marxian Political Economy', *Monthly Review*, Vol. 63, pp. 1 – 16.

Georgescu-Roegen, N. (1971), *The Entropy Law and the Economic Process*, *Cambridge*, MA: Harvard University Press.

Georgescu-Roegen, N. (1975), 'Energy and Economic Myths', *Southern Economic Journal*, Vol. 41, pp. 347 – 381.

Hirsch, F. (1977), *Social Limits to Growth*, London: Routledge and Kegan Paul Ltd. (국내 번역『경제성장의 사회적 한계』)

Kapp, K. W. (1950), *The Social Costs of Private Enterprise*, New York: Shocken.

Kapp, K. W. (1978), *The Social Costs of Business Enterprise*, Nottingham: Spokesman.

Krausmann, F. (2017), 'Social Metabolism', in: Spash, C. L. (ed.), *Routledge Handbook of Ecological Economics: Nature and Society*, pp. 108 – 118, Abingdon: Routledge.

Martinez-Alier, J. (1990), *Ecological Economics: Energy, Environment and Society*, Oxford: Basil Blackwell. (

Meadows, D. H., Meadows, D. L., Randers, J. and Behrens, W. W. III (1972), The Limits to Growth, London: Pan. O'Connor, M. (1994), 'The Second Contradiction of Capitalism', *Capitalism Nature Socialism*, Vol. 5, pp. 105 – 114.

Polanyi, K. (1944), *The Great Transformation*, New York: Toronto: Rinehart & Company Inc. (국내 번역『거대한 변환』)

Salleh, A. (2017), 'Ecofeminism', in: Spash, C. L. (ed.), *Routledge Handbook of Ecological Economics: Nature and Society*, pp. 48 – 56, Abingdon: Routledge.

Sekulova, F., Kallis, G., Rodriguez-Labajos, B. and Schneider, F. (2013), 'Degrowth: From Theory to Practice', *Journal of Cleaner Production*, Vol. 38, pp. 1 – 6.

Spash, C. L. (1999), 'The Development of Environmental Thinking in Economics', *Environmental Values*, Vol. 8, pp. 413 – 435.

Spash, C. L. (ed.) (2009), *Ecological Economics: Critical Concepts in the Environment*, 4 Volumes, London: Routledge.

Spash, C. L. (2011), 'Social Ecological Economics: Understanding the Past to See the Future', *American Journal of Economics and Sociology*, Vol. 70, pp. 340 – 375.

Spash, C. L. (2012), 'New Foundations for Ecological Economics', *Ecological Economics*, Vol. 77, pp. 36 – 47.

Spash, C. L. (2013), 'The Shallow or the Deep Ecological Economics Movement?',

Ecological Economics, Vol. 93, pp. 351 – 362.

Spash, C. L. (2015), 'The Content, Direction and Philosophy of Ecological Economics', in: Martinez, A. and Muradian, R. (eds.), *Handbook of Ecological Economics*, Cheltenham: Edward Elgar, pp. 26 – 47.

Spash, C. L. (ed.) (2016), *Routledge Handbook of Ecological Economics: Nature and Society*, London: Routledge.

Spash, C. L. and Ryan, A. (2012), 'Economic Schools of Thought on the Environment: Investigating Unity and Division', *Cambridge Journal of Economics*, Vol. 36, pp. 1091 – 1121.

Spash, C. L. and Schandl, H. (2009), 'Challenges for Post Keynesian Growth Theory: Utopia Meets Environmental and Social Reality', in: Holt, R. P. F., Spash, C. L. and Pressman, S. (eds.), *Post Keynesian and Ecological Economics: Confronting Environmental Issues*, Cheltenham: Edward Elgar, pp. 47 – 77.

Vatn, A. (2017), 'Critical Institutional Economics', in: Spash, C. L. (ed.), *Routledge Handbook of Ecological Economics: Nature and Society*, Abingdon: Routledge, pp. 29 – 38.

찾아보기

IS-LM 모델 25
NAIRU(물가안정실업률) 37

ㄱ

가격 경직성 25~26
가격통제 89~90, 94
가계생산 132~133, 135
가계위성계정 134
가사노동 133~134
갤브레이스, 존 케네스 107~108, 244
거래비용 29, 106, 110, 115, 118,
   120~122, 124, 148
경기순환 24, 34, 40, 42, 45, 94, 95, 108
경로의존성 37
경제적 남성 127, 130, 132
『고용, 화폐 및 이자의 일반이론』(『일반
   이론』) 22, 25, 38
공공정책 108, 155, 171~172, 174, 178
공정무역 215, 220, 226~227
공정무역재단 227
관용적 개입 88, 90, 94
광고 108
교환가치 58~59, 66, 244
구제금융 92~93, 98
『국가의 숨겨진 부』 171
국내총생산GDP
   대비 가계생산 135
   무급가사노동과 135
   생물물리적 현실과 242
   중국의 111

『국부론』 158, 60
국제생태경제학회 235
국제협동조합연맹 211
균형 15, 165, 185~187, 202
그린스펀, 앨런 90
근본적 불확실성 25, 29, 31~32, 35, 40
근본적 심리법칙 35
글로벌 금융위기 22, 50, 71, 75, 201
금융버블 43, 45, 200
길드사회주의 223

ㄴ

나이트, 잭 117
내생적 화폐 이론 23, 29~30, 40, 42
넛지 172~176, 178
『넛지』 154, 172, 179
노동가치론 51, 54, 55, 58, 60~61, 214,
   221, 245
노동력 57~58
노동시장(종속된 시장으로서의) 37
노동자협동조합 215, 222
노스, 더글러스 104, 109~110, 114,
   116~117, 122~123
녹색회계 248

ㄷ

더 코오퍼러티브 그룹 215~216, 226
『도덕감정론』 158
도덕적 해이 92~94
도매업협동조합 215

도박사의 오류 169
돌봄 다이아몬드 144~145
돌봄 제공 143~148

ㄹ
라슨, 칼레 176
레벤스타인, 마가릿 229
로빈슨, 조안 23~24, 26
로빈슨, 제임스 112~113
로치데일 214
룩스, 스티븐 117
리씽킹 이코노믹스 6, 12, 17, 256,
258~259
리카도, 데이비드 13~14, 54~55, 87,
225

ㅁ
마셜, 앨프레드 105, 159
명목화폐 92~93, 98
몬드라곤그룹 215, 217
무급가사노동 132~133
무리 행동 199~200
묵시적 동의 173
물질수지이론 241
뮈르달, 군나르 107
미셸, 월터 161
미제스, 루드비히 폰 79, 84, 89~90, 95,
97
미첼, 웨슬리 106
민스키, 하이먼 23, 29~30, 43
민즈, 가디너 222

ㅂ
바슐리에, 루이 199~200
바젤, 요람 118~119
발라스, 레옹 186, 190, 206

벌리, 아돌프 222
베블런, 소스타인 106~108, 114, 117,
123
베커, 개리 137
벤담, 제레미 159
보물, 윌리엄 146
보이지 않는 손 13, 186, 205~206
부채경기 30
비교우위론 225
비비, 앤드류 228
비터, 윌럼 203
비판적 실재론 238~239, 249
비합리적 과열 92

ㅅ
사아리, 도널드 187
사용가치 58~59, 66, 244
사이먼, 허버트 107, 114, 159, 169, 183,
203~204
사유재산권(경제적 재화에 대한) 88
사회생태경제학 237~238, 247~249,
251~252
사회적 신진대사 235, 240~241
상대적 잉여가치 69~71
상품물신주의 61, 73
새고전주의 반혁명 29
새뮤얼슨, 폴 25, 156~157
『생각에 관한 생각』 154, 160, 179
생명게임 193
생산자협동조합 215, 217
생태적 마르크스주의 244
생태페미니즘 243, 245
선스타인, 캐스 154, 172
성장회계 109
세계은행 174, 187, 228
소로스, 조지 200

소비자협동조합 215~216

손실회피 162, 164, 167

솔로, 로버트 109

쇼, 린다 228

슈워츠, 베리 167

스미스, 애덤 54~55, 60~61, 70, 158~159, 171, 186, 206

스티글리츠, 조지프 199

승수 24, 27, 34~36, 96

시간선호 86, 97, 155

식민주의 113, 225

신고전주의경제학

  3가지 축 15

  VS 마르크스경제학 53

  가계와 136~137

  선호 138~139

  정의 14~16

  케인스이론과 23

신식민주의 225

신자유주의 28, 49, 71, 75, 245, 247, 252

신자유주의-케인스 종합이론(종합이론) 23, 25~26, 28~29

신환경실용주의 238, 247~249

ㅇ

아리스멘디아리에타, 호세 마리아 217

알치안, 아르멘 118~119

애쓰모글루, 다론 112~113

야성적 충동 25~26, 32, 35, 42, 44, 159

양의 피드백 42, 140~142, 200, 201, 204

양적완화 42, 258

억압적 개입 88~89

에인슬리, 조지 165

연금 173~174

열역학 제1법칙 239

열역학 제2법칙 240

오류가능주의 249

오스트롬, 엘리너 104, 107, 117

오웬, 로버트 214

온정주의 172, 175

올슨, 맨커 110

완전경쟁모델 165

웰빙(의 정의) 148~149

윌리엄슨, 올리버 104, 107, 110, 114~115, 120~121

유동성 선호 25, 32, 40~41

유동성 함정 41

유효수요의 원리 34~36

응고된 노동 54

의사결정

  너무 많은 선택 165~168

  선택 설계자 172~173

  편향된 177

  표준 경제학에서의 155~158

  행동경제학에서의 158~171

인간행동의 구조적 특성 83~84

인과관계 분석 도구 80~81

인프라 투자 149~150

일관성 가정 189~190

임금노동 62~64

임금주도성장 모델 29

잉여가치 64~67, 214

ㅈ

자본

  계급관계 63

  순환 64~65

  정의 61~63

자유방임정책 99~100

전망 이론 162

절대적 잉여가치 68~70
절대적 탈물질화 242
제도
  개인 취향/선호 형성 107~108
  사례 105
  정의 105~106
  게임이론적 분석 115
제본스의 역설 242
제한된 합리성 114, 156
젠더 편향성 149
조달활동 128, 135
조지스큐-뢰겐, 니콜러스 234, 240
주류 경제학
  VS 오스트리아경제학 80~82
  VS 페미니즘경제학 129~130
  정의 16
  마르크스경제학과 71~72
주택저당증권MBS 201~202
주택협동조합 211
중앙은행 29, 39, 41~42, 45, 46, 90,
  92~93, 95~96, 98, 184, 187~188,
  205

ㅊ

차협동조합 215
착근성 250
체화된 유물론 245
초학제성 249
최적화(의 정의) 15, 189
추상적 노동 59

ㅋ

카너먼, 대니얼 154, 159~160, 169, 172,
  174
카페다이렉트 226
칸, 리처드 24

칼레츠키, 미할 23~24, 30, 43
커먼스, 존 R. 106~108, 114, 118~120,
  122
케인스, 존 메이너드 13, 18, 22~24, 26,
  32, 35, 39, 41, 43, 95, 159
케인스혁명 23
케임브리지 자본논쟁 27
코즈, 로널드 104, 110, 114~115, 117,
  119~121
콘웨이, 존 193
콜, G.D.H. 223, 224
쿠즈네츠, 사이먼 107
쿤, 토머스 178
킹, 머빈 184, 203

ㅌ

탈동조화 242
탈러, 리처드 139, 154, 156, 172, 175,
  177~178
탈성장 239~240, 251~252
통화주의 28~29, 42
투자의 사회화 43
트버스키, 아모스 159, 162, 169

ㅍ

팬스, 로만스 195
페이비언사회주의 223~224
포겔, 로버트 111
폴라니, 칼 217~218, 237, 246
푸앵카레, 앙리 199~200, 203
프레이밍편향 169~171

ㅎ

하이에크, 프리드리히 13, 95, 104
학제성 249
할인율 164

할인효용모델 164

합리적 과열 92

합리적 기대 가설 190, 203, 204

핼펀, 데이비드 171

행동의 공리 83

행동통찰력팀BIT 154, 171

허구적 상품 218

허쉬, 프레드 244

현시선호이론 157

협동조합운동

　성장 213~215

　식품산업 212

　역사 214~215

호모 에코노미쿠스 31, 156, 161, 165,

　188

효율적 시장 가설 199

휴리스틱 156, 168~169

히스테리시스 37

힐덴브란트, 베르너 188